T0267793

El hombre sin rostro

El hombre sin rostro

El sorprendente ascenso de Vladímir Putin

MASHA GESSEN

Traducción de
Juan Manuel Ibeas Delgado y
Marcos Pérez Sánchez

El papel utilizado para la impresión de este libro ha sido fabricado a partir de madera
procedente de bosques y plantaciones gestionadas con los más altos estándares ambientales,
garantizando una explotación de los recursos sostenible con el medio ambiente y beneficiosa para las personas.

El hombre sin rostro
El sorprendente ascenso de Vladímir Putin

Título original: *The Man Without a Face*

Primera edición en España: marzo, 2012
Primera edición en México: abril, 2022

D. R. © 2012, Masha Gessen

D. R. © 2012, de la presente edición en castellano para todo el mundo:
Penguin Random House Grupo Editorial, S. A. U.
Travessera de Gràcia, 47-49, 08021, Barcelona

D. R. © 2022, derechos de edición mundiales en lengua castellana:
Penguin Random House Grupo Editorial, S. A. de C. V.
Blvd. Miguel de Cervantes Saavedra núm. 301, 1er piso,
colonia Granada, alcaldía Miguel Hidalgo, C. P. 11520,
Ciudad de México

penguinlibros.com

D. R. © 2012, Juan Manuel Ibeas Delgado y Marcos Pérez Sánchez, por la traducción

ISBN: 978-607-381-516-1

Impreso en México – *Printed in Mexico*

Índice

Prólogo

Me desperté porque alguien me estaba zarandeando. Kate estaba aterrorizada. «Dicen algo sobre Galina en la radio —dijo casi susurrando—. Y un arma. Creo... no lo entiendo.»

Salí de la cama y llegué a trompicones a la diminuta cocina, donde Kate había estado preparando el desayuno y escuchando Eco Moskvi, la mejor emisora de noticias y tertulias de la radio rusa. Era sábado por la mañana, un día excepcionalmente luminoso y despejado para noviembre en Moscú. Yo no estaba preocupada; por alguna razón, el miedo de Kate no me impresionó. Fuera lo que fuese lo que había oído —o, con su limitado ruso, creído oír—, podría ser el comienzo de otra gran historia. Como corresponsal jefe del periódico ruso más importante, *Itogi*, sentía que las grandes historias eran mi feudo. Y había muchas. En un país que se estaba inventando a sí mismo, cada ciudad, cada familia, incluso cada institución, era en cierto sentido un territorio por explorar. Era el año 1998. Desde principios de los años noventa, prácticamente todo lo que había escrito era algo que nadie había contado antes; pasé la mitad del tiempo fuera de Moscú, viajando a zonas en conflicto y minas de oro, orfanatos y universidades, aldeas abandonadas y florecientes pueblos petroleros, escribiendo sus historias. A cambio la revista, que era propiedad del mismo magnate que Eco Moskvi y era financiada por él, nunca cuestionó mi extravagante calendario de viajes y con frecuencia publicó mis historias en su portada.

Dicho de otro modo, yo era uno de esos jóvenes que lo habían conseguido todo en los años noventa. Mucha gente mayor o más joven que yo pagó un precio muy alto por la transición. La generación anterior perdió sus ahorros a causa de la hiperinflación y sus identidades tras la destrucción de todas las instituciones soviéticas. La generación posterior estaba creciendo a la sombra del miedo, y a menudo el fracaso, de sus padres. Pero yo tenía veinticuatro años cuando la Unión Soviética se hundió, y en los años noventa mis compañeros y yo nos habíamos dedicado a inventar nuestras carreras y lo que creíamos que eran las formas e instituciones de una nueva sociedad. Incluso cuando parecía que los delitos violentos se estaban convirtiendo en una epidemia en Rusia, nos sentíamos extrañamente seguros; observábamos y a veces describíamos el mundo del hampa sin llegar a sentir en ningún momento que pudiese afectarnos. Además, había ciertas cosas que solo podían ir a mejor: yo acababa de comprarme un antiguo apartamento comunal ruinoso en pleno centro de Moscú y lo estaba renovando antes de mudarme a él desde el piso que compartía con Kate, una editora británica que trabajaba para una publicación del sector petrolero. Me veía formando una familia en el nuevo apartamento. Y precisamente ese sábado tenía una cita con el contratista para ir a comprar material para el baño.

Kate gesticulaba frente al radiocasete como si se tratase de una fuente de toxinas y me miraba inquisitivamente. Galina Starovoitova, cuyo nombre el presentador no dejaba de repetir, era miembro de la cámara baja del Parlamento, una de las políticas rusas más conocidas y amiga nuestra. A finales de los años ochenta, cuando el imperio se tambaleaba al borde del colapso, Starovoitova, que era etnógrafa, se convirtió en una activista prodemocracia y en la portavoz más destacada de la población de Nagorno-Karabaj, un enclave armenio en Azerbaiyán envuelto en el primero de los muchos conflictos étnicos armados que marcarían la disolución del Bloque del Este. Como otros académicos que se habían pasado a la política, daba la impresión que había aparecido en escena de un día para otro. Aunque había vivido en Leningrado desde muy pequeña, el pueblo de Armenia la nombró su representante en el primer Sóviet Supremo cuya elección fue casi democrática y en 1989 fue elegida para el cargo por una amplia mayoría de los votantes. En el Sóviet Supremo lideró el Grupo Interregional, una facción minoritaria prodemocrática en cuya dirección también estaban Andréi Sájarov y Borís Yeltsin. Cuando Yeltsin fue elegido presidente de Rusia en 1990 —por aquel entonces un puesto eminentemente formal y de representación—, Galina pasó a ser su asesora más cercana, aconsejándole oficialmente sobre asuntos étnicos y extraoficialmente sobre todo lo demás, incluidos los nombramientos para el gobierno. En 1992 Yeltsin sopesó la posibilidad de nombrarla ministra de Defensa; un nombramiento así, de una civil cuyas opiniones bordeaban el pacifismo, habría supuesto un gran gesto en el estilo clásico del Yeltsin de principios de los años noventa, un mensaje de que nada volvería a ser lo mismo en Rusia, y quizá en el mundo.

Que nada volviese a ser lo mismo era la principal prioridad de Galina, algo radical incluso para los activistas prodemocracia de principios de los años noventa. Como integrante de un reducido grupo de abogados y políticos, intentó sin éxito llevar a juicio al Partido Comunista de la Unión Soviética. Redactó un borrador de ley sobre la *lustratsiya*,[1] «lustración», una palabra procedente del griego antiguo, que se empezaba a utilizar en los antiguos países del Este para referirse al proceso por el que se prohibía que antiguos miembros del Partido y de los servicios secretos ocupasen cargos públicos. En 1992, se enteró de que en el seno del KGB[2] se había reconstruido una organización del Partido, en violación directa del decreto[3] de Yeltsin de agosto de 1991, que ilegalizó el Partido Comunista Ruso tras el fallido golpe de Estado. En un acto público en julio de 1992 se había enfrentado por este motivo a Yeltsin, que la despachó con malos modos, lo que marcó tanto el final de la carrera de Galina en la administración como el inicio de una postura cada vez más conciliatoria por parte de Yeltsin hacia los servicios secretos y los muchos comunistas recalcitrantes que aún permanecían en el poder o en sus alrededores. Destituida de la administración, Galina impulsó, sin éxito, la ley de lustración y después abandonó por completo la política rusa y se trasladó a Estados Unidos, primero al U.S. Institute for Peace, en Washington, y después como profesora a la Universidad de Brown.

La primera vez que me encontré con Galina no pude verla: me la ocultaban las cientos de miles de personas que se congregaron en la plaza Mayakovski de Moscú el 28 de marzo de 1991 para participar en una concentración a favor de Yeltsin. El presidente soviético Mijaíl Gorbachov había dirigido recientemente una reprimenda pública a Yeltsin; y también había aprobado un decreto por el que prohibía las manifestaciones en la ciudad durante ese mes.[4] Esa mañana, los tanques se desplegaron por Moscú para dificultar al máximo que la gente llegase a la concentración prodemocracia no autorizada. Los organizadores, en respuesta, dividieron la concentración en dos, para que a la gente le resultase más fácil llegar al menos a uno de los lugares. Era mi primera visita a Moscú tras diez años fuera del país; se daba la circunstancia de que estaba alojada en el apartamento de mi abuela, cerca del punto de reunión de la plaza Mayakovski. Tras encontrarme cortada la avenida principal, Tverskaya, conseguí avanzar cruzando una serie de patios y atravesando un corredor abovedado, y de pronto me encontré en mitad de la multitud. No veía nada más allá de las nucas de la gente y una sucesión de abrigos de lana grises y negros casi idénticos, pero pude oír una voz de mujer que se elevaba sobre la multitud, hablando de la inviolabilidad del derecho constitucional de reunión. Me volví hacia el hombre que tenía al lado, que sostenía una bolsa de plástico amarilla en una mano y a un niño con la otra. «¿Quién habla?», le pregunté. «Starovoitova», contestó. En ese momento, la mujer empezó a animar a la gente en un canto de cinco sílabas que parecía reverberar por toda la ciudad: «¡Ros-si-ya! ¡Yel-tsin!». Menos de medio año después, la Unión Soviética se había hundido y Yeltsin se convertía en el líder de una nueva Rusia democrática. Mucha gente se dio cuenta de que esto era inevitable ese día de marzo, cuando el pueblo de Moscú desafió al gobierno comunista y sus tanques y exigió que se escuchase su voz en la plaza pública.

No recuerdo cuándo conocí a Galina en persona, pero nos hicimos amigas el año en que ella daba clase en Brown. Mi padre solía invitarla a su casa cerca de Boston, yo iba y venía entre Estados Unidos y Moscú, y Galina se convirtió en algo así como mi mentora en el mundo de la política rusa, aunque de vez en cuando se quejaba de haber vuelto por completo al mundo académico. Esas quejas debieron de terminar en diciembre de 1994, cuando Yeltsin lanzó una ofensiva militar en la república separatista de Chechenia; al parecer, sus asesores del momento le aseguraban que la insurgencia podría ser controlada rápidamente y sin problemas por el centro federal. Galina vio esta guerra como el seguro desastre que acabaría siendo y como la mayor amenaza hasta entonces para la democracia rusa. En primavera viajó a los Urales como presidenta de un congreso cuyo objetivo era resucitar su partido, Rusia Democrática, que en otro tiempo había sido la fuerza política más potente del país. Cubrí el congreso para el principal periódico ruso del momento, pero cuando me dirigía a la ciudad de Cheliábinsk —un viaje que incluía un vuelo de tres horas, seguido de tres horas en autobús— tuve la mala fortuna de que me robasen. Llegué a Cheliábinsk casi a medianoche, alterada y sin blanca, y me encontré a Galina en el vestíbulo del hotel: acababa de salir de un largo día de tensas reuniones. Antes de que pudiese decir nada, me llevó a su habitación, me puso una copa de vodka entre las manos, se sentó sobre una mesa baja de cristal y me preparó un montón de pequeños sándwiches de salami. También me prestó dinero para el billete de vuelta a Moscú.

Galina claramente sentía hacia mí un cariño maternal —yo tenía la edad de su hijo, que se había trasladado a Inglaterra con su padre justo cuando su madre se estaba convirtiendo en una política importante—, pero la escena de los sándwiches formaba parte también de otra cosa: en un país cuyos ejemplos de políticos iban desde el comisario político con chaqueta de cuero al decrépito *apparatchik*, Galina trataba de ser una criatura completamente nueva, una política que era también humana. En una conferencia de feministas rusas, escandalizó a la audiencia al levantarse la falda y enseñar las piernas; trataba de demostrar que el político que la había acusado de ser patizamba se equivocaba. En una entrevista para una de las primeras revistas de moda habló sobre los problemas que alguien con evidente sobrepeso, como ella, tenía para elegir ropa. Al mismo tiempo, impulsó sus prioridades legislativas furiosamente, con cabezonería. A finales de 1997, por ejemplo, trató de nuevo de que se aprobase su ley de lustración, y de nuevo fracasó. En 1998 se involucró de lleno en una investigación[5] sobre la financiación de las campañas de algunos de sus rivales políticos más poderosos, incluido el portavoz comunista de la Duma, la cámara baja del Parlamento (El Partido Comunista era de nuevo legal, y popular).

Le pregunté por qué había decidido volver a la política, cuando sabía perfectamente que nunca volvería a tener el nivel de influencia que había alcanzado antes. Varias veces trató de responderme, pero nunca encontró la forma de explicar su motivación. Finalmente, me llamó desde el hospital donde se iba a operar; antes de que la anestesiasen había tratado de hacer balance de su vida y por fin consiguió encontrar una imagen que le gustó. «En la antigua Grecia había una leyenda sobre las arpías —me dijo—. Son sombras que solo cobran vida si beben sangre humana. La vida de una académica es la vida de una sombra. Cuando una participa en la configuración del futuro, aunque sea solo una pequeña parte del futuro —y de esto trata la política—, es cuando quien era una sombra puede cobrar vida. Pero para eso una ha de beber sangre, incluida la suya propia.»

Seguí la mirada de Kate hasta el radiocasete, que crepitaba ligeramente, como si le costase esfuerzo emitir las palabras que surgían de sus altavoces. El locutor estaba diciendo que Galina había sido asesinada a tiros unas horas antes, en la escalera del portal de su casa en San Petersburgo. Había llegado en un avión desde Moscú esa noche. Junto con su ayudante, Ruslan Linkov, había ido a casa de sus padres para una breve visita antes de ir a su apartamento en el canal de Griboyédov, una de las calles más bonitas de la ciudad. Cuando entraron en el edificio, la escalera estaba a oscuras; los pistoleros que los esperaban habían quitado las bombillas. Aun así, empezaron a subir, hablando sobre la demanda que un partido nacionalista había presentado recientemente contra Galina. Entonces se oyó un sonido seco, acompañado de un destello; Galina de pronto dejó de hablar y Ruslan gritó: «¿Qué hacéis?», y corrió hacia el origen de la luz y el sonido. Recibió los dos disparos siguientes.

Al parecer, Ruslan perdió brevemente el conocimiento y después lo recuperó durante el tiempo suficiente para llamar a un periodista desde su teléfono móvil. Fue el periodista quien llamó a la policía. Y ahora la voz del radiócasete me estaba diciendo que Galina estaba muerta y Ruslan, a quien también conocía y apreciaba, en el hospital, en estado crítico.

Si este libro fuese una novela, al personaje que soy yo probablemente se le habría caído el mundo encima al oír la noticia de la muerte de su amiga y, sabiendo que la vida había cambiado para siempre, se habría apresurado a hacer algo, cualquier cosa, para darle al momento su merecida importancia. En la vida real, sin embargo, pocas veces sabemos cuándo nuestras vidas cambian irremediablemente o cómo actuar cuando sucede una tragedia. Fui a comprar material para el baño de mi nuevo apartamento. Solo me paré en seco cuando el jefe de los albañiles que me acompañaba dijo: «¿Te has enterado de lo de Starovoitova?». Recuerdo haberme quedado mirando mis botas y la nieve, gris y compactada por las pisadas de los miles de potenciales propietarios de un nuevo hogar. «Habíamos firmado un contrato para construirle un garaje», dijo. De alguna forma, fue entonces, al pensar que mi amiga ya nunca necesitaría ese garaje, cuando me di cuenta de lo indefensa, asustada y rabiosa que me sentía. Me subí al coche, conduje hasta la estación de tren y fui a San Petersburgo para intentar escribir la historia de lo que le había sucedido a Galina Starovoitova.

Durante los dos años siguientes, pasé muchas semanas en San Petersburgo. He aquí otra historia que nadie había contado, pero era una mucho más grande que cualquiera de las que yo había escrito, mucho más aún que la del asesinato a sangre fría de una de las políticas más conocidas del país. Lo que encontré en San Petersburgo fue una ciudad, la segunda más grande de Rusia, que era un Estado dentro del Estado. Un lugar donde el KGB —la organización contra la que Starovoitova había librado su batalla más importante y desesperada— era todopoderoso. Los políticos y periodistas locales creían que sus teléfonos y sus despachos estaban sometidos a escuchas, y parece que tenían razón. Era un lugar donde el asesinato de importantes políticos y hombres de negocios era algo habitual, y donde, cuando un acuerdo comercial se torcía, era fácil que alguien terminase entre rejas. En otras palabras, se parecía mucho a lo que Rusia acabaría siendo unos años después, una vez que pasó a ser gobernada por quienes dirigieron San Petersburgo en los años noventa.

Nunca supe quién ordenó el asesinato de Galina Starovoitova (los dos hombres que años más tarde fueron condenados por el asesinato no eran más que pistoleros a sueldo), ni tampoco por qué. Lo que sí averigüé es que a lo largo de los años noventa, mientras jóvenes como yo intentábamos salir adelante en un país nuevo, junto al nuestro existía un mundo paralelo. San Petersburgo había conservado y perfeccionado muchas de las características clave del Estado soviético; era un sistema de gobierno que se encargaba de eliminar a sus enemigos, un sistema paranoico y cerrado que trataba de controlarlo todo y destruir cualquier cosa que no pudiese controlar. Era imposible llegar a saber qué había conducido al asesinato de Starovoitova, precisamente porque su posición de enemiga del sistema la había convertido en una mujer señalada, sentenciada. Yo había estado en muchas zonas de guerra, había trabajado bajo fuego de metralla, pero esta era la historia más aterradora que había tenido que escribir; nunca antes me había visto obligada a describir una realidad tan desprovista de emociones y tan cruel, tan patente y tan despiadada, tan corrupta y con una falta tan completa de remordimientos.

En unos años, Rusia estaría viviendo en esta realidad. Cómo sucedió es la historia que contaré en este libro.

1

El presidente accidental

Imagine que tiene un país y nadie que lo dirija. Ese era el problema al que creían enfrentarse Borís Yeltsin y su círculo de confianza en 1999.

Yeltsin llevaba mucho tiempo muy enfermo. Había sufrido varios infartos y había superado una operación a corazón abierto poco después de haber sido elegido para un segundo mandato en 1996. Mucha gente creía que bebía mucho, una dolencia habitual y fácilmente reconocible entre los rusos, aunque algunas personas de su entorno insisten en que los ocasionales episodios de desorientación y de retraimiento de Yeltsin se debían a sus continuos achaques físicos y no a la bebida. Fuera cual fuese la razón, a Yeltsin se le había notado incoherente o ausente durante varias visitas de Estado, dejando desolados a sus seguidores y decepcionados a sus votantes.

En 1999, Yeltsin, habida cuenta de que su popularidad estaba por debajo del 10 por ciento, no era ni la mitad del político que una vez fue. Aún seguía empleando muchas de las tácticas que en otra época lo encumbraron, realizando nombramientos inesperados, alternando períodos de gobierno intervencionista con otros de *laissez-faire* y haciendo uso estratégico de su imponente imagen, pero, por aquella época, a lo que más se parecía era a un boxeador que ha perdido la vista, agitándose en el ring, abalanzándose sobre adversarios imaginarios y dejando que se le escapasen los reales.

En la segunda mitad de su segundo mandato, Yeltsin llevó a cabo repetidas y frenéticas remodelaciones en su gobierno. Destituyó a un primer ministro que había ocupado el cargo durante seis años, sustituyéndolo por un desconocido de treinta y seis años, lo restituyó seis

17

meses después y terminó reemplazándolo de nuevo a las tres semanas. Nombró a un sucesor suyo tras otro, desencantándose con cada uno de ellos de forma muy pública, lo que conseguía avergonzar tanto al causante del disgusto de Yeltsin como a cualquiera que presenciase la muestra de rechazo.

Cuanto más errático se volvía el presidente, más enemigos se ganaba y más se unían estos. Un año antes de que expirase su segundo mandato, Yeltsin se encontraba en el vértice de una pirámide muy frágil. Sus muchas remodelaciones habían propiciado la salida de varias generaciones enteras de políticos profesionales; muchos de los ministerios y organismos federales estaban ahora dirigidos por jóvenes mediocres que habían sido atraídos por el vacío de poder en lo más alto. Yeltsin tenía tan pocos aliados de confianza y estaban tan recluidos que la prensa los llamaba la Familia; entre estos estaban la hija de Yeltsin, Tatiana; su jefe de gabinete, Alexánder Voloshín; su antiguo jefe de gabinete, Valentín Yumáshev, con quien Tatiana se casaría; otro antiguo jefe de gabinete, el economista y arquitecto de la privatización rusa Anatoli Chubáis, y el empresario Borís Berezovski. De la media docena de los llamados «oligarcas» —los hombres de negocios que se habían enriquecido enormemente bajo Yeltsin y que se lo habían agradecido orquestando su campaña de reelección—, Berezovski era el único que seguía firmemente junto al presidente.

Legalmente, Yeltsin no tenía derecho a optar a un tercer mandato ni estaba en condiciones físicas de intentarlo, y tenía muchos motivos para temer a un sucesor que le fuese hostil. No solo era un presidente impopular sino que era también el primer político en el que los rusos habían confiado jamás, y la decepción que sentían su pueblo era tan profunda como entusiasta había sido el apoyo que le dieron en su momento.

El país estaba maltrecho, traumatizado y decepcionado. Había experimentado la esperanza y la unidad a finales de los años ochenta, que culminaron en agosto de 1991, cuando el pueblo se enfrentó a la junta que había amenazado al gobierno de Gorbachov. Habían depositado sus esperanzas en Borís Yeltsin, el único líder en la historia de Rusia elegido libremente. A cambio, el pueblo ruso padeció una hiperinflación que en unos pocos meses se tragó sus ahorros de toda una vida, vio cómo burócratas y empresarios abiertamente robaban al Estado y se robaban entre sí y un grado de desigualdad económica y social que nunca había alcanzado. Lo peor de todo fue que muchos, quizá la mayoría, de los rusos perdieron cualquier tipo de confianza en su futuro y, con ella, el sentimiento de unidad que los había impulsado durante los años ochenta y principios de los noventa.

El gobierno de Yeltsin había cometido el grave error de no afrontar el dolor y el miedo del país. A lo largo de la década, Yeltsin, que había sido un verdadero populista, montando en autobuses y subiéndose a los tanques —lo que la situación exigiese—, se fue retirando a un mundo impenetrable y extremadamente protegido de limusinas negras y reuniones a puerta cerrada. Su primer ministro, el joven y brillante economista Yégor Gaidar, epítome de las reformas económicas postsoviéticas, dejó bien claro en público que pensaba que el pueblo era demasiado estúpido como para tener algo que decir sobre las reformas. El pueblo ruso, abandonado por sus líderes en su momento de duelo, buscó consuelo en la nostalgia; no tanto en la ideología comunista, que hacía décadas que había agotado su capacidad de inspiración, sino en un anhelo por recuperar para Rusia el estatus de superpotencia. En 1999 la tensión podía palparse en el ambiente, lo que justificaba en gran medida los miedos de Yeltsin y la Familia.

El dolor y la agresividad suelen cegar a la gente. El pueblo ruso no era consciente en buena medida de los logros reales de la década de Yeltsin. A pesar de las muchísimas decisiones erróneas tomadas en el proceso, Rusia había privatizado con éxito muchas de sus empresas, había saneado las más importantes y ahora eran competitivas. A pesar del crecimiento de la desigualdad, una gran mayoría de los rusos había experimentado una mejora general de su nivel de vida:[1] aumentó el número de hogares con televisores, lavadoras y frigoríficos; se duplicó el número de coches, y el número de personas que viajaron al extranjero como turistas casi se triplicó entre 1993 y 2000. En agosto de 1998, Rusia había entrado en quiebra, lo que causó un breve pero importante repunte de la inflación, pero desde entonces la economía había crecido de manera sostenida.

Los medios de comunicación florecieron: en un período de tiempo inusitadamente corto, los rusos habían aprendido a producir programas de televisión sofisticados y atractivos, crearon también un número desmedido de publicaciones impresas y varias publicaciones electrónicas incipientes. Se habían abordado muchos de los problemas de infraestructuras del país, aunque desde luego no todos; los trenes interurbanos volvían a ser puntuales, el servicio de correos funcionaba y aumentaba el número de hogares con líneas de teléfono fijo. Una empresa rusa fundada en 1992, proveedora de servicios de comunicación móvil, había empezado a cotizar, con buenos resultados, en la Bolsa de Nueva York.

Aun así, el gobierno parecía completamente incapaz de convencer al pueblo de que las cosas realmente iban mejor que un par de años antes, y sin duda mejor que una década atrás. La sensación de incertidumbre que los rusos tenían desde que la Unión Soviética se había hundido ante sus ojos era tan enorme, que cualquier pérdida parecía confirmar el desastre que estaban esperando, mientras que cualquier ganancia se convertía en miedo a una pérdida aún mayor. Yeltsin solo podía recurrir a sus gestos populistas; no podía afrontar o moldear las expectativas; no podía conducir al país en busca de nuevos ideales y de una nueva retórica. Solo podía intentar darle a los rusos lo que querían.

Y lo que querían claramente no era a Yeltsin. Decenas de millones de rusos le hacían personalmente responsable de cada desgracia que les había sucedido durante los diez años anteriores, de sus esperanzas frustradas y de sus sueños rotos —incluso de su juventud perdida—, y lo odiaban apasionadamente. Quienquiera que tomase las riendas del país después de Yeltsin conseguiría que su popularidad subiese fácilmente si decidía procesarlo. Lo que más temía el debilitado presidente era que un partido político denominado Otechestvo-Vsya Rossiya (Patria-Toda Rusia; el nombre, híbrido de dos cabeceras políticas, suena tan poco elegante en ruso como en traducción), dirigido por un antiguo primer ministro y varios alcaldes y gobernadores, llegase al poder, se cobrase venganza contra él y la Familia, y tener que pasar sus últimos días en prisión.

Ahí es donde entró en escena Vladímir Putin.

Según cuenta Berezovski, aunque está trufada de importantes incongruencias, la Familia estaba buscando un sucesor. Un pequeño grupo de personas, aisladas y asediadas, buscaban a alguien que se hiciese cargo de la extensión de tierra más grande del mundo, con todas sus cabezas nucleares y su trágica historia, y lo único más exiguo que el número de candidatos parece que era la lista de requisitos que se les exigían. Cualquiera con un cierto capital político y con verdadera ambición —cualquiera cuya personalidad diese la talla para el cargo— ya había abandonado a Yeltsin. Todos los candidatos eran hombres normales y corrientes vestidos de gris.

Berezovski afirma que Putin era su protegido. Como me contó en su mansión a las afueras de Londres —mantuve mi promesa de olvidar su ubicación exacta en cuanto volviese a la ciudad—, Berezovski conoció a Putin en 1990, cuando buscaba la forma de extender su negocio a Leningrado. Berezovski era un académico convertido en vendedor de coches. Su negocio era vender Ladas, el nombre que los rusos le habían puesto a un coche fabricado chapuceramente a partir de un modelo muy anticuado de Fiat. También se dedicaba a importar coches europeos usados y a construir talleres donde reparar lo que vendía.[2] Putin, que entonces era ayudante del presidente del consejo municipal Anatoli Sóbchak, había ayudado a Berezovski a abrir un taller en Leningrado y había rechazado un soborno, lo cual fue suficiente para que Berezovski se acordase de él. «Fue el primer burócrata que no aceptaba sobornos —me aseguró—. En serio. Me impresionó muchísimo.»[3]

Berezovski adquirió la costumbre de «pasar» por el despacho de Putin cada vez que estaba en San Petersburgo. Conociendo la forma de ser frenética de Berezovski, muy probablemente eran visitas relámpago en sentido literal, durante las que el oligarca debía de irrumpir en el despacho, hablar agitadamente y desaparecer, posiblemente sin prestar demasiada atención a la reacción de su anfitrión. Cuando hablé con Berezovski, le costó mucho recordar algo de lo que Putin le había dicho. «Pero lo veía como una especie de aliado», me dijo. También le impresionó que Putin, ascendido a teniente de alcalde de San Petersburgo cuando Sóbchak pasó a ocupar la alcaldía, rechazara más adelante un cargo con el nuevo alcalde cuando Sóbchak no logró la reelección.

Cuando Putin se trasladó a Moscú en 1996 para ocupar un puesto administrativo en el Kremlin, se empezaron a ver con más frecuencia, en el exclusivo club que Berezovski poseía en el centro de la ciudad. Berezovski había hecho uso de sus contactos para que se colocasen señales de «Prohibido el paso» en ambos extremos de una manzana, marcando así como suyo un tramo de una calle residencial. (Los vecinos de los edificios de viviendas situados al otro lado de la calle ya no podían llegar con el coche hasta sus casas legalmente.)

Pero a principios de 1999 Berezovski era un hombre asediado, más aún que el resto de la Familia: era el único de entre ellos que sentía apego por su posición en la sociedad moscovita. Atrapado en una desesperada lucha de poder que tenía todas las de perder con el antiguo primer ministro Yevgueni Primákov, líder de la coalición anti-Yeltsin, Berezovski se había convertido casi en un paria. «Era el cumpleaños de mi mujer, Lena —me dijo—, y decidimos no invitar a mucha gente porque no queríamos que nadie pusiese en peligro su relación con Primákov. Así que solo estábamos entre amigos. Y entonces mi guardaespaldas me dice: "Borís Abrámovich, Vladímir Vladímirovich Putin llegará en diez minutos". Pregunté: "¿Qué ha pasado?", y me respondió: "Quiere felicitar a Lena por su cumpleaños". Diez minutos más tarde apareció con un ramo de rosas y le dije: "Volodia,[4] ¿por qué haces esto? Ya tienes bastantes problemas. ¿O solo lo haces por quedar bien?". Y me dijo: "Sí, lo hago para quedar bien". Y así es como nuestra relación se afianzó. Empezando por que no quiso aceptar un soborno, después por que se negó a abandonar a Sóbchak y finalmente este episodio, que me dejó claro que era un hombre bueno y directo; del KGB, sí, pero un hombre igualmente.» Esto se le quedó grabado a Berezovski.

Berezovski estaba cortado con el mismo patrón que otros de los primeros empresarios rusos. Como todos ellos, era muy inteligente, había tenido una buena educación y amaba el riesgo. Como la mayoría, era judío, lo que lo señaló desde pequeño como un intruso. Como todos ellos, poseía una ambición desmedida y una energía ilimitada. Era un doctor en matemáticas que había entrado en los negocios con una empresa de servicios y de importación y exportación de coches. Haciendo uso de créditos en momentos de hiperinflación, consiguió de hecho estafarle millones de dólares al mayor fabricante de coches ruso.[5] A principios y mediados de los años noventa, se metió a banquero sin dejar de lado el negocio de los coches, adquirió parte de una gran compañía petrolera[6] y, lo que es más importante, de todo, se puso al timón de la Televisión Pública Rusa, o Canal Uno, la cadena más vista del país, lo que le proporcionó acceso directo al 98 por ciento de los hogares rusos.

Como otros oligarcas, Berezovski contribuyó económicamente a la campaña para la reelección de Yeltsin en 1996. A diferencia de los demás, aprovechó su influencia para lograr una serie de nombramientos políticos. Viajó de una punta a otra del país para facilitar acuerdos políticos, negociar la paz en Chechenia y disfrutar de la atención mediática. Cultivó su imagen de persona de gran influencia, sin duda exagerándola y creyéndose tan solo la mitad de lo que decía o parecía querer decir. Dos generaciones consecutivas de corresponsales extranjeros en Rusia creyeron que Berezovski manejaba el país en la sombra.

Nadie resulta más fácil de manipular que quien exagera su propia influencia. Mientras la Familia buscaba al futuro líder de Rusia, habían comenzado una serie de reuniones entre Berezovski y Putin. Para entonces, Putin era el director de la policía secreta rusa. Yeltsin había destituido en varias ocasiones a los altos mandos de todas las organizaciones, y el FSB —el Servicio Federal de Seguridad, como se denominaba entonces el organismo que sucedió al KGB— no era ninguna excepción. Si hubiese que creer a Berezovski, habría sido él quien le mencionó el nombre de Putin a Valentín Yumáshev, jefe de gabinete de Yeltsin. «Le dije: "Tenemos a Putin, que estuvo en los servicios secretos, ¿no es así?". Y Valya dijo: "Sí, así es". A lo que yo respondí: "Escucha, creo que es una opción. Piénsalo: a fin de cuentas, es un amigo". Valya dijo: "Pero su rango es bastante bajo". Y le contesté: "Mira, estamos en mitad de una revolución, todo está revuelto, así que…".»

Como descripción del proceso de toma de decisiones que conduce al nombramiento del director del principal organismo de seguridad de una potencia nuclear, esta conversación suena tan absurda que yo me inclino por creer que es cierta. Efectivamente, el rango de Putin era bajo; había abandonado el servicio activo como teniente coronel y había ascendido automáticamente a coronel estando en la reserva. Después diría que le habían ofrecido las estrellas de general al tomar el mando del FSB, honor que había rechazado. «No es necesario ser general para dar órdenes a unos coroneles —dijo su mujer para explicar su decisión—. Solo hace falta alguien capaz de hacerlo.»[7]

Fuese capaz de hacerlo o no, Putin se sentía claramente inseguro en su trabajo en el FSB. Enseguida empezó a nombrar, para los cargos más importantes de la estructura federal, a gente que conocía del KGB de Leningrado. Entretanto, ni siquiera se sentía seguro en su propio despacho: todas sus reuniones con Berezovski las celebraba en el hueco de un ascensor en desuso cercano a su oficina, el único sitio del edificio donde Putin pensaba que sus conversaciones no serían grabadas. En ese escenario desolado y disfuncional, Berezovski se reunía con Putin casi a diario para hablar sobre su lucha con el antiguo primer ministro Primákov y, un tiempo después, sobre la posibilidad de convertirse en presidente de Rusia. En un principio, el potencial candidato era escéptico, recordaba Berezovski, pero estaba dispuesto a escuchar. En una ocasión, Putin, sin darse cuenta, cerró la puerta que separaba el hueco del ascensor del pasillo frente a su despacho y quedaron encerrados dentro. Putin tuvo que aporrear la pared para que alguien los sacara de allí.

Finalmente, Berezovski, que se sentía un genuino representante de Rusia, cortejó a Putin. En julio de 1999, Berezovski voló a Biarritz, en el suroeste de Francia, donde Putin estaba pasando sus vacaciones. «Lo llamé antes —recordaba Berezovski— y le dije que quería ir y discutir con él un asunto importante. Llegué y estaba descansando con su mujer y sus dos hijas, que por aquel entonces eran aún muy pequeñas, en un edificio modesto, a medio camino entre un bloque de apartamentos y un aparthotel. Una cocina pequeña y uno o dos dormitorios. Verdaderamente muy modesto.» En aquella época, los millonarios rusos, de los que sin duda Putin formaba parte, acostumbraban a pasar sus vacaciones en mansiones enormes en la Costa Azul; por eso Berezovski quedó tan impresionado con el humilde alojamiento de Putin.

«Pasamos un día entero conversando. Al final dijo: "De acuerdo, intentémoslo. Pero entiende que debe ser Borís Nikolayévich [Yeltsin] quien me lo diga".»

Todo esto sonaba a un viejo chiste de *shtetl*. Una casamentera convoca a un sastre mayor para discutir la posibilidad de concertar la boda de su hija mediana con el heredero del imperio Rothschild. El sastre pone varias objeciones: no gana nada casando a su hija mediana antes de haber encontrado pareja para las mayores, no quiere que su hija se vaya a vivir lejos de su casa y no está seguro de que los Rothschild sean lo suficientemente píos como para casarse con su hija. La casamentera responde con este argumento a cada objeción: a fin de cuentas, se trata del heredero de la fortuna de los Rothschild. Finalmente, el viejo sastre acaba cediendo. «Excelente —dice ella—. Ahora solo me queda hablarlo con los Rothschild.»

Berezovski tranquilizó a Putin. «Le dije: "Volodia, ¿qué estás diciendo? Fue él quien me envió aquí para asegurarse de que no había malentendidos, para que cuando él te lo propusiese no le respondieses, como me has dicho a mí tantas veces, que no es lo que quieres". Así que aceptó. Volví a Moscú y le conté nuestra conversación a Yumáshev. Poco tiempo después, no recuerdo exactamente cuántos días, Putin volvió a Moscú y se reunió con Borís Nikolayévich, que tuvo una reacción desconcertante. Al menos, recuerdo que me dijo esto: "Parece un buen tipo, pero es algo bajito".»

La hija de Yeltsin, Tatiana Yumásheva, recuerda el episodio de otra manera. Según ella, Voloshín, por aquel entonces jefe de gabinete de Yeltsin, se enzarzó en una discusión con uno de sus predecesores en el cargo, Chubáis; ambos estaban de acuerdo en que Putin era una buena elección como sucesor, pero Chubáis no confiaba en que el Parlamento ruso confirmase a Putin como primer ministro, el necesario primer paso. Mientras ambos le exponían sus argumentos a Yeltsin, Berezovski voló a Biarritz para tantearlo, porque quería que Putin y el resto del país creyesen que tenía una gran influencia.

Como el resto de los participantes en el proceso de selección presidencial, Tatiana Yumásheva recuerda el pánico con el que afrontaban la situación política y el futuro del país. «Chubáis pensaba que la Duma no confirmaría a Putin. Habría tres votaciones y después el Parlamento se disolvería.[8] Los comunistas, junto con [el antiguo primer ministro] Primákov y [el alcalde de Moscú Yuri] Lúzhkov conseguirían una amplia mayoría en las siguientes elecciones, posiblemente incluso una mayoría constituyente, tras lo cual el país se deslizaría hacia el desastre, que podría desembocar incluso en una guerra civil. El mejor escenario posible era un régimen neocomunista,[9] ligeramente adaptado a unas condiciones más modernas; sin embargo, las empresas volverían a nacionalizarse, se cerrarían las fronteras y también muchos medios de comunicación.»

«Estábamos al borde de la catástrofe —lo describió Berezovski—. Habíamos perdido el tiempo y, con él, nuestra posición ventajosa. Primákov y Lúzhkov se estaban organizando a escala nacional. Alrededor de cincuenta gobernadores [de un total de 89] ya se habían sumado a su movimiento político. Y Primákov era un monstruo que quería revertir todo lo que se había conseguido durante esos años.»

¿Por qué, si a la Familia la situación le parecía desesperada, veían en Putin a su salvador? Chubáis decía que era el candidato ideal. Berezovski claramente pensaba que era una elección inteligente. ¿Quién pensaban que era Putin? ¿Por qué creían que estaba preparado para dirigir el país?

Posiblemente, la circunstancia más extraña sobre la ascensión de Putin al poder es que quienes lo elevaron al trono sabían menos sobre él de lo que sabe usted. Berezovski me contó que nunca consideró que Putin fuese su amigo ni le pareció interesante como persona; una afirmación contundente viniendo de alguien tan vivaz que tiende a atraer hacia su órbita y a mantener en ella de forma firme y entusiasta, gracias a su magnetismo personal, a cualquiera con ambición intelectual. El hecho de que Berezovski nunca considerase a Putin lo suficientemente atractivo como para tratar de captarlo, parece indicar que nunca detectó en él ni un ápice de curiosidad. Pero cuando pensaba en Putin como sucesor de Yeltsin, parecía dar por sentado que las mismas cualidades que le hacían mantener la distancia con él lo convertían en el candidato ideal; Putin, que parecía carecer de personalidad e interés personal, sería maleable y disciplinado. Berezovski no podía haber estado más equivocado.

En cuanto a Chubáis, había tratado brevemente a Putin cuando ocupó el puesto de asesor económico del alcalde Sóbchak en San Petersburgo y Putin acababa de ser nombrado teniente de alcalde. Recordaba al Putin del primer año que trabajó para el alcalde; había sido un año especialmente cargado y Putin se había mostrado inusitadamente activo y curioso, siempre haciendo preguntas. Chubáis abandonó San Petersburgo en noviembre de 1991 para entrar a formar parte del gobierno en Moscú, y esa primera impresión fue la que perduró.

¿Y qué sabía el propio Borís Yeltsin sobre aquel a quien pronto nombraría como sucesor? Sabía que era uno de los pocos hombres que había seguido siéndole fiel. Sabía que pertenecía a otra generación: a diferencia de Yeltsin, de su enemigo Primákov y de su legión de gobernadores, Putin no había ascendido desde las filas del Partido Comunista y, por tanto, no había tenido que expresar públicamente un cambio de lealtades cuando la Unión Soviética se hundió. Tenía otra ventaja: todos estos hombres, sin excepción, eran fornidos y de ceño permanentemente fruncido, o así lo parecía. En cambio, Putin —delgado, pequeño y vestido habitualmente con elegantes trajes europeos— se parecía mucho más a la Rusia que Yeltsin había prometido a su pueblo diez años antes. Yeltsin también sabía, o creía saber, que Putin no permitiría que lo procesasen o persiguiesen cuando se retirase. Y si Yeltsin conservaba aún al menos parte de su extraordinario instinto político, sabría que a los rusos les gustaría este hombre que recibían en herencia, y que los heredaba a ellos.

Cualquiera podía proyectar en este hombre gris y ordinario lo que quisiera ver en él.

El 9 de agosto de 1999, Borís Yeltsin nombró a Vladímir Putin primer ministro de Rusia. Una semana más tarde, una amplia mayoría de la Duma lo confirmó en el puesto; resultó ser tan atractivo, o al menos tan aceptable, como Yeltsin había intuido.

2

La guerra electoral

«Hay gente que dice que el FSB está detrás de los atentados —me dijo el director de mi periódico, una de las personas más inteligentes que conozco, cuando entré en la oficina una tarde de septiembre de 1999—. ¿Te lo crees?»

Durante tres semanas, Moscú y otras ciudades rusas habían vivido bajo el terror de una serie de explosiones. La primera tuvo lugar el 31 de agosto en un concurrido centro comercial en el centro de Moscú. Una persona murió y más de treinta resultaron heridas. Pero al principio no quedó claro si esa explosión no era más que una gamberrada muy pesada o un disparo en medio de una disputa por asuntos de negocios.

Cinco días más tarde, una explosión derribó gran parte de un bloque de viviendas en la ciudad de Buynaksk, en el sur, cerca de Chechenia. Hubo 64 muertos y 146 heridos. Pero en el edificio vivían militares rusos con sus familias, por lo que, aunque veintitrés de los muertos eran niños, el atentado no hizo que los civiles, en particular los moscovitas, se sintiesen vulnerables y asustados.

Sin embargo, cuatro días después, dos segundos antes de la medianoche del 8 de septiembre, una enorme explosión sacudió un barrio residencial cercano al centro de Moscú, partiendo por la mitad un bloque de viviendas de hormigón muy poblado al destruir por completo dos de sus escaleras, 72 apartamentos en total. Murieron exactamente cien personas y casi setecientas resultaron heridas.[1] A los cinco días, una cuarta explosión derribó otro edificio, a las afueras de Moscú. El bloque de ladrillos de ocho plantas se hundió como un castillo de naipes. Los periodistas que se unieron a la multitud congregada allí esa mañana comentaban el hecho de que los edificios de hormigón se derrumban hacia fuera, mientras que los de ladrillo se hunden hacia dentro. La explosión se oyó a las cinco de la mañana, lo que significaba que la mayoría de los vecinos se encontraban en sus casas. Murieron casi todos: 124 fallecidos y siete heridos.

Tres días más tarde, el 16 de septiembre, un camión hizo explosión en plena calle en Volgodonsk, una ciudad del sur de Rusia. Hubo diecinueve muertos y más de mil heridos.

El pánico se extendió por todo el país. Los habitantes de Moscú y de otras ciudades rusas formaron patrullas ciudadanas; mucha gente pasaba las noches en la calle porque se sentía más segura que en sus casas. Los voluntarios paraban a cualquiera que les pareciese sospechoso, lo que a menudo significaba cualquiera que no formase parte de su patrulla. Al menos uno de los grupos de voluntarios moscovitas paraba a cualquiera que pasease a su perro, para examinar al animal. En todo el país, la policía se vio desbordada con llamadas de gente que creía haber visto actividades u objetos sospechosos. El 22 de septiembre, los policías que respondieron a una llamada en Riazán, una ciudad a unos ciento sesenta kilómetros de Moscú, encontraron tres bolsas de explosivos colocadas bajo la escalera de un edificio de viviendas.

En un país sacudido por el miedo y el dolor, nadie dudaba de que habían sido los chechenos, y yo no fui una excepción. Había pasado los dos últimos días recorriendo Moscú para visitar a familias chechenas: refugiados, profesionales que se habían establecido allí hacía mucho tiempo y trabajadores temporales que vivían en albergues. Todos estaban aterrorizados. La policía de Moscú interrogaba a jóvenes chechenos y detenía a cientos de ellos en relación con los atentados. Muchos de los hombres a los que entrevisté no solo dejaron de salir a la calle, sino que se negaban incluso a abrir las puertas de sus pisos o de sus habitaciones en los albergues. El hijo de una de las familias había vuelto de la escuela diciendo que el profesor había escrito en la pizarra las palabras rusas «explosión» y «Chechenia» una junto a la otra.

Yo sabía que la policía estaba deteniendo a cientos de inocentes, pero no me costaba imaginar que el culpable fuese un checheno o un grupo de personas provenientes de Chechenia. Entre 1994 y 1996, había cubierto de principio a fin la guerra de Chechenia. La primera vez que oí cómo estallaba una bomba a unos metros de mí, estaba en la escalera de un edificio de pisos para ciegos a las afueras de Grozni, la capital chechena. Era enero de 1995, el primer mes de la guerra, y yo había ido a ese barrio de la ciudad porque el ejército ruso aseguraba que no estaba bombardeando a civiles; no podía imaginar a nadie que encajase mejor con la definición de «civil» que los ocupantes de ese edificio: ciegos, indefensos, incapaces de abandonar la ciudad. Cuando salí del edificio, vi cadáveres y pedazos de cuerpos esparcidos a mi alrededor.

Los muchos niños que vi por las calles de Grozni ese día y los siguientes tenían algo en común: eran los niños que se pasarían las semanas siguientes alrededor de las hogueras en las aceras de Grozni, viendo como sus madres cocinaban. Los mismos niños que después pasarían años encerrados en pisos diminutos —media docena apiñados en cada habitación, porque muchos de los edificios habían sido destruidos en los bombardeos—, sin permiso para salir por miedo a que pisasen una mina o a que se topasen con un soldado ruso, capaz de violar a una chica o detener a un chico. Y aun así salían, y las violaban, los detenían, los torturaban y los hacían desaparecer (o veían como les sucedía a sus hermanas, hermanos y amigos). Estos niños eran ahora jóvenes adultos y no me costaba nada creer que algunos de ellos fuesen capaces de venganzas terribles.

La mayoría de los rusos no habían visto lo que yo vi, pero sí vieron por televisión imágenes de los lugares de los atentados, cada uno más espantoso que el anterior. La guerra de Chechenia en realidad no había terminado; el acuerdo que Berezovski, entre otros, había propiciado tres años antes no era más que un alto el fuego. Rusia era una nación en estado de guerra y, como todas, creía que el enemigo era al mismo tiempo un ser inferior y capaz de provocar un horror inimaginable.

El 23 de septiembre, un grupo de veinticuatro gobernadores —más de una cuarta parte de todos los de la federación— le escribieron una carta al presidente Yeltsin pidiéndole que cediese el poder a Putin, que llevaba apenas un mes como primer ministro. Ese mismo día, Yeltsin aprobó un decreto secreto que permitía al ejército reanudar los combates en Chechenia; el decreto era también ilegal, porque la ley rusa prohíbe el empleo de tropas regulares dentro de las fronteras del país.[2] Ese día, aviones del ejército ruso volvieron a bombardear Grozni, empezando por el aeropuerto, la refinería petrolífera y varios barrios residenciales. Al día siguiente, Putin aprobó su propia orden autorizando a las tropas rusas a combatir en Chechenia; esta vez la orden no era clasificada, aunque la ley rusa no otorga al primer ministro ninguna autoridad sobre el ejército.

Ese mismo día, Putin efectuó una de sus primeras apariciones en televisión. «Les daremos caza —dijo sobre los terroristas—. Dondequiera que los encontremos, acabaremos con ellos. Incluso si los encontramos en el retrete, los liquidaremos allí.»[3]

Putin empleaba una retórica claramente diferente de la de Yeltsin. No prometía llevar a los terroristas ante la justicia ni manifestaba compasión por los cientos de víctimas de las explosiones. Era el lenguaje de un líder que pensaba gobernar con mano dura. Este tipo de declaraciones, sazonadas a menudo con humor chabacano, se convertirían en el recurso oratorio característico de Putin.

El doctor Berezovski y su pequeño ejército de propagandistas, formado por hombres con una buena educación, no parecían ver contradicción alguna entre su objetivo público de garantizar el futuro democrático de Rusia y el hombre que habían elegido para encarnar sus esperanzas en ese futuro. Trabajaron sin descanso en su campaña, haciendo uso de los índices de audiencia del Canal Uno de Berezovski para desprestigiar al antiguo primer ministro Primákov y a sus gobernadores afines. Un programa muy recordado explicó con repulsivo detalle una reciente operación de cadera de Primákov. Otro se centró en el llamativo parecido del alcalde de Moscú, Yuri Lúzhkov, con Mussolini.[4] Pero, además de desacreditar a sus oponentes, los aliados de Putin —que se veían más como sus autores que como sus seguidores— tuvieron que crear y difundir una imagen positiva de su propio candidato.

En sentido estricto, Putin no estaba en campaña —se suponía que faltaba casi un año para las elecciones presidenciales y en Rusia no había cultura política de campañas prolongadas—, pero quienes querían verlo convertido en presidente sí que lo estaban. Encargaron a una influyente consultora política llamada Fundación para una Política Efectiva, situada en uno de los edificios históricos más bellos de la ciudad, justo en la orilla opuesta del río frente al Kremlin, la tarea de crear la imagen de Putin como un político joven y lleno de energía que haría avanzar las muy necesarias reformas. «Todo el mundo estaba tan harto de Yeltsin que fue un trabajo fácil», me dijo una mujer que había sido fundamental en la campaña.[5]

Su nombre era Marina Litvínovich, y, como muchos de los que trabajaban en la Fundación para una Política Efectiva, era muy joven, muy inteligente (acababa de graduarse en una de las mejores universidades) y con muy poca experiencia en política, incluso ingenua. Había entrado a trabajar en la fundación a tiempo parcial mientras aún era estudiante, y tres años después era la persona más importante del equipo de la campaña presidencial. Se imaginaba a sí misma entregada por completo a los ideales democráticos, pese a lo cual no veía nada de malo en cómo estaban inventando al futuro presidente y vendiéndoselo al público; simplemente confiaba en quienes lo habían ideado todo. «Salieron algunos artículos afirmando que provenía del KGB —me dijo años más tarde—, pero el personal en las oficinas era mayoritariamente liberal y estábamos convencidos de que estas serían las personas que formarían su círculo de confianza.»

No hacía falta ser joven e ingenuo para pensar así. Al final del verano de 1999, tuve una cena memorable con Alexánder Goldfarb, un viejo conocido que había sido disidente en los años setenta; había hecho de traductor de Andréi Sájarov, había sido emigrante en Nueva York durante los ochenta y se había convertido en un activista social muy eficiente en los noventa. Había sido consejero del multimillonario y filántropo George Soros en Rusia, y después había lanzado una campaña para divulgar y combatir la epidemia rusa de tuberculosis resistente a los medicamentos, consiguiendo llamar la atención del mundo casi sin ayuda. Álex y yo estábamos cenando y hablando sobre Putin. «Es KGB en cuerpo y alma», le dije, por aquel entonces aún más bien tanteando una teoría que argumentándola. «Pero le he oído decir a Chubáis que es inteligente y efectivo y que conoce el mundo», respondió Álex. Hasta un antiguo disidente estaba casi convencido de que Putin era el político joven y moderno que la Fundación para una Política Efectiva estaba inventando.

Cuanto más subía la intensidad de la campaña militar en Chechenia, más subyugado parecía estar el país entero. A Berezovski, entretanto, se le ocurrió la idea de crear un nuevo partido político, completamente desprovisto de ideología. «Nadie prestaría atención a las palabras si éramos nosotros quienes las decíamos —me comentó nueve años más tarde, todavía aparentemente convencido de que había sido una invención extraordinaria—. Decidí que sustituiríamos la ideología por rostros.» La búsqueda del equipo de Berezovski dio como resultados un par de famosos y un ministro. Pero el rostro más importante era el del hombre que hasta unas semanas antes había carecido de él; con el aumento de la popularidad de Putin, también subió la de su partido. En las elecciones parlamentarias del 19 de diciembre de 1999, casi una cuarta parte de los votantes optaron por el bloque llamado Yedinstvo («Unidad») o Médved («El oso»), que apenas tenía dos meses de vida, convirtiéndolo en la fuerza más importante en la cámara baja del Parlamento.

Para consolidar la ventaja de Putin, alguien de la Familia —nadie parece capaz de recordar quién fue— propuso una jugada brillante: Yeltsin debía dimitir con tiempo. Como primer ministro, Putin se convertiría por ley en el presidente en funciones, pasando inmediatamente a ser el candidato que batir en las elecciones que se avecinaban. Esto cogería a sus oponentes por sorpresa y reduciría el plazo hasta las elecciones. De hecho, Yeltsin debería hacerlo el 31 de diciembre. Sería un movimiento muy característico de él: eclipsaría al cambio de milenio, al problema informático del año 2000 y a prácticamente cualquier otra noticia que pudiese suceder en cualquier sitio del mundo. También tendría lugar justo antes del tradicional parón de dos semanas por Navidades y Año Nuevo, dejando aún menos tiempo para que los oponentes de Putin se preparasen para la votación.

En Rusia, el Año Nuevo, una fiesta secular, se había convertido desde hacía tiempo en la celebración familiar más importante. Esa noche, todos los rusos se reunían con amigos y familiares; justo antes de que terminase el año, se juntaban frente al televisor para ver cómo daba la medianoche el reloj de una de las torres del Kremlin, brindaban con sus copas de champán y después se sentaban a degustar una cena tradicional. En los minutos previos a la medianoche, el líder de la nación pronunciaba un discurso; esta había sido la tradición en la Unión Soviética, y Yeltsin la había retomado el 31 de diciembre de 1992 (el año anterior, mientras la existencia oficial de la Unión Soviética llegaba a su fin, fue un cómico el que se dirigió a la nación).

Yeltsin apareció en la televisión doce horas antes de lo previsto. «Amigos —dijo—. Estimados míos, este será mi último discurso de Año Nuevo. Pero eso no es todo. Hoy es la última vez que me dirijo a vosotros como presidente de Rusia. He tomado una decisión que ha sido larga y difícil. Hoy, último día de este siglo, voy a dimitir … me retiro … Rusia debe entrar en el nuevo milenio con políticos nuevos, caras nuevas, gente nueva, inteligente, fuerte y llena de energía … ¿Por qué debería yo aferrarme al cargo durante otros seis meses cuando el país ya tiene a esa persona fuerte que merece ser presidente y en quien prácticamente todos los rusos han depositado sus esperanzas para el futuro?»

Entonces, Yeltsin se disculpó. «Siento que muchos de nuestros sueños no se hayan hecho realidad. Que cosas que pensábamos que serían fáciles resultasen dolorosamente difíciles. Siento no haber estado a la altura de las esperanzas de las personas que pensaron que podríamos, con un esfuerzo conjunto, con un fuerte impulso conjunto, escapar a nuestro pasado gris, anquilosado y totalitario, y entrar en un futuro radiante, próspero y civilizado. Yo también lo creía … Nunca antes he dicho esto, pero quiero que lo sepáis. Sentí en mi corazón el dolor de cada uno de vosotros. Pasé noches en vela, períodos dolorosos pensando qué podía hacer para que la vida fuese siquiera un poco mejor … Me voy. He hecho todo lo que podía … Llega una nueva generación, que podrá hacer más y hacerlo mejor.»[6]

Yeltsin habló durante diez minutos. Se le veía abotargado, pesado, apenas capaz de moverse. También abatido, impotente, como un hombre que se estaba enterrando en vida ante más de cien millones de personas. Su expresión facial apenas cambió a lo largo del discurso, pero la voz se le quebró de emoción al despedirse.

A medianoche, fue Vladímir Putin quien apareció en televisión. Al principio estaba visiblemente nervioso, incluso tartamudeó al empezar su discurso, pero después pareció ganar confianza. Habló durante tres minutos y medio. Curiosamente, no aprovechó la oportunidad para lanzar su primer discurso de campaña. No hizo promesas ni dijo nada que pudiese considerarse inspirador. Afirmó en cambio que nada cambiaría en Rusia y aseguró a los televidentes que sus derechos estaban bien protegidos. Para terminar, propuso a los rusos que brindasen por «el nuevo siglo de Rusia»,[7] aunque no tenía ninguna copa con la que hacerlo.

Estaba actuando como presidente y la campaña electoral había comenzado oficialmente. Putin, recordaba Berezovski, era disciplinado e incluso dócil; hacía lo que le decían, y lo que le dijeron fue que no hiciese mucho. Era ya tan popular que se trataba, en realidad, de una «no campaña» que terminaría en unas «no elecciones». Todo lo que tenía que hacer era no distanciarse demasiado de lo que los votantes querían ver en él.

El 26 de enero de 2000, exactamente dos meses antes de las elecciones, el moderador de una mesa redonda sobre Rusia en el encuentro anual del Foro Económico Mundial en Davos, Suiza, preguntó: «¿Quién es el señor Putin?». Chubáis, el hombre que siete meses antes defendía que Putin sería el sucesor ideal, tenía el micrófono en la mano cuando se oyó la pregunta. Se revolvió y miró inquisitivamente a un antiguo primer ministro ruso que estaba sentado a su derecha, que también se mostraba claramente reacio a contestar. Los cuatros miembros de la mesa empezaron a mirarse entre sí con inquietud. Tras medio minuto así, la sala estalló en carcajadas. La mayor extensión de terreno del mundo, una tierra con petróleo, gas y armas nucleares, tenía un nuevo líder y sus élites económicas y políticas no tenían ni idea de quién era. Ciertamente gracioso.

Una semana más tarde, Berezovski encargó a tres periodistas de un periódico de su propiedad que escribiesen la historia de la vida de Putin. Una era una joven rubia que había trabajado un par de años como secretaria en el Kremlin, pero que había conseguido pasar desapercibida entre colegas más llamativas. Otro era un joven reportero que había recibido alabanzas por sus artículos satíricos, pero que nunca había escrito sobre política. El tercer miembro del equipo era una estrella, una veterana reportera política que había pasado los primeros años de la década de los ochenta cubriendo guerras por todo el mundo y los últimos escribiendo sobre política, y en particular sobre el KGB, para el *Moscow News*, la publicación de referencia de la perestroika. Natalia Guevorkian era una reportera de reporteros, la indiscutible líder del equipo, y la periodista a la que Berezovski mejor conocía.

«Berezovski me llamaba una y otra vez y me preguntaba: "¿No es un tío acojonante?" —me contó ella años después—. Yo le decía: "Borya, tu problema es que nunca has conocido a un coronel del KGB. No es acojonante, es perfectamente ordinario".

»Sentía curiosidad,[8] por supuesto, por saber quién era este tío que iba a dirigir el país —me dijo—. Tenía la sensación de que le gustaba hablar, en particular sobre sí mismo. Desde luego, he hablado con muchas personas más interesantes. Había pasado cinco años escribiendo sobre el KGB; no era ni mejor ni peor que el resto, era más inteligente que algunos y más astuto que otros.»

Además de la imponente tarea de escribir un libro en unos pocos días, Natalia Guevorkian quería aprovechar su tiempo con el presidente en funciones para ayudar a un amigo. Andréi Babitski, un reportero de Radio Free Europe/Radio Liberty, de financiación estadounidense, había desaparecido en Chechenia en enero. Al parecer, había sido detenido por tropas rusas por violar su estricta política respecto a los periodistas integrados en ellas; durante la primera guerra de Chechenia, los medios habían sido marcada y sistemáticamente críticos con las acciones de Moscú, así que esta vez los militares prohibieron que los periodistas viajaran a las zonas de combate sin la compañía de personal uniformado. Esta política no solo dificultaba acceder a los combatientes de ambos bandos, sino que ponía a los periodistas en peligro; en una zona de guerra, casi siempre es más seguro no llevar puesto un uniforme o tenerlo cerca. Los reporteros más osados trataron de burlar estas reglas; y pocos lo hacían mejor que Babitski, que había pasado años cubriendo específicamente el Cáucaso Norte.

Durante las dos semanas siguientes a su detención, la familia y los amigos de Babitski no supieron nada de él. Sin embargo, entre los círculos de periodistas moscovitas enseguida circuló el rumor de que se le había visto en la tristemente famosa prisión rusa de Chernokózovo, en Chechenia. El 3 de febrero, al día siguiente de que Guevorkian y sus colegas empezasen las entrevistas con Putin para su biografía, oficiales rusos anunciaron que se había producido un trueque de prisioneros en el que Babitski había sido intercambiado por tres soldados rusos capturados por los combatientes chechenos. Los oficiales rusos afirmaron que Babitski había aceptado el intercambio, pero esto difícilmente podía ocultar el hecho de que las tropas rusas habían tratado a un periodista —un periodista ruso— como un combatiente enemigo.

Cuando Guevorkian le preguntó a Putin sobre Babitski, ello suscitó lo que más tarde describiría como «odio indisimulado». Por un momento, el presidente en funciones montó en cólera y lanzó una diatriba: «Trabajaba directamente para el enemigo. No era una fuente de información neutral. Trabajaba para los insurgentes … Trabajaba para los insurgentes.[9] Así que cuando los rebeldes dijeron: "Estamos dispuestos a liberar a algunos de vuestros soldados a cambio de este corresponsal", nuestra gente le preguntó: "¿Quieres que te intercambiemos?", y dijo: "Sí". Él… Eran nuestros soldados. Luchaban por Rusia. Si no los hubiésemos recuperado, habrían sido ejecutados. Y allí no le van a hacer nada a Babitski, porque es uno de ellos … Lo que él hizo es mucho más peligroso que disparar con una ametralladora … Tenía un mapa para burlar nuestros puestos de control. ¿Quién le pidió que se metiese allí si no tenía permiso de las autoridades? … Así que se le arrestó y se le investigó. Y él dice: "No confío en vosotros, confío en los chechenos, si me quieren, me deberíais entregar a ellos…". Esta fue la respuesta que recibió: "Pues vete, ¡lárgate de aquí!" … Y dices que es ciudadano ruso. Entonces debería haber cumplido las leyes de nuestro país, si quería que las leyes lo protegiesen».

Al escuchar este monólogo, Guevorkian se fue convenciendo de que el presidente en funciones tenía conocimiento directo del caso de Babitski. Así que decidió ser directo también. «Tiene familia e hijos —le dijo a Putin—. Tiene que detener esta operación.»

El jefe de Estado mordió el anzuelo. «En breve llegará un coche —dijo— que traerá una cinta de vídeo. Verás que está sano y salvo.» Esto hizo que Guevorkian, que había mantenido la compostura a lo largo de sus muchos encuentros con Putin, le contestase de malos modos: «¿Cómo? —dijo casi gritando—. Lo entregaron a los insurgentes. ¿Eso es lo que le han dicho?».

Se excusó para salir de la habitación y llamar a una amiga de la oficina de Radio Liberty en Moscú.

—Dile a su mujer que está vivo.

—¿Cómo lo sabes? —preguntó la amiga.

—Lo sé de muy buena tinta —respondió Guevorkian.

—¿Confías en él? —dijo la amiga.

—En realidad, no —reconoció Guevorkian.

Pero unas horas después el amigo la llamó. «No te lo vas a creer —dijo la amiga—. Vino un coche, con la matrícula tan sucia que no pudimos distinguir el número. Nos ofreció vendernos una cinta de vídeo por la que pagamos doscientos dólares.»

El vídeo, que Radio Liberty distribuyó enseguida a todos los demás medios, contenía una grabación de baja calidad de un Babitski pálido, exhausto, necesitado de sueño, que decía: «Hoy es 6 de febrero de 2000. Estoy relativamente bien. Mi único problema es el tiempo, ya que las circunstancias se han dispuesto de tal forma que, desgraciadamente, ahora mismo no puedo volver a casa. Mi vida aquí es todo lo normal que puede serlo en situación de guerra. La gente a mi alrededor trata de ayudarme. El único problema es que realmente me gustaría irme a casa, que todo esto terminase de una vez. Por favor, no os preocupéis por mí. Espero estar pronto en casa».[10]

De hecho, Babitski estaba retenido bajo llave en una casa de un pueblo checheno. Efectivamente, estaba necesitado de sueño, exhausto y, sobre todo, aterrorizado. No sabía quién lo tenía prisionero, solo que eran hombre chechenos armados que tenían todos los motivos para odiar a los rusos y ninguno para confiar en él. No podía dormir, pues todas las noches al acostarse, temía que lo despertasen para conducirlo a su ejecución, y todas las mañanas se despertaba enfadado consigo mismo por no haber encontrado la manera de escapar o haber reunido el coraje para tratar de huir.[11] Finalmente, el 23 de febrero, lo metieron en el maletero de un coche y lo llevaron a la vecina república de Daguestán, le proporcionaron documentación falsa muy burda y lo liberaron allí, para que fuese arrestado unas horas más tarde por la policía rusa. Esta lo trasladó a Moscú, donde habría de enfrentarse a la acusación de haber falsificado la documentación que llevaba.[12]

Pronto se supo que, probablemente, no se había producido tal intercambio: no existía ninguna prueba documental de él ni de los soldados que se suponía que los chechenos habían entregado.[13] El arresto de Babitski, su entrega televisada al enemigo y su posterior desaparición parecían haber sido un intento de mandar un mensaje a los periodistas. El ministro de Defensa, Ígor Serguéiev, prácticamente lo reconoció ante los medios: Babitski había sido elegido, dijo, porque «la información que transmitía no era objetiva, por decirlo suavemente».Y añadió: «No habría tenido ningún problema en entregar a diez Babitskis por cada soldado».[14] Putin llevaba un mes en el cargo y los ministros ya hablaban como él, que era como, al parecer, llevaban tiempo queriendo hablar.

Lo que Putin no esperaba era que lo que para él no suponía más que la aplicación de un castigo justo, provocase la indignación internacional. Durante su primer mes como presidente en funciones, los líderes occidentales se habían comportado como el pueblo ruso: parecían tan aliviados por que el impredecible y embarazoso Yeltsin se hubiese marchado que estaban dispuestos a proyectar sobre Putin sus esperanzas. Los estadounidenses y los británicos actuaban como si conociesen de antemano el resultado de las elecciones de marzo. Pero ahora a los norteamericanos no les quedaba más opción que reaccionar; Babitski no era solo un periodista ruso, era un periodista ruso que trabajaba para un medio de comunicación financiado por una ley del Congreso.[15] La secretaria de Estado, Madeleine Albright, sacó el asunto a colación en una reunión con el ministro de Asuntos Exteriores ruso, Ígor Ivánov, el 4 de febrero, y cinco días después el Departamento de Estado emitió un comunicado condenando el «tratamiento de un no combatiente como un rehén o prisionero de guerra».[16] La inesperada atención y el escándalo probablemente salvaron la vida de Babitski. También provocaron el resentimiento y el enfado de Putin. Pensaba que lo que estaba haciendo era justo y que un hombre como Babitski —alguien a quien no parecía preocuparle en absoluto el esfuerzo bélico ruso y que no se avergonzaba de sentir compasión por el enemigo— no merecía vivir, al menos no entre los ciudadanos rusos. Una conspiración de demócratas sensibleros había obligado a Putin a ceder. Ya había vencido a este tipo de gente en Leningrado y ahora volvería a hacerlo.

«La historia de Babitski me simplificó la vida —me dijo más tarde Guevorkian—. Me di cuenta de que esta iba a ser la forma de gobernar de Putin. Así funciona su jodido cerebro. Así que no me hice ilusiones. Supe que así era como interpretaba la palabra "patriotismo",[17] precisamente como le habían enseñado en el KGB; el país es tan grande como el miedo que inspira, y los medios de comunicación deben ser leales.»

Poco después de este descubrimiento, Guevorkian se trasladó de Moscú a París, donde aún vive. Andréi Babitski, en cuanto pudo, se fue a Praga, donde siguió trabajando para Radio Liberty. Pero en el año 2000, en los días previos a las elecciones, Guevorkian no dijo nada en público. La biografía de Putin se publicó como él quería; incluso se eliminó el exaltado y revelador pasaje sobre Babitski, a pesar de que había aparecido en un avance del libro publicado en un periódico. Salvo contadas excepciones, a los rusos los indujeron a seguir depositando su fe en Putin.

El 24 de marzo, dos días antes de las elecciones presidenciales, NTV, el canal de televisión propiedad de Vladímir Gusinski —el oligarca que también poseía la revista donde yo trabajaba—, emitió un programa de una hora de duración, en formato de entrevista con público en directo, dedicado al incidente acaecido en la ciudad de Riazán el mes de septiembre anterior, cuando la policía recibió una llamada que la alertó de la existencia de tres bolsas de explosivos bajo las escaleras de un edificio de viviendas. Los habitantes organizados en patrullas creían haber desbaratado un plan terrorista.

La noche del 22 de septiembre, justo después de las nueve, Alexéi Kartofélnikov, conductor del autocar del equipo de fútbol local, volvía a su apartamento en el edificio de ladrillo de doce pisos en el número 14 de la calle Novosélov. Vio como un coche de fabricación rusa se paraba junto al edificio y descendían de él un hombre y una mujer, que entraron a través de la puerta que llevaba al sótano, mientras el conductor —otro hombre— permanecía en el coche. Kartofélnikov los vio salir unos minutos después. Entonces, el coche se acercó a la puerta del sótano y los tres descargaron unos sacos aparentemente pesados y los introdujeron en el sótano. Después los tres volvieron al coche y se fueron.[18]

Para entonces, ya habían volado cuatro edificios en Moscú y en otras dos ciudades. Al menos en uno de los casos, aparecieron después testigos presenciales afirmando que habían visto sacos colocados en el hueco de la escalera. Así pues, no resulta sorprendente que Kartofélnikov tratase de apuntar el número de la matrícula del coche. Pero la parte de la matrícula que indicaba la región donde se había registrado el coche estaba cubierta con un papel con el número de la región de Riazán. Kartofélnikov llamó a la policía.

Tardaron casi cuarenta y cinco minutos en llegar. Dos agentes entraron en el sótano, donde encontraron tres sacos de cincuenta kilos con el rótulo «Azúcar» apilados uno encima del otro. A través de una ranura en el saco de arriba pudieron ver cables y un reloj. Salieron corriendo del sótano para pedir refuerzos y empezar a evacuar a los vecinos de los setenta y siete apartamentos del edificio mientras esperaban que llegara la unidad de desactivación de explosivos. Rastrearon el edificio, llamando a todas las puertas y ordenando a los vecinos que saliesen inmediatamente. La gente salía en pijama, camisón o albornoz, sin pararse a cerrar las puertas con llave; tras semanas viendo en las noticias reportajes sobre explosiones en edificios de viviendas, todos se tomaban la amenaza muy en serio. Sacaron a varias personas discapacitadas en sus sillas de ruedas, pero otras con mayores dificultades de movilidad se quedaron en sus pisos, aterrorizadas. El resto de los vecinos pasaron la noche a la intemperie, soportando un viento helado. Al rato, el encargado de un cine cercano los invitó a entrar e incluso les preparó un té caliente. Por la mañana, muchos de los vecinos se fueron a trabajar, aunque la policía no les permitió entrar en el edificio para asearse o coger ropa limpia. Muchos de los apartamentos fueron desvalijados.

Antes incluso de que todos los vecinos hubiesen salido, la unidad de desactivación había inutilizado el temporizador y analizado el contenido de los sacos. Determinaron que era hexógeno, un potente explosivo que se utiliza desde la Segunda Guerra Mundial (en países de habla inglesa, es más conocido como RDX). Era la misma sustancia utilizada al menos en uno de los atentados de Moscú,[19] por lo que el país entero conocía la palabra «hexógeno» tras un anuncio del alcalde de la ciudad. El burdo mecanismo de detonación incluía un reloj con la alarma puesta a las cinco y media de la madrugada. El plan de los terroristas era exactamente el mismo que en las explosiones de Moscú: la cantidad de explosivo habría destruido el edificio por completo (y probablemente habría dañado estructuras cercanas), matando a todos los vecinos mientras dormían.

Una vez que la unidad de desactivación hubo determinado que los sacos contenían explosivos, los altos cargos militares y policiales de la ciudad se apresuraron en llegar al número 14 de la calle Novosélov. El director de la oficina local del FSB se dirigió a los vecinos, felicitándolos por haber vuelto a nacer. Alexéi Kartofélnikov, el conductor que había llamado a la policía al ver a gente sospechosa transportando sacos, se convirtió al instante en un héroe. Las autoridades locales lo alabaron a él y la vigilancia de la gente común en general. «Cuanto más alertas estemos, mejor podremos combatir el mal que se ha instalado en nuestro país», dijo el vicegobernador a las agencias de noticias.[20]

Al día siguiente, toda Rusia hablaba solo de Riazán. En la aterradora realidad en la que habían vivido los rusos durante casi un mes, esta parecía la primera noticia relativamente buena. Si la gente se movilizaba —si iba con cuidado, parecía querer decir— conseguiría estar a salvo. No solo eso, sino que podrían capturar a los terroristas; la policía sabía la marca y el color del coche, y Kartofélnikov había visto a la gente que descargó los sacos. El 24 de septiembre, el ministro del Interior, Vladímir Rushailo, con aspecto demacrado y angustiado, habló en una reunión entre varios organismos gubernamentales dedicada a la serie de atentados. «Ha habido avances positivos —dijo Rushailo—. Por ejemplo, el hecho de que ayer en Riazán se pudiese evitar una explosión.»

Sin embargo, media hora después sucedió algo completamente inesperado e inexplicable. El director del FSB, Nikolái Pátrushev, un antiguo ayudante en Leningrado que Putin se había traído como su segundo a la policía secreta y al que después eligió como su sucesor cuando él pasó a ser primer ministro, habló con los periodistas en el mismo edificio donde se estaba celebrando la reunión entre organismos y dijo que Rushailo estaba equivocado. «Primero, no hubo explosión —dijo—. Segundo, nada se evitó. Y no creo que se hiciese muy bien. Era un ejercicio de entrenamiento, las bolsas contenían azúcar. No había explosivos.»[21]

En los días siguientes, los representantes del FSB tuvieron que explicar que la mujer y los dos hombres que dejaron los sacos eran agentes del FSB de Moscú, que los sacos contenían azúcar completamente inocuo, y que todo el ejercicio pretendía comprobar el grado de alerta de la gente común de Riazán y la respuesta de sus cuerpos de seguridad. En un principio, las autoridades de Riazán se negaron a admitirlo, pero acabaron confirmando la historia del FSB y explicaron que la unidad de desactivación había identificado incorrectamente el azúcar como un explosivo porque su equipo de análisis se había contaminado por la continua exposición a explosivos reales en Chechenia. Las explicaciones no sirvieron para calmar los ánimos o convencer a nadie que supiese mínimamente cómo funcionaba el FSB. Parecía desmedido, aunque no inimaginable, que se hiciese pasar la noche a la intemperie a doscientas personas para realizar un ejercicio; al fin y al cabo, la policía secreta rusa no era conocida por sus modales considerados. Lo que escapaba a toda explicación, sin embargo, era el hecho de que la oficina local del FSB no hubiese sido informada del ejercicio, o que se permitiese que el ministro del Interior hiciese el ridículo en público un día y medio después del mismo, cuando mil doscientos de sus efectivos se habían movilizado para atrapar a los sospechosos en su huida de Riazán.

A lo largo de seis meses, los periodistas de la NTV habían reconstruido la historia, plagada de incoherencias, y ahora la presentaban a los espectadores. Se anduvieron con mucho cuidado. Nikolái

Nicolaiev, el presentador, partió de la premisa de que lo que había sucedido en Riazán era efectivamente un ejercicio de entrenamiento. Cuando alguien del público sugirió que ya era hora de enlazar toda la cadena de acontecimientos y preguntarse si el FSB había estado tras las explosiones de agosto y septiembre, Nicolaiev dijo, casi a voz en grito: «No, no vamos a hacer eso, no vamos a ir por ahí. Solo estamos hablando de Riazán». Aun así, el panorama que el programa presentaba era escalofriante.

Nicolaiev había invitado a muchos de los vecinos del número 14 de la calle Novosélov, incluido Kartofélnikov, para que estuviesen entre el público del estudio. Ninguno se creía la historia del entrenamiento. Entonces, un integrante del público se identificó como vecino del edificio de Riazán y empezó a decir que él sí creía que había sido un ejercicio. El resto de los vecinos lo miraron con incredulidad y, en pocos segundos, empezaron a gritar al unísono que no conocían a ese hombre y que sin duda no vivía en el edificio. El resto de la historia del FSB era tan poco convincente y de una ejecución tan chapucera como el hecho de colocar a un falso vecino en el público. Los representantes del FSB no podían explicar por qué las pruebas iniciales indicaron que la sustancia era hexógeno o por qué la oficina local no sabía nada del supuesto ejercicio.

Al ver el programa, recordé una conversación con mi director medio año antes. En apenas seis meses, los límites de lo posible se habían desplazado en mi cabeza. Ahora podía creer que lo más probable era que el FSB estuviese tras los atentados mortales que habían sacudido Rusia y que contribuyeron a convertir a Putin en su líder. Cuando la agencia se dio cuenta de que estaba a punto de ser descubierta —cuando mil doscientos hombres, provistos de descripciones detalladas, se lanzaron en persecución de los agentes del FSB que habían colocado los explosivos—, el FSB pergeñó apresuradamente la historia del ejercicio de entrenamiento; poco convincente, pero suficiente para evitar el arresto de agentes de la policía secreta por la policía civil. En ese mismo momento se detuvo la cadena mortífera de explosiones.

Borís Berezovski tardó mucho tiempo en reconocer que lo impensable era posible e incluso probable. Le pregunté al respecto casi diez años después. Para entonces, él había financiado personalmente investigaciones, libros y una película que se basaban en la investigación de Nicolaiev, ampliándola, y estaba convencido de que había sido el FSB el que aterrorizó Rusia en septiembre de 1999. Pero aún le costaba encajar lo que pensaba cuando se produjeron los acontecimientos en 1999 con su visión posterior de los mismos.

«Puedo decirte con total sinceridad que en aquel momento estaba seguro de que habían sido los chechenos —me dijo—. Solo cuando llegué aquí [a Londres] y empecé a mirar atrás, acabé llegando a la conclusión de que el FSB había organizado los atentados. Y esta conclusión se basaba no solo en la lógica, no tanto en la lógica, como en los hechos. Pero en aquel entonces yo no vi esos hechos, y además no me fiaba de la NTV, propiedad de Gusinski, que apoyaba a Primákov. Así que ni siquiera presté atención. Ni siquiera se me pasó por la cabeza que alguien más estuviese moviéndose en paralelo a nosotros, que alguien más estuviese haciendo lo que consideraba oportuno para conseguir que Putin resultase elegido. Ahora estoy convencido de que eso es exactamente lo que estaba pasando.» Ese «alguien más» sería el FSB y el «movimiento paralelo» serían los atentados, pensados para unir a los rusos en el miedo y en un deseo desesperado de un líder nuevo, decidido e incluso agresivo, del que ningún enemigo podría escapar.

«Pero estoy convencido de que no fue idea del propio Putin», me dijo de pronto.

Para mí esto no tenía sentido. Las explosiones empezaron justo tres semanas después de que Putin fuese nombrado primer ministro, lo cual hacía pensar que los preparativos comenzaron mientras aún dirigía el FSB. Berezovski repuso que no tenía por qué ser así: «Todo se organizó en muy poco tiempo, y por eso se cometieron tantos errores de bulto». No obstante, incluso en el caso de que Berezovski estuviese en lo cierto, a Putin en el FSB lo sucedió su mano derecha, Pátrushev, que difícilmente habría podido ocultarle el plan. Y si Putin tenía conocimiento de primera mano de una operación relativamente menor, como la detención de Andréi Babitski, parecía absurdo imaginar que no hubiese sabido de los planes para la serie de atentados.

Berezovski estaba de acuerdo, pese a lo cual seguía sin cargar la culpa por completo sobre los hombros de Putin. Dijo que había llegado al convencimiento de que la idea surgió en el círculo de confianza de Putin, pero que no se había pensado para apoyar al propio Putin, sino para impulsar al sucesor que Yeltsin eligiese. Pensé que Berezovski había ideado esta teoría para permitirse seguir creyendo que había ejercido una gran influencia en 1999 y no había sido un mero peón. Por otra parte, debí admitir que probablemente tenía razón al decir que los atentados se podían haber utilizado para conseguir que cualquiera resultase elegido; si se derramaba suficiente sangre, cualquier candidato hasta entonces desconocido, sin rostro ni atributos, podría convertirse en presidente. Aunque fuese escogido prácticamente al azar.

La postura oficial de Moscú es que fue una organización terrorista islámica con base en el Cáucaso la que organizó todos los atentados.

3

Autobiografía de un matón

El grupo que Berezovski había formado para que escribiese la biografía de Putin tenía solo tres semanas para redactar el libro. Su lista de fuentes era limitada: tenían al propio Putin —seis largas entrevistas—, a su mujer, a su mejor amigo, a un antiguo profesor y a un antiguo secretario del ayuntamiento de San Petersburgo. No debían investigar al hombre; su trabajo era plasmar una leyenda negro sobre blanco. Resultó que era la leyenda de un matón del Leningrado de posguerra.

San Petersburgo es una ciudad rusa de historia grandiosa y arquitectura gloriosa. Pero la urbe soviética de Leningrado en la que Vladímir Putin nació en 1952 era, para quienes allí vivían, una ciudad de hambre, pobreza, destrucción, violencia y muerte. Apenas habían pasado ocho años desde el fin del sitio de Leningrado.[1]

El sitio había comenzado cuando las tropas nazis rodearon por completo la ciudad, cortando todas las conexiones con el exterior, el 8 de septiembre de 1941, y terminó 872 días después. Murieron más de un millón de civiles, víctimas del hambre o del fuego de artillería, que no cesó durante todo el bloqueo. Casi la mitad de ellos murieron al tratar de salir de la ciudad a través de la única ruta que los alemanes no controlaban: llevaba por nombre el Camino de la Vida, y cientos de miles de civiles murieron en él, presas de las bombas y el hambre. Ninguna ciudad en la época moderna ha experimentado una hambruna y una pérdida de vidas a una escala similar, a pesar de que muchos de los supervivientes creían que las autoridades habían minimizado intencionadamente el número de víctimas.

Nadie sabe cuánto tarda una ciudad en recuperarse de una violencia tan extrema y de un dolor tan generalizado. «Imagínate a un soldado que vive una vida rutinaria en tiempos de paz pero que está rodeado por las mismas paredes y los mismos objetos que lo acompañaban en las trincheras —escribieron, unos años más tarde, los autores de la historia oral del sitio de Leningrado, tratando de evocar hasta qué punto el asedio aún pervivía en la ciudad—. El artesonado antiguo del techo todavía conserva marcas de metralla. En la lustrosa superficie del piano se ven los arañazos que dejaron los cristales rotos. El brillante suelo de parquet tiene la mancha de una quemadura en el sitio donde estaba la estufa de leña.»[2]

Las *buryuicas* —estufas de leña portátiles hechas de hierro fundido— eran lo que los habitantes de Leningrado utilizaban para calentar sus pisos durante el sitio.[3] Los muebles y los libros de la ciudad acabaron en ellas. Las estufas negras y redondeadas simbolizaban la desesperación y el abandono; las autoridades, que habían asegurado a los ciudadanos soviéticos que estaban bien protegidos frente a todos los enemigos —y que Alemania era un país amigo, no uno enemigo—, habían dejado que las gentes de la segunda ciudad más grande del país muriesen de hambre y frío. Y después, cuando el sitio terminó, habían invertido en la restauración de los gloriosos palacios de los suburbios, saqueados por los alemanes, pero no en la de los edificios residenciales de la ciudad en sí. Vladímir Putin creció en un piso que aún tenía una estufa de leña en cada habitación.[4]

Sus padres, María y Vladímir Putin, habían sobrevivido al asedio de la ciudad.[5] Vladímir Putin padre se alistó en el ejército en los primeros días de la guerra entre la Unión Soviética y Alemania y sufrió graves heridas en el campo de batalla, a poca distancia de Leningrado. Fue trasladado a un hospital dentro de la zona sitiada, y María lo encontró allí. Tras varios meses en el hospital, aún persistían importantes lesiones: tenía ambas piernas destrozadas y le seguirían causando un gran dolor físico durante el resto de su vida. Putin padre fue licenciado del ejército y volvió a casa con María. Su hijo único, que por aquel entonces tenía entre ocho y diez años, estaba en uno de los varios hogares para niños organizados por la ciudad, con la esperanza de que las instituciones podrían cuidar de ellos mejor que sus desesperados y hambrientos padres. El niño murió allí. María también estuvo a punto de morir; cuando se levantó el sitio, ni siquiera tenía fuerzas para andar por sí sola.

Estos eran los padres del futuro presidente: un hombre discapacitado y una mujer que había estado a punto de morir de hambre y que había perdido a sus hijos (un segundo hijo había muerto siendo muy pequeño varios años antes de la guerra). Pero, para lo que era habitual en la Unión Soviética de la posguerra, los Putin eran afortunados: se tenían el uno al otro. Tras la guerra, había casi el doble de mujeres en edad de procrear que de hombres.[6] Dejando a un lado las estadísticas, la guerra había llevado la tragedia a casi todas las familias, separando a maridos y mujeres, destrozando hogares y desplazando a millones de personas. Haber sobrevivido no solo a la guerra sino también al sitio y seguir teniendo a tu pareja —y tu casa— era prácticamente un milagro.

El nacimiento del joven Vladímir Putin fue otro milagro, tan improbable que dio pábulo al insistente rumor de que los Putin lo habían adoptado. La víspera de las primeras elecciones presidenciales de Putin, apareció una mujer en Georgia, en el Cáucaso, diciendo que lo había dado en adopción cuando tenía nueve años.[7] Aparecieron entonces muchos artículos y un par de libros que profundizaban en la historia, y hasta Natalia Guevorkian se inclinaba por creérsela;[8] los padres de Putin le parecían sorprendentemente indulgentes, y el hecho de que el equipo de biógrafos no encontrase a nadie que conociese al niño antes de que alcanzase la edad escolar reforzaba sus sospechas. Sin embargo, no solo es imposible sino innecesario probar o desmentir la teoría de la adopción; el hecho innegable es que, ya fuese biológico o adoptado, Vladímir Putin fue un niño milagro para la época.

Como llegó al poder desde la oscuridad, habiendo pasado toda su vida adulta en los confines de una institución secreta y hermética, Vladímir Putin ha conseguido controlar lo que se sabe sobre él mucho más que casi cualquier otro político moderno (sin duda, mucho más que cualquier político occidental). Ha creado su propia mitología. Lo cual es positivo, porque, en mucha mayor medida de lo que puede hacerlo cualquier persona, Vladímir Putin ha comunicado directamente al mundo lo que quería que se supiese de él y cómo le gustaría que lo viesen. El resultado es la mitología de un hijo del Leningrado posterior al sitio, un lugar mezquino, hambriento y pobre que engendró niños mezquinos, hambrientos y feroces. Al menos, así fueron los que sobrevivieron.

En el edificio donde creció Putin se entraba a través del patio. Los habitantes de San Petersburgo llaman a estas construcciones «patios pozo»; rodeados por los cuatro costados de altos edificios de apartamentos, hacen que una persona se sienta como en el fondo de un pozo de piedra gigante. Como todos estos patios, estaba sembrado de basura, lleno de socavones y carecía de luz. Igual que el propio edificio: los escalones del siglo XIX se venían abajo y en toda la escalera apenas había alguna bombilla que luciese. A la barandilla le faltaban trozos y el resto del edificio se tambaleaba peligrosamente. Los Putin vivían en el último piso del edificio de cinco plantas, y el trayecto por las oscuras escaleras podía tener sus riesgos.

Como la mayoría de los apartamentos del centro de Leningrado, este era parte de un piso construido para inquilinos pudientes, dividido después en dos o tres apartamentos, ocupados a su vez por varias familias. El apartamento de los Putin no tenía cocina propiamente dicha, sino solo una cocinilla de gas y un fregadero en mitad del pasillo al que se accedía desde la escalera.[9] Tres familias compartían los cuatro fuegos de la cocinilla para preparar las comidas. Habían construido un cuarto de aseo improvisado pero permanente al anexionar parte del rellano de la escalera. El reducido habitáculo carecía de calefacción, por lo que, para bañarse, los vecinos calentaban agua en el fuego de gas y se lavaban encaramados al retrete en la pequeña y fría habitación.

Vladímir Putin hijo era, naturalmente, el único niño en el apartamento. Una pareja mayor vivía en una habitación sin ventanas que después se consideró inhabitable. Una pareja de ancianos judíos religiosos y su hija adulta ocupaban una habitación al otro lado del pasillo convertido en cocina. Era habitual que surgiesen conflictos en la cocina comunitaria, pero los adultos colaboraban para aislar al niño de sus disputas. Putin solía pasar mucho tiempo jugando en la habitación de la familia judía, y, hablando con sus biógrafos, confesó sorprendentemente que no distinguía entre sus padres y los ancianos judíos.[10]

Los Putin tenían la habitación más grande del piso, alrededor de veinte metros cuadrados. Para lo que se estilaba en la época, casi se podía considerar una morada palaciega para una familia de tres. Aunque resulte difícil de creer, los Putin tenían televisor, teléfono y una dacha, una pequeña casa fuera de la ciudad. Vladímir Putin padre era trabajador cualificado en una fábrica de vagones de tren; María hacía trabajos duros y de poca cualificación que le permitían pasar tiempo con su hijo: vigilante nocturna, mujer de la limpieza o cargadora. Pero si uno examina los delicados matices de la pobreza de la posguerra soviética, los Putin prácticamente acaban pareciendo ricos.[11] Teniendo en cuenta que mimaban constantemente a su hijo, esto a veces producía resultados notables, como que Vladímir, en primero de la enseñanza primaria, llevase reloj de pulsera, un accesorio raro, caro y prestigioso para cualquier edad en aquella época y lugar.

La escuela estaba a unos pocos pasos del edificio donde vivían los Putin. La educación que allí se ofrecía no era, por lo que uno puede deducir, nada del otro mundo. La profesora de los cuatro primeros cursos era una mujer joven que estaba terminando su carrera asistiendo a clases nocturnas. No es que la educación fuese una prioridad en 1960, cuando Vladímir Putin entró en primero de primaria a punto de cumplir ocho años. A su padre, según todos los testimonios, lo que más le importaba era la disciplina, no la calidad de la enseñanza que su hijo recibiese. La educación tampoco formaba parte de la idea que Putin hijo tenía del éxito; ha puesto mucho empeño en presentarse a sí mismo como un matón, y todos sus amigos de la infancia le dan la razón en este sentido. De lejos, la mayor cantidad de información biográfica que existe sobre él —es decir, la mayoría de la información de que dispusieron sus biógrafos— se refiere a las muchas peleas a puñetazos de su infancia y juventud.

El patio era un elemento central de la vida soviética de posguerra, y la mitología personal de Vladímir Putin está muy enraizada en él.

Como los adultos trabajaban seis días a la semana y nadie se encargaba de su cuidado, los niños soviéticos solían crecer en los espacios comunes que rodeaban a sus edificios de pisos superpoblados. En el caso de Putin, eso significó crecer en el fondo del pozo, esto es, del patio pozo, con basura por todos lados y poblado por tipos duros. «Era un patio digno de verse —le dijo a uno de los biógrafos Víktor Borisenko, un antiguo compañero de clase y amigo durante muchos años—. Todos eran matones, tipos que no se lavaban ni se afeitaban, con cigarrillos y botellas de vino barato. Siempre bebiendo, maldiciendo y peleándose a puñetazo limpio. Y ahí estaba Putin, en el medio de todo … Cuando crecimos, vimos cómo los matones bebían hasta acabar por los suelos, tocando fondo. Muchos de ellos habían pasado por la cárcel. Dicho de otro modo, no fueron capaces de conseguir vivir una vida buena.»[12]

Putin, más joven que los matones y de constitución ligera, trataba de hacerse respetar. «Si alguien le insultaba de la forma que fuese —recordaba su amigo—, Volodia se le lanzaba encima inmediatamente, lo arañaba, lo mordía y le arrancaba el pelo a mechones; era capaz de cualquier cosa con tal de no permitir que nadie lo humillase.»[13]

Putin llevó consigo sus maneras peleonas a la escuela primaria. En los recuerdos de sus antiguos compañeros de clase abundan las peleas, pero la siguiente descripción ofrece una imagen reveladora del temperamento del futuro presidente: «El profesor arrastró a Putin agarrándolo por el cuello de la camisa, desde su clase hasta la nuestra. Habíamos estado fabricando recogedores en su clase y Vladímir había hecho algo malo … Tardó un buen rato en calmarse. El proceso en sí era interesante. Parecía que se empezaba a sentir mejor, que ya había pasado todo, y se volvía a encender y empezaba a expresar su indignación. Lo hacía varias veces seguidas».[14]

La escuela castigó a Putin expulsándolo de los Jóvenes Pioneros,* una extraña forma de castigo, casi exótica, reservada para niños a los

---

* Organización juvenil vinculada al Partido Comunista, en la que los niños ingresan cuando inician la escuela primaria y donde permanecen hasta su adolescencia. *(N. del T.)*

que había que reprimir con frecuencia y a los que se daba prácticamente por perdidos. Putin era un niño señalado; durante tres años, fue el único alumno en la escuela que no llevó un pañuelo rojo en el cuello, símbolo de pertenencia a la organización comunista para niños de entre diez y catorce años. Su estatus de paria era aún más peculiar si se tiene en cuenta las ventajas que tenía en comparación con el resto de los niños de su escuela, la mayoría de los cuales, estadísticamente, era poco probable que estuviesen viviendo con sus dos padres.

Pero, para Putin, sus credenciales como matón representaban el verdadero estatus, e hizo alarde de ello en las respuestas a sus biógrafos en 2000:

—¿Por qué no fue admitido en los Jóvenes Pioneros hasta sexto? ¿Realmente las cosas estaban tan mal?

—Por supuesto. No era un pionero; era un gamberro.

—¿Se está pavoneando?

—Me está insultando. Era un verdadero matón.[15]

La situación social, política y académica de Putin cambió cuando tenía trece años; como alumno de sexto curso, empezó a esforzarse en los estudios y se vio recompensado no solo con su admisión en los Jóvenes Pioneros sino, inmediatamente después, con su elección como delegado de la clase.[16] Sin embargo, las peleas no disminuyeron ni lo más mínimo; los amigos de Putin les relataron a sus biógrafos una sucesión de peleas, en las que la misma historia se repetía año tras año.

«Estábamos jugando a perseguirnos por la calle —recordaba un compañero de clase en primaria—. Volodia pasaba por ahí y vio que un niño mucho mayor y más grande que yo me perseguía mientras yo corría todo lo que podía, así que se interpuso, intentando protegerme, y la cosa acabó en pelea. Después lo arreglamos, por supuesto.»[17]

«Estábamos en octavo y esperábamos el tranvía en la parada —recordaba otro amigo—. Paró uno, pero no iba a donde nosotros queríamos ir. Dos borrachos enormes se bajaron buscando pelea con alguien. Iban insultando y dando empujones. Sin perder la calma, Vovka me dejó su mochila y vi cómo lanzaba a uno de los hombres de bruces contra un montón de nieve. El segundo se dio la vuelta y empezó a avanzar hacia Volodia, gritando: "¿Qué ha sido eso?". Un par de segundos después ya sabía lo que había sido, porque estaba tirado junto a su amigo. Justo en ese momento llegó nuestro tranvía. Si algo puedo decir de Vovka es que nunca permitió que los cabrones y canallas que insultaban y molestaban a la gente se saliesen con la suya.»[18]

Siendo ya un joven agente del KGB, Putin siguió escenificando sus peleas de antaño.

«Una vez me invitó a ver la procesión de la Cruz en Semana Santa —recuerda otro amigo—. Estaba de servicio, ayudando a acordonar la procesión. Me preguntó si quería ir con él a ver el altar de la iglesia. Le dije que sí, por supuesto: era algo tan infantil; no se permitía la entrada, pero nosotros podíamos colarnos. Volvíamos a casa después de la procesión de la Cruz y estábamos esperando el autobús cuando se nos acercó un grupo de gente. No parecían delincuentes, sino más bien universitarios que habían bebido algo. Preguntaron: "¿Tenéis un cigarro?". Vovka contestó: "No". Y ellos dijeron: «¿Qué te pasa? ¿Por qué respondes así?». Él dijo: "Nada". Ni siquiera me dio tiempo a ver lo que pasó después. Uno de ellos debió de pegarle o empujarle. Solo vi que alguien sin zapatos pasaba a mi lado deslizándose por el suelo. El tipo salió volando. Y Volod'ka me dijo, tan tranquilo: "Vámonos de aquí". Y eso hicimos. Me gustó mucho cómo tiró al suelo al tipo que se metió con él. Un segundo y ya estaba en el aire.»[19]

Ese mismo amigo recordaba que unos pocos años después, cuando Putin vivía en Moscú y se estaba formando como espía, volvió a Leningrado por unos días y se enzarzó en una pelea en el metro. «Alguien se metió con él y le dio su merecido al matón —les dijo el amigo a los biógrafos de Putin—. Volodia estaba muy molesto. "No van a ser comprensivos con esto en Moscú —dijo—. Tendrá consecuencias." Supuse que se había metido en algún problema, aunque nunca me dio detalles. Al final todo se resolvió.»[20]

Putin, por lo que se ve, ante la menor provocación reaccionaba metiéndose en una reyerta callejera y llegaba a poner en juego su carrera en el KGB, que habría descarrilado si lo hubiesen detenido por la pelea o incluso simplemente con que la policía hubiese sabido que estaba involucrado. Sean o no completamente ciertas las historias, es llamativo que Putin se ha descrito a sí mismo —y ha permitido que otros lo describan— como un hombre sistemáticamente imprudente, violento, con un temperamento que a duras penas conseguía contener. La imagen que ha elegido mostrar es aún más notable porque no parece encajar con la displicina a la que Putin dedicó los años de su adolescencia.

Cuando tenía diez u once años, Putin buscó un lugar donde aprender las destrezas necesarias para complementar sus ganas de pelea. El boxeo le resultó demasiado doloroso; se rompió la nariz en uno de los primeros entrenamientos. Entonces encontró el sambo. El sambo, acrónimo de la frase en ruso que significa «defensa propia sin armas», es un arte marcial soviético, una mezcla de yudo, kárate y llaves de lucha tradicional. Sus padres se opusieron a la nueva afición de su hijo. Para María era una «tontería» y parecía preocupada por la integridad física de su hijo, y Vladímir padre le prohibió ir a clases. El entrenador tuvo que visitar varias veces la habitación de los Putin antes de que al chico se le permitiese ir sistemáticamente a las sesiones diarias de entrenamiento.

El sambo, con su disciplina, formó parte de la transformación de Putin de matón de escuela de primaria a adolescente centrado y trabajador. También estaba relacionado con lo que se había convertido en su ambición primordial: había oído que el KGB esperaba que los nuevos reclutas fuesen expertos en el combate cuerpo a cuerpo.[21]

«Imagínate a un chico que sueña con llegar a ser agente del KGB cuando todos los demás quieren ser astronautas», me dijo Guevorkian, tratando de explicar lo extraña que le parecía la pasión de Putin. A mí no me pareció tan descabellada; en los años sesenta, las autoridades culturales soviéticas realizaron una gran inversión para crear una imagen romántica, incluso glamurosa, de la policía secreta. Cuando Vladímir Putin tenía doce años, una novela titulada *El escudo y la espada* fue todo un éxito. Su protagonista era un agente de la inteligencia soviética que trabajaba en Alemania. Cuando tenía quince años, la novela se convirtió en una miniserie muy popular. Cuarenta y tres años después, como primer ministro, Putin se reunió con once espías rusos deportados desde Estados Unidos y juntos, en una muestra de camaradería y nostalgia, cantaron la banda sonora de la miniserie.[22]

«Cuando estaba en noveno curso, por la influencia de las películas y los libros, sentí el deseo de trabajar para el KGB —le dijo Putin a su biógrafo—. No tiene nada de especial.»[23] Esta afirmación obliga a plantear la siguiente pregunta: ¿hubo algo más, aparte de libros y películas, que contribuyó a la pasión obsesiva de Putin? Parece que sí, y Putin la ocultó a la vista de todo el mundo, como hacen los mejores espías.

Todos queremos que nuestros hijos lleguen a ser versiones mejores de nosotros mismos y que tengan más éxito en la vida. Vladímir Putin, el milagroso hijo tardío de dos personas mutiladas y lisiadas por la Segunda Guerra Mundial, nació para ser espía soviético; de hecho, nació para ser espía soviético en Alemania. Durante la Segunda Guerra Mundial, a Vladímir Putin padre lo destinaron a las llamadas «tropas subversivas»,[24] pequeños destacamentos formados para actuar más allá de las líneas enemigas. Estas tropas estaban bajo el mando del NKVD, que era como se llamaba entonces la policía secreta soviética, y estaban compuestas en gran medida por personal del NKVD. Su misión era prácticamente suicida; apenas el 15 por ciento sobrevivieron a los primeros seis meses de la guerra. El destacamento de Vladímir Putin fue bastante típico: lanzaron en paracaídas a veintiocho soldados sobre un bosque situado detrás de las líneas enemigas, a unos ciento sesenta kilómetros de Leningrado. Tuvieron el tiempo justo para orientarse y volar un tren por los aires antes de que se les agotasen las provisiones. Pidieron comida a la gente de la zona, que los alimentó y después los delató a los alemanes. Varios consiguieron escapar. Los alemanes los persiguieron y Vladímir Putin se escondió en un pantano, sumergiendo su cabeza y respirando a través de un junco hasta que la patrulla de búsqueda se dio por vencida. Fue uno de los cuatro supervivientes de esa misión.[25]

Las guerras dan lugar a historias extrañas, y la leyenda con la que Vladímir Putin hijo creció tiene tantas probabilidades de ser cierta como cualquier otro cuento de supervivencia milagrosa y heroísmo espontáneo. También es muy probable que explique por qué escogió una asignatura optativa de alemán en cuarto curso, cuando aún era muy mal estudiante, y sin duda explica por qué, de niño, Putin tenía un retrato del padre fundador del espionaje soviético sobre su escritorio en la dacha. Su mejor amigo de la infancia recuerda que era «un agente de la inteligencia, sin duda, porque Volod'ka me lo dijo», y Putin les proporcionó a sus biógrafos el nombre de su ídolo.[26] Yan Berzin, héroe de la Revolución, fundador de la inteligencia militar soviética y creador de grupos de espías en todos los países europeos, fue, como muchos bolcheviques, arrestado y fusilado a finales de los años treinta por un imaginario complot contra Stalin. Se le restituyó el honor en 1956, pero desde entonces ha permanecido en la oscuridad. Habría que ser un verdadero obseso del KGB para no solo conocer su nombre, sino también haber conseguido un retrato suyo.

No está claro si Vladímir Putin padre había trabajado para la policía secreta antes de la guerra o siguió haciéndolo para el NKVD después. Parece bastante probable que permaneciese en la llamada «reserva activa», un enorme grupo de agentes de la policía secreta que tenían trabajos normales a la vez que informaban al KGB y cobraban un salario de él. Esto podría explicar por qué los Putin vivían relativamente bien: la dacha, el televisor y el teléfono, sobre todo el teléfono.

A los dieciséis años, uno antes de terminar la escuela secundaria, Vladímir Putin fue a la sede del KGB en Leningrado para enrolarse. «Salió un hombre —recordó para un biógrafo—. No sabía quién era yo, y nunca lo volví a ver. Le conté que estaba estudiando y que en el futuro me gustaría trabajar para los servicios de seguridad del Estado. Le pregunté si era posible y qué tendría que hacer para conseguirlo. El hombre me dijo que normalmente no contrataban a voluntarios, pero que lo mejor que podía hacer era ir a la universidad o alistarme en el ejército. Le pregunté a qué universidad y me dijo que lo mejor sería a una donde estudiase derecho.»[27]

«Nos sorprendió a todos cuando dijo que iría a la universidad —les contó a sus biógrafos su profesor de clase, el equivalente a un tutor—. Le pregunté: "¿Cómo?", y me dijo: "Ya me las apañaré".»[28]

La Universidad de Leningrado era una de las dos o tres instituciones de enseñanza superior más prestigiosas de la Unión Soviética, sin duda alguna la más competitiva de la ciudad. Es todo un misterio cómo pensaba ingresar en ella un estudiante mediocre de una familia que en modo alguno podía decirse que tuviese buenos contactos (aun en el caso de que mi suposición de que Putin padre trabajaba para la policía secreta fuese correcta). Sus padres pusieron reparos, al igual que su entrenador; todos ellos preferían una escuela universitaria donde Putin tuviese más posibilidades de ser admitido, lo que, a su vez, le permitiría librarse del servicio militar obligatorio y lo mantendría cerca de casa.

Putin se graduó en la escuela secundaria con «sobresaliente» en historia y alemán; «bien» en geografía, ruso y literatura, y «suficiente» en física, química, álgebra y geometría.[29] La Universidad de Leningrado recibía cuarenta solicitudes por cada plaza. ¿Cómo consiguió entrar Putin? Es posible que su determinación fuese tal que le permitiese prepararse para los extenuantes exámenes a expensas de su trabajo en el instituto, una estrategia con la que habría aprovechado el hecho de que las admisiones en la universidad se basaban únicamente en una serie de exámenes escritos y orales, no en el expediente académico. También es posible que el KGB se asegurase de que conseguía entrar.

En la universidad, Putin llevó una vida solitaria —como había hecho los dos últimos años de secundaria—, sin involucrarse en actividades comunitarias y del Komsomol.* Sacó buenas notas y dedicó su tiempo libre a hacer yudo (su entrenador y sus compañeros habían dejado el sambo por un arte marcial con presencia en los Juegos Olímpicos) y a pasear en su coche. Putin era, muy probablemente, el único estudiante de la Universidad de Leningrado que tenía coche propio. A principios de los años setenta, eso era una rareza; la producción en masa de coches estaba aún en ciernes, e

* La organización juvenil del Partido Comunista de la Unión Soviética. *(N. del T.)*

incluso veinte años más tarde, el número de coches por cada mil habitantes en la URSS apenas llegaba a sesenta (frente a 781 en Estados Unidos).[30] Un coche costaba aproximadamente lo mismo que una dacha. A los Putin, el coche de último modelo, de dos puertas y con motor de motocicleta, les había tocado en un sorteo, y en lugar de quedarse con el dinero —que habría sido suficiente para pasar del piso comunitario a uno unifamiliar en un edificio nuevo de las afueras— le dieron el coche a su hijo.[31] El hecho de que le hiciesen este espléndido regalo a Putin hijo, y de que él lo aceptase, es un ejemplo más de la relación de extraordinaria adoración que los Putin mantenían con su hijo, de su inexplicable riqueza o de ambas.

Fuera cual fuese la razón, parece que la relación de Putin con el dinero —extravagante y notoriamente egoísta dentro de su contexto social— se fraguó durante sus años de universidad. Como otros estudiantes, pasaba los veranos trabajando en la construcción en lugares remotos, donde la paga era muy buena; el Estado daba una buena compensación a los trabajadores por el peligro y la dureza de trabajar en la Rusia del norte. Putin consiguió mil rublos un verano y quinientos el siguiente (suficiente para, por ejemplo, poner un tejado nuevo en la dacha).[32] De cualquier otro joven soviético en su lugar —hijo único viviendo con sus padres, ambos en edad de jubilación, de los que dependía por completo económicamente— hubiera cabido esperar que contribuyese con todo o gran parte del dinero a su familia. Pero el primer verano Putin, junto con dos compañeros de clase, viajó desde el norte hasta el sur de la URSS, hasta el pueblo de Gagri, a orillas del mar Negro, en Georgia, donde se gastó todo el dinero en unos pocos días. Al año siguiente, volvió a Leningrado tras trabajar en la construcción y se gastó el dinero que había ganado en un abrigo para él y una tarta para su madre.[33]

«A lo largo de todos mis años de universidad esperaba que el hombre con el que hablé en la sede del KGB me recordase —les dijo Putin a sus biógrafos—. Pero no recordaban nada de mí, porque era un niño cuando fui …Yo recordaba que no aceptaban voluntarios, así que no hice ningún acercamiento. Pasaron cuatro años. Silencio. Decidí dar el asunto por zanjado y empecé a buscar otras oportunidades laborales … Pero en mi cuarto año me contactó un hombre que dijo que quería reunirse conmigo. No dijo quién era, pero por algún motivo lo supe enseguida, porque dijo: "Vamos a hablar de su futuro laboral, eso es lo que me gustaría discutir con usted. De momento no voy a ser más específico". Entonces caí en la cuenta. Si no quiere decir dónde trabaja, significa que lo hace "ahí".»[34]

El agente del KGB se reunió con Putin cuatro o cinco veces y concluyó que «no era particularmente extravertido pero sí activo, flexible y valiente. Lo más importante es que se le daba bien conectar rápidamente con la gente, una cualidad fundamental para un agente del KGB, sobre todo si tiene la intención de trabajar en inteligencia».[35]

El día en que Putin supo que trabajaría para el KGB, fue a ver a Víktor Borisenko, que seguía siendo su mejor amigo desde primaria. «Dice: "Vamos".Yo digo: "¿Adónde vamos? ¿Por qué?". No me responde. Nos subimos a su coche y nos vamos —contó Borisenko en una entrevista—. Paramos en un sitio de comida caucásica. Estoy intrigado, intentando averiguar qué pasa. Putin no me dice nada, ni siquiera me da una pista. Pero se le veía con muchas ganas de celebración. Había pasado algo muy importante en su vida. Solo después entendí que esta era la manera que mi amigo tenía de celebrar conmigo su ingreso en el KGB.»[36]

Un tiempo después Putin no ocultaba que trabajaba en el KGB. Se lo contó al violonchelista Serguéi Roldullin, que se convertiría en su mejor amigo, prácticamente en cuanto se conocieron. Roldullin, que había viajado al extranjero con su orquesta y había visto a adiestradores del KGB en acción, afirma que sintió al mismo tiempo aprensión y curiosidad. «Una vez intenté que me hablase de alguna operación que no hubiese salido bien y no lo conseguí —les contó a los biógrafos de Putin—. En otra ocasión le dije: "Soy violonchelista, eso significa que toco el violonchelo. Nunca seré cirujano. ¿Cuál es tu trabajo? Quiero decir, sé que eres agente de inteligencia, pero ¿eso qué significa? ¿Quién eres? ¿Qué puedes hacer?".Y me dijo: "Soy un experto en relaciones humanas". Ahí terminó la conversación. Realmente creía que sabía algo sobre la gente … Me dejó impresionado. Yo estaba orgulloso y valoré mucho el hecho de que él fuera experto en relaciones humanas.»[37] (El punto de escepticismo en la frase de Roldullin «realmente creía que sabía algo sobre la gente…» es tan claro e inequívoco en el original ruso como en la traducción, pero parece que ni Roldullin ni Putin, que sin duda aprobó la cita, lo supieron ver.)

Las descripciones que hace el propio Putin de sus relaciones lo retratan como un comunicador sorprendentemente incapaz. Mantuvo una relación importante con una mujer antes de conocer a su futura esposa; la dejó en el altar. «Así es como sucedió —les contó a sus biógrafos, pero no explicó nada—. Fue muy duro.»[38] No contó mucho más sobre el asunto de la mujer con la que sí se casó; como, al parecer, tampoco tuvo demasiado éxito al intentar expresarle sus sentimientos cuando la cortejaba. Estuvieron saliendo durante más de tres años, un tiempo extraordinariamente largo para las costumbres soviéticas o rusas, y a una edad muy avanzada; cuando se casaron, Putin estaba a punto de cumplir treinta y un años, lo que lo convirtió en miembro de la minoría muy reducida de rusos —menos del 10 por ciento— que seguían solteros al llegar a la treintena.[39] La futura señora Putin era una azafata de vuelos nacionales proveniente de la ciudad de Kaliningrado, en el mar Báltico; los presentó un conocido común. Ella ha dicho alguna vez que no fue ni remotamente un amor a primera vista, porque, de entrada, Putin le pareció normal y corriente y que iba mal vestido; él nunca ha dicho nada en público sobre su amor hacia ella. Durante el cortejo, al parecer, ella era tanto la más sentimental como la más insistente de los dos. Su descripción del día en que él finalmente le propuso matrimonio es una muestra de una incapacidad para comunicarse tan profunda que resulta sorprendente que estas dos personas llegasen a casarse y tener dos hijos.

«Una noche estábamos en su piso y dijo: "Amiguita, a estas alturas ya sabes cómo soy. Básicamente, soy alguien que no te conviene mucho". Y entonces pasó a describirse: soy poco hablador, puedo ser duro, puedo herir tus sentimientos, etcétera. No era una buena persona con la que pasar mi vida. Y siguió. "Tras tres años y medio, probablemente ya habrás tomado una decisión." Me di cuenta de que era probable que estuviésemos rompiendo, así que le dije: "Sí, he tomado una decisión". Y él contestó, con voz dubitativa: "¿De verdad?". Ahí fue cuando tuve claro que estábamos rompiendo. "En ese caso —dijo— te quiero y propongo que nos casemos no sé qué día." Fue algo completamente inesperado.»[40]

Se casaron tres meses más tarde. Ludmila dejó su trabajo y se trasladó a Leningrado a vivir con Putin en la más pequeña de las dos habitaciones del apartamento que entonces compartía con sus padres. El piso, en un bloque de hormigón nuevo y monstruoso a unos cuarenta minutos en metro del centro de la ciudad, había sido de la familia desde 1977; Vladímir Putin hijo tuvo su primera habitación para él solo a los veinticinco años. Tenía unos doce metros cuadrados y una sola ventana a una altura tan extraña que uno debía estar de pie para poder mirar a través de ella. En otras palabras, las condiciones de vida de los recién casados eran muy similares a las de millones de parejas soviéticas.

Ludmila se inscribió en la Universidad de Leningrado, donde estudió filología. Se quedó embarazada de su primer hijo aproximadamente un año después de la boda. Durante el embarazo y los primeros meses de vida de María, su marido estaba en Moscú, en un curso de un año que le prepararía para servir en el cuerpo de inteligencia exterior. Ya mucho antes de la boda, Ludmila sabía que trabajaba para el KGB, aunque al principio le había dicho que era detective de policía; esa era su tapadera.[41]

Que Putin no se esmerara demasiado en proteger su tapadera probablemente sea indicativo de que no estaba del todo seguro de qué era lo que estaba ocultando. Su ambición —o, para ser más precisos, su sueño— había sido tener una especie de poderes secretos. «Me fascinaba cómo una pequeña fuerza, una sola persona, podía conseguir algo que un ejército entero no podía —les dijo a sus biógrafos—. Un solo agente de inteligencia podía determinar los destinos de miles de personas. Al menos, así es como yo lo veía.»[42]

Putin quería dominar el mundo, o una parte de él, desde las sombras. Es prácticamente lo que acabó consiguiendo, pero cuando entró en el KGB las perspectivas de que tuviese alguna vez algo importante o remotamente interesante que hacer parecían escasas.

Entre mediados y finales de los años setenta, cuando Putin se unió al KGB, la policía secreta, como todas las instituciones soviéticas, estaba atravesando por una fase de hipertrofia extrema. El número creciente de directorios y departamentos estaba generando montañas de información que carecía de un propósito, un uso o un significado claros. Todo un ejército de hombres y unas pocas mujeres se pasaban la vida recopilando recortes de periódico, transcripciones de conversaciones telefónicas grabadas, informes de gente a la que seguían y trivialidades varias, y todo esto ascendía hasta la cumbre de la pirámide del KGB y de ahí a los líderes del Partido Comunista, en su mayor parte sin procesar y prácticamente sin analizar. «Solo el Comité Central del Partido Comunista tenía derecho a pensar en categorías políticas amplias —escribió el último director del KGB, cuya tarea consistió en desmantelar la organización—. El KGB estaba relegado a recopilar información primaria y ejecutar decisiones que se tomaban en otros órganos. Esta estructura excluía la posibilidad de desarrollar una tradición de pensamiento político estratégico dentro del propio KGB. Pero no tenía parangón en su capacidad de proporcionar información del tipo y en el volumen que se le ordenaba.»[43] En otras palabras, el KGB llevó hasta su extremo lógico el concepto de cumplir órdenes: sus agentes veían lo que les decían que tenían que ver, oían lo que tenían que oír e informaban exactamente de aquello sobre lo que se esperaba que informaran.

La ideología interna del KGB, como la de cualquier organización policial, se basaba en un concepto claro del enemigo. La institución se alimentaba de una mentalidad de asedio, que había propiciado las masivas persecuciones y purgas de la era de Stalin. Sin embargo, Putin entró en ella no solo en la era posterior a Stalin, sino también durante uno de los muy escasos y breves períodos de paz en la historia soviética: entre Vietnam y Afganistán, el país no participó en ningún conflicto armado, ni encubierta ni abiertamente. Los únicos enemigos activos eran los disidentes, un puñado de almas valientes que habían provocado una reacción desproporcionada por parte del KGB. Una nueva ley, el artículo 190[44] del Código Penal, convertía en delito el hecho de «difundir rumores o información que perjudiquen a la estructura social o gubernamental de la Unión Soviética», otorgando al KGB un poder prácticamente ilimitado para perseguir y combatir a quienes se atrevían a pensar de otra manera. Disidentes, supuestos disidentes y aquellos que tendían a realizar actividades que podrían considerarse disidentes, fueron objeto de una vigilancia y un acoso constantes.[45] Putin afirma que él nunca participó en operaciones contra la disidencia, pero en varias entrevistas ha dejado claro que estaba muy familiarizado con la forma en que se organizaban, probablemente porque mentía al decir que no había intervenido.[46] Una biografía absolutamente laudatoria de Putin escrita por un antiguo colega que desertó a Occidente en los años ochenta menciona, sin darle importancia, que en Leningrado Putin trabajaba para el Quinto Directorio, creado para combatir a los disidentes.[47]

Tras la universidad, Putin pasó un año realizando trabajo administrativo en las oficinas del KGB en Leningrado y seis meses asistiendo a la academia para oficiales. «Era una academia completamente discreta en Leningrado», les contó a sus biógrafos;[48] una de las decenas que existían por todo el país, donde los licenciados universitarios obtenían su cualificación como agentes de la policía secreta. Tras su graduación, Putin fue asignado a la unidad de contrainteligencia en Leningrado. Era el destino más tranquilo y aburrido posible. Los agentes de contrainteligencia de Moscú se pasaban el tiempo persiguiendo a agentes de inteligencia extranjeros reales o supuestos, que trabajaban casi sin excepción en las embajadas de la ciudad.[49] En Leningrado no había embajadas ni nadie a quien seguir.

Tras seis meses en la unidad de contrainteligencia, Putin fue enviado a Moscú para un curso de formación de un año y después volvió a Leningrado, destinado a la unidad de inteligencia.[50] Volvía a ser un páramo, y Putin estaba atrapado en él, como cientos, quizá miles, de jóvenes normales y corrientes que una vez soñaron con ser espías y que ahora esperaban que alguien se fijase en ellos. Pero habían sido reclutados por un KGB hipertrofiado sin un motivo ni un propósito claros, por lo que su espera podía ser larga, incluso interminable. Putin tuvo que esperar cuatro años y medio.

Su oportunidad llegó en 1984, cuando por fin lo enviaron un año a la academia de espionaje de Moscú. Allí, este comandante de treinta y dos años hizo todo lo posible por demostrar cuánto necesitaba ese trabajo. Por ejemplo, llevaba un traje de tres piezas bajo un calor abrasador para mostrar respeto y disciplina. Resultó ser una estrategia inteligente; la academia de espionaje era, fundamentalmente, un servicio de colocación muy lento, complejo y trabajoso, y los profesores, que harían recomendaciones sobre su futuro, estudiaban meticulosamente a los alumnos.

Uno de los instructores de Putin le criticó por su «escasa conciencia del peligro», un defecto serio para un futuro espía. Su instructor de Dominio de la Inteligencia —básicamente, su profesor de comunicación— dijo que Putin era una persona cerrada, no muy sociable. En general, sin embargo, fue un buen estudiante, dedicado por completo a su trabajo en la academia. Incluso lo nombraron presidente de la clase —su primer puesto de liderazgo desde que lo eligieron delegado de la clase en sexto de primaria— y parece que lo hizo bien.[51]

Salvo un desastre inesperado, Putin sabía que lo destinarían a trabajar en Alemania; gran parte de su trabajo en la academia de espionaje se había centrado en mejorar su dominio de los idiomas (finalmente, consiguió hablar alemán con soltura, pero nunca pudo perder su fuerte acento ruso). La gran pregunta al graduarse era, pues, si iría a la Alemania Oriental o a la Occidental. La primera, aunque sin duda atractiva por tratarse de un destino en el extranjero, no era en absoluto con lo que Putin llevaba veinte años soñando; no sería trabajo de espionaje. Para eso, tendrían que enviarlo a Alemania Occidental.

Lo que finalmente sucedió estuvo muy cerca de resultar un fracaso. Tras un año en la academia de espionaje, Putin fue enviado a Alemania, pero no a la Occidental, y ni siquiera a Berlín; lo destinaron a la ciudad industrial de Dresde. A los treinta y tres años, Putin, junto con Ludmila, que estaba embarazada de nuevo, y María, que tenía un año, viajaron a otro erial. Ese era el cometido para el que había trabajado y esperado veinte años, y ni siquiera sería una misión encubierta. A los Putin, como a otras cinco familias rusas, les asignaron un apartamento en un gran bloque de viviendas en el pequeño mundo de la Stasi;[52] en él vivía personal de la policía secreta, que trabajaba a cinco minutos de distancia andando y que llevaba sus hijos a una guardería en el mismo complejo. Iban andando a comer a casa y pasaban las noches en casa o visitando a colegas del mismo edificio. Su trabajo consistía en recopilar información sobre «el enemigo», que era Occidente, es decir, Alemania Occidental y, especialmente, las bases militares estadounidenses en el país, que no eran mucho más accesibles desde Dresde de lo que lo habrían sido desde Leningrado. Putin y sus colegas se limitaban a recopilar recortes de prensa y contribuían así a las cada vez más altas montañas de información inútil que producía el KGB.

A Ludmila Putina le gustaban Alemania y los alemanes. Comparada con la Unión Soviética, Alemania Oriental era una tierra de abundancia. Era también una tierra de orden y limpieza; le gustaba la manera en que los alemanes colgaban sus coladas idénticas en tendederos paralelos, todas las mañanas a la misma hora. Sus vecinos vivían mejor de lo que los Putin estaban acostumbrados a ver, así que no compraron nada para su apartamento temporal y empezaron a ahorrar con la esperanza de volver a casa con el dinero suficiente para comprar un coche.

Los Putin tuvieron a su segunda hija y la llamaron Ekaterina. Él empezó a beber cerveza y engordó.[53] Dejó de entrenarse o de hacer cualquier tipo de ejercicio y ganó más de diez kilos, algo desastroso para un cuerpo tan pequeño y relativamente ligero como era el suyo hasta entonces. Todos los indicios apuntan a que estaba muy deprimido. Su mujer, que ha descrito sus primeros años juntos como armoniosos y alegres, se ha abstenido intencionadamente de contar algo sobre su vida familiar tras la academia de espionaje, más allá de decir que su marido nunca le hablaba de su trabajo.

Tampoco es que hubiese demasiado que contar. El personal del KGB en el destacamento en Dresde estaba dividido en varios directorios; Putin estaba adscrito al Directorio S, la unidad de recopilación ilegal de inteligencia[54] (esta era la terminología del propio KGB, que se refería a agentes que empleaban identidades y documentos falsos, para diferenciarla de la «recopilación legal de inteligencia», que llevaban a cabo personas que no ocultaban su vinculación con el Estado soviético). Este podría haber sido su destino soñado, salvo por el hecho de que estaba en Dresde. El trabajo que Putin había deseado tiempo atrás, el reclutamiento de futuros agentes encubiertos, resultó ser no solo tedioso sino también infructuoso. Putin y sus dos colegas de la unidad de inteligencia ilegal, ayudados por un policía jubilado de Dresde que también cobraba de la unidad, localizaban a estudiantes extranjeros inscritos en la Universidad Tecnológica de la ciudad —había varios estudiantes latinoamericanos de los que el KGB esperaba que en un futuro pudiesen trabajar de forma encubierta en Estados Unidos— y pasaban meses tratando de ganarse su confianza, para acabar muchas veces comprobando que no tenían dinero suficiente para convencer a los jóvenes de que trabajasen para ellos.[55]

El dinero era una fuente constante de preocupaciones, agravios y envidias. Para los ciudadanos soviéticos, las estancias largas en el extranjero suponían una incomparable fuente de ingresos, muchas veces suficiente para establecer los cimientos de toda una vida de tranquilidad de vuelta en el país. Alemania Oriental, sin embargo, no era lo suficientemente extranjera, ni para la gente normal ni para las autoridades soviéticas; los salarios y los incentivos de allí no resistían la comparación con los de un lugar «realmente» extranjero, es decir, un país capitalista. Poco antes de que los Putin llegasen a Dresde, el gobierno por fin autorizó el pago de unas pequeñas sumas mensuales en efectivo (el equivalente a unos cien dólares) como parte de los salarios de los ciudadanos soviéticos que trabajasen en países del bloque socialista.[56] Aun así, el personal del KGB en Dresde tenía que apretarse el cinturón y ahorrar para asegurarse de que al final de su estancia vería recompensado su esfuerzo. Con el paso de los años, se habían establecido ciertas convenciones de frugalidad, como, por ejemplo, utilizar periódicos en lugar de cortinas para cubrir las ventanas. Pero, mientras que todos los agentes soviéticos vivían con las mismas estrecheces, los agentes de la Stasi que tenían apartamentos en el mismo edificio disfrutaban de un nivel de vida mucho más alto; ganaban mucho más dinero.[57]

88,.

Aun así, era en Occidente —tan cerca y tan inalcanzable para alguien como Putin,[58] pues otros ciudadanos soviéticos destinados en Alemania tenían derecho a ir a Berlín Occidental— donde la gente tenía las cosas que Putin realmente codiciaba. Les expresaba sus deseos a los escasos occidentales con los que entraba en contacto, miembros del grupo radical Facción del Ejército Rojo (RAF) que recibían parte de sus órdenes del KGB y que alguna que otra vez iban a Dresde para recibir entrenamiento. «Siempre quiso tener cosas —me comentó sobre Putin un antiguo miembro de la RAF—. Les comentó a varias personas lo que le gustaría conseguir de Occidente.»[59] Este hombre afirma haberle regalado personalmente a Putin una Grundig Satellit, una radio de onda corta de último modelo y un radiocasete Blaupunkt para el coche; la primera la compró y la segunda la sacó de uno de los muchos coches que la RAF robaba para sus fines. Los radicales de Alemania Occidental llevaban regalos siempre que iban al Este, me contó este antiguo activista, pero había una diferencia entre cómo los recibían los agentes de la Stasi y la forma en que lo hacía Putin. «Los alemanes orientales no daban por hecho que pagaríamos nosotros, así que al menos tenían el gesto de decir: "¿Qué te debo?", a lo que yo respondía: "Nada". Pero Vova ni siquiera lo preguntaba.»

Encargar misiones a los radicales de la RAF, responsables de más de dos docenas de asesinatos y atentados terroristas entre 1970 y 1988, es exactamente el tipo de trabajo con el que Putin había soñado, pero no hay evidencia alguna de que tuviese ninguna conexión directa con él. En lugar de eso, se pasaba la mayoría de los días sentado a su mesa, en un despacho que compartía con otro agente (todos los demás oficiales en el edificio de Dresde tenían sus propios despachos).[60] Su día empezaba con una reunión matinal del personal, continuaba con un encuentro con su agente local, el policía jubilado, y terminaba escribiendo; cada agente tenía que dar cuenta de todas sus actividades, incluida la traducción al ruso de cualquier información que hubiese obtenido. Antiguos agentes calculan que pasaban tres cuartas partes del tiempo redactando informes.[61] El gran logro de Putin durante su estancia en Dresde parece que fue conseguir reclutar a un estudiante colombiano, que puso en contacto a los agentes soviéticos con un estudiante colombiano de una facultad de Berlín Occidental, quien a su vez les presentó a un sargento del ejército estadounidense de origen colombiano que les vendió un manual militar no clasificado por ochocientos marcos. Putin y sus colegas depositaron grandes esperanzas en el sargento, pero, para cuando obtuvieron el manual, la estancia de Putin en Alemania estaba llegando a su fin.[62]

Justo cuando los Putin abandonaron la Unión Soviética, el país empezó a cambiar de forma drástica e irreversible. Mijaíl Gorbachov llegó al poder en marzo de 1985. Dos años más tarde, había liberado a todos los disidentes soviéticos y estaba empezando a aflojar las riendas de los países del bloque soviético. Las decisiones de Gorbachov les parecieron desastrosas tanto a los altos mandos del KGB como a su personal de a pie.[63] Durante los cinco años siguientes, se abrió un abismo entre el Partido y el KGB, que culminó en el golpe fallido de agosto de 1991.

Viendo los cambios desde lejos, rodeado de otros agentes de la policía secreta —y nadie más—, Putin debió de sentir rabia teñida de desesperación e impotencia. En casa, los dirigentes del KGB estaban prometiendo lealtad al secretario general y sus planes de reforma. En junio de 1989, el director del KGB en Leningrado emitió un comunicado público en el que condenaba los crímenes cometidos por la policía secreta en tiempos de Stalin.[64] En Alemania Oriental, igual que en la Unión Soviética, la gente empezaba a salir a las calles a protestar, y lo impensable rápidamente estaba empezando a parecer probable: las dos Alemanias podrían reunificarse; la tierra que a Putin le habían encargado proteger sería sencillamente entregada al enemigo. Todo por lo que Putin había trabajado se ponía ahora en duda; todo en lo que había creído era ahora objeto de mofa. Este es el tipo de insulto que habría hecho que el niño o el joven ágil que Putin había sido se lanzase sobre el agresor y le golpease hasta que su furia se apagase. En cambio, el Putin de mediana edad y fuera de forma permanecía impotente y en silencio mientras destruían sus sueños y esperanzas de futuro.

A finales de la primavera y principios del verano de 1989, Dresde se enfrentó a sus primeras concentraciones no autorizadas: grupos de personas se congregaban en las plazas, primero para protestar por el amaño de las elecciones locales de mayo y después, como en el resto de Alemania, para exigir el derecho a emigrar a Occidente. En agosto, decenas de miles de alemanes orientales viajaron al este —aprovechando el levantamiento de las restricciones para viajar dentro del bloque soviético— con la intención de introducirse en las embajadas de Alemania Occidental en Praga, Budapest y Varsovia. Empezaron una serie de protestas los lunes por la noche en todas las ciudades de Alemania Oriental, que fueron creciendo semana tras semana. El país cerró sus fronteras, pero era demasiado tarde para detener la marea tanto de emigrantes como de manifestantes, y finalmente se alcanzó un acuerdo para trasladar a alemanes del Este al Oeste. Irían en trenes que pasarían por Dresde, la ciudad de Alemania Oriental más cercana a Praga. De hecho, primero los trenes vacíos atravesarían Dresde para recoger a los casi ocho mil alemanes orientales que estaban ocupando la embajada de Alemania Occidental en Praga. En los primeros días de octubre, miles de personas empezaron a congregarse en la estación de tren de Dresde. Algunas de ellas llevaban mucho equipaje, confiando en encontrar la manera de llegar a Occidente, mientras que otras simplemente contemplaban el acontecimiento más asombroso que había tenido lugar en su ciudad desde la guerra.

Estas multitudes se encontraron con toda la fuerza que pudieron reunir las autoridades de Dresde; la policía civil iba acompañada de varios cuerpos de seguridad auxiliares, y todos ellos juntos amenazaron, golpearon y detuvieron a tantas personas como pudieron. La agitación duró varios días. El 7 de octubre, día del trigésimo séptimo cumpleaños de Vladímir Putin, Alemania Oriental celebraba el cuadragésimo aniversario oficial de su formación y estallaron disturbios en Berlín; más de mil personas acabaron arrestadas. Dos días más tarde, el lunes siguiente, cientos de miles de personas salieron a la calle en todo el país, más del doble que dos semanas antes. El 9 de noviembre cayó el Muro de Berlín, pero las manifestaciones en Alemania Oriental continuaron hasta las primeras elecciones libres, en marzo.[65]

El 15 de enero de 1990, una multitud se congregó frente a la sede de la Stasi en Berlín para protestar por la supuesta destrucción de documentos por parte de la policía secreta. Los manifestantes lograron atravesar el cerco policial y entrar en el edificio. En otros lugares de Alemania Oriental, los manifestantes habían empezado a asaltar edificios del Ministerio de Seguridad del Estado incluso antes.

Putin les contó a sus biógrafos que había estado entre la multitud y que vio como la gente asaltaba el edificio de la Stasi en Dresde. «Una de las mujeres gritaba: "¡Buscad la entrada al túnel bajo el río Elba! Tienen reclusos allí, cubiertos de agua hasta las rodillas". ¿De qué reclusos hablaba? ¿Por qué creía que estaban bajo el Elba? Sí que había algunas celdas de detención, pero por supuesto que no estaban bajo el Elba.» En general, a Putin la ira de los manifestantes le resultaba excesiva y desconcertante. Estaban atacando a sus vecinos y amigos, la única gente con la que había vivido y mantenido contacto en los últimos cuatro años, y no podía imaginar que ninguno de ellos fuese tan malvado como la multitud afirmaba; eran meros burócratas, como el propio Putin.

Cuando los manifestantes asaltaron el edificio donde trabajaba, se indignó. «Acepto que los alemanes invadiesen la sede de su propio Ministerio de Seguridad del Estado —les dijo a sus biógrafos más de diez años después—. Ese es un asunto interno. Pero nosotros no éramos su asunto interno. Era una amenaza seria. Había documentos en nuestro edificio, y nadie parecía preocuparse lo suficiente como para protegernos.» Los guardias del edificio del KGB probablemente efectuaron disparos de advertencia —Putin solo dijo que mostraron su disposición a hacer lo que fuese necesario para proteger el edificio—, y los manifestantes se tranquilizaron durante un tiempo. Cuando la agitación volvió a aumentar, contó Putin, él mismo salió. «Les pregunté qué era lo que querían. Les expliqué que esta era una organización soviética. Alguien entre la multitud preguntó: "¿Por qué tienen coches con matrículas alemanas? ¿Qué hacen aquí?". Como si supiesen exactamente qué hacíamos allí. Le respondí que nuestro contrato nos permitía utilizar matrículas alemanas. "¿Quién es usted? Su alemán es demasiado bueno", empezaron a gritar. Les dije que era un intérprete. Esa gente era muy agresiva. Llamé por teléfono a nuestros jefes militares y les conté lo que estaba pasando. Me dijeron: "No podemos hacer nada hasta que recibamos órdenes de Moscú. Y Moscú está callada". Unas pocas horas más tarde sí que llegaron nuestros soldados y la multitud se dispersó. Pero me quedé con esto: "Moscú está callada". Me di cuenta de que la Unión Soviética estaba enferma. Era una enfermedad mortal llamada parálisis. Parálisis del poder.»

Su país, al que Putin había servido lo mejor que había podido, aceptando con paciencia cualquier misión que tuviera a bien asignarle, le había abandonado. Se había sentido asustado e impotente para protegerse, y Moscú había permanecido callada. Pasó las varias horas que tardaron en llegar los militares dentro del edificio sitiado, lanzando papeles a una estufa de leña hasta que esta reventó por el exceso de calor.[66] Destruyó todo lo que sus colegas y él se habían dedicado a recopilar: todos los contactos, ficheros de personal, informes de vigilancia y, probablemente, innumerables recortes de prensa.

Antes incluso de que los manifestantes hubiesen expulsado a la Stasi de sus edificios, Alemania Oriental comenzó el arduo y doloroso proceso de purgar a la Stasi de su sociedad. Todos los vecinos de los Putin no solo perdieron sus empleos sino que se les prohibió trabajar en la policía, el gobierno o la enseñanza. «Mi vecina, de la que me había hecho amiga, se pasó una semana llorando —les contó Ludmila Putina a los biógrafos de su marido—. Lloraba por el sueño perdido, por el hundimiento de todo en lo que había creído. Todo había sido aplastado: sus vidas, sus carreras... Katia [Ekaterina, la hija menor de los Putin] tenía una profesora en su guardería, una profesora maravillosa, que ahora tenía prohibido trabajar con niños. Y todo porque había trabajado para el Ministerio de Seguridad del Estado.» Doce años después, a la inminente primera dama de la Rusia postsoviética le seguía pareciendo incomprensible e inhumana la lógica de la lustración.

Los Putin volvieron a Leningrado. Llevaban consigo una lavadora de veinte años de antigüedad que les habían dado sus antiguos vecinos —quienes, pese a haber perdido sus trabajos, disfrutaban de un nivel de vida más alto que el que los Putin podían esperar alcanzar a su vuelta a la URSS— y una suma de dinero en dólares estadounidenses suficiente para comprar el mejor coche de fabricación soviética. Esto es todo lo que tenían como resultado de sus cuatro años y medio viviendo en el extranjero y de la frustrada carrera como espía de Vladímir Putin. Los cuatro volvían a la más pequeña de las dos habitaciones del piso de los padres de Putin. Ludmila Putina volvería a pasar la mayor parte del tiempo recorriendo pasillos de tiendas vacías o haciendo cola para comprar productos de primera necesidad. Eso es lo que hacían la mayoría de las mujeres soviéticas, pero, tras cuatro años y medio de vida relativamente cómoda en Alemania, era no solo humillante sino también aterrador. «Me daba miedo ir a las tiendas —dijo más tarde en una entrevista—. Trataba de pasar allí el menor tiempo posible, lo justo para comprar los productos básicos, y volvía corriendo a casa. Era terrible.»[67]

¿Podría haber habido peor manera de volver a la URSS? Serguéi Roldullin, el amigo violonchelista de Putin, recuerda haberle oído decir: «No pueden hacer esto. ¿Cómo son capaces? Sé que yo puedo cometer errores, pero ¿cómo puede cometerlos esta gente, a quienes consideramos los mejores profesionales?».[68] Dijo que dejaría el KGB. «El que ha sido espía una vez, siempre lo será», le contestó su amigo; era un dicho soviético popular. Vladímir Putin se sintió traicionado por su país y por su organización —la única afiliación importante que había conocido, aparte de su club de yudo—, pero dentro de la organización cada vez había más gente que se sentía traicionada, engañada y abandonada; no sería descabellado decir que ese era el espíritu corporativo del KGB en 1990.

4

El que ha sido espía…

Toda la historia rusa ocurre en San Petersburgo. La ciudad fue capital de un próspero imperio arruinado por la Primera Guerra Mundial, al principio de la cual perdió su nombre; el germánico San Petersburgo se convirtió en Petrogrado, que sonaba más ruso. El imperio quedó destruido por el doble golpe de las revoluciones de 1917, en las que Petrogrado aportó el escenario. Poco después, la ciudad perdió su condición de capital, y la sede del poder se trasladó a Moscú. Petrogrado, con sus poetas y artistas, siguió siendo la capital de la cultura rusa… a pesar de que la ciudad perdió su nombre una vez más, convirtiéndose en Leningrado el día en que murió el primero de los tiranos soviéticos. Las élites literaria, artística, académica, política y comercial de la ciudad serían diezmadas poco a poco por las purgas, detenciones y ejecuciones de los años treinta. Aquella década desastrosa se cerró con la guerra de Invierno contra Finlandia, un acto de agresión soviética espantosamente mal planeado que se confundió con el principio de la Segunda Guerra Mundial. Durante el asedio, y también después de la guerra mundial, Leningrado, adonde habían regresado los padres de Putin, era la ciudad de los fantasmas. Sus edificios, antaño majestuosos, estaban en ruinas; los cristales de las ventanas habían sido destrozados por las bombas y los obuses, y los marcos de las ventanas se habían utilizado como leña, al igual que los muebles. Las ratas desfilaban a cientos y a miles ante las fachadas horadadas, ocupando toda la anchura de las aceras, empujando a un lado a los fantasmales supervivientes humanos.

En las décadas de posguerra, la ciudad creció gracias a los nuevos habitantes y su trabajo. Leningrado se convirtió en la capital de la industria militar soviética; cientos de miles de personas venidas de otras partes del imperio se instalaron en bloques grises de viviendas, todos idénticos, que no daba tiempo a levantar con la suficiente rapidez para absorber a tantos inmigrantes. A mediados de los años ochenta, la población de la ciudad se acercaba a los cinco millones, lo que superaba con mucho su capacidad, incluso con el modesto nivel de vida propio de la Unión Soviética. Mientras tanto, el corazón de la ciudad, su centro histórico, había sido casi totalmente abandonado por los urbanistas; familias como la de Putin, que habían sobrevivido al infierno de la primera mitad del siglo XX, vivían en grandes y destartalados pisos comunitarios, en edificios que en otro tiempo habían sido elegantes pero que ahora, tras décadas sin mantenimiento, habían entrado en una fase de decadencia irreversible.

Sin embargo, la ciudad a la que Putin regresó en 1990 había cambiado más en los cuatro años de su ausencia que en los cuarenta anteriores. Las mismas personas que Putin y sus colegas habían estado controlando y atemorizando —los disidentes, los casi disidentes, y los amigos de los amigos de los disidentes— se comportaban ahora como si fueran los dueños de la ciudad.

El 16 de marzo de 1987, se produjo una tremenda explosión en la plaza de San Isaac de Leningrado. La detonación derrumbó el hotel Angleterre, cuya grandiosa fachada había caracterizado parte de la plaza más bella de la ciudad durante más de 150 años, y cuya historia legendaria formaba parte del legado cultural de San Petersburgo. El gran poeta Serguéi Yesenin se había suicidado en la habitación n.º 5, lo que hizo que el hotel fuera mencionado en la obra de otra media docena de poetas por lo menos. En un país y una ciudad donde los acontecimientos históricos se solían relatar entre susurros y donde era frecuente que los lugares históricos se ocultaran, destruyeran o falsificaran, el Angleterre era un caso raro de artefacto real, y esta es probablemente la razón de que muchos ciudadanos de la ciudad de Pedro el Grande, que en gran parte estaba hecha pedazos, experimentaran la pérdida de ese hotel en concreto casi como un agravio personal.

La demolición del hotel fue algo planeado; lo que no lo estaba era el nacimiento, en el lugar de la destrucción, de un movimiento que desempeñó un papel fundamental en la caída del régimen soviético.

Mijaíl Gorbachov había ascendido a la jefatura del Estado soviético en marzo de 1985. Había pasado el primer año de su mandato consolidando sus apoyos en el Politburó, y durante el segundo año había puesto en marcha la llamada «perestroika» («reestructuración»), aunque nadie, ni siquiera el propio Gorbachov, sabía muy bien qué significaba aquello. En diciembre de 1986, Gorbachov permitió que el disidente más famoso de la Unión Soviética, el ganador del Premio Nobel de la Paz Andréi Sájarov, regresara a su casa de Moscú desde la ciudad de Gorki, donde había vivido en el exilio interior durante casi siete años. En enero de 1987, Gorbachov lanzó una nueva palabra, *glasnost*, o «apertura», que no significaba que en un futuro próximo se fuera a abolir la censura, pero que sí parecía indicar que la censura iba a cambiar; por ejemplo, las bibliotecas de todo el país empezaron a permitir el acceso a materiales que habían permanecido encerrados bajo siete llaves. En febrero de 1987, Gorbachov conmutó las sentencias de 140 disidentes que cumplían condena en prisiones y colonias de trabajo soviéticas.

A decir verdad, Gorbachov no se proponía disolver la Unión Soviética ni poner fin al dominio del Partido Comunista, ni tampoco cambiar el régimen de manera radical, aunque sí que le gustaba utilizar la palabra «radical». Más bien, soñaba con modernizar de modo prudente la economía y la sociedad soviéticas, sin socavar sus estructuras básicas. Pero los procesos que puso en marcha condujeron de manera inevitable —y, visto en retrospectiva, muy rápidamente— al hundimiento total del sistema soviético.

Cinco años antes del movimiento tectónico, empezaron a notarse sutiles temblores subterráneos. Gorbachov había enseñado la zanahoria de un posible cambio, y la gente empezó a hablar del cambio como si fuera posible. Con mucha cautela, la gente empezó a dejar que aquellas conversaciones salieran de sus cocinas y entraran en los cuartos de estar de otras personas. Empezaron a cobrar forma alianzas incipientes. Por primera vez en décadas, la gente hablaba en serio de política y de cuestiones sociales de actualidad, no como miembros de un movimiento disidente ni dentro de los confines de las estructuras oficiales del Partido Comunista; por eso, a los que participaban en estas conversaciones se les conocía como «informales». La mayoría de los informales pertenecían a una generación concreta: la de los nacidos durante el «deshielo» de Jruschov, el breve período de finales de los años cincuenta y principios de los sesenta, cuando se puso fin al terror estalinista y todavía no se había impuesto el estancamiento de Bréznev. Los informales no tenían una plataforma política conjunta ni un lenguaje compartido para discutir de política, ni siquiera un concepto común de las bases para dicha discusión, pero compartían dos cosas: el disgusto por el funcionamiento del Estado soviético y un persistente deseo de proteger y preservar lo poco que les quedaba de su querida e histórica ciudad.

«La gente de nuestra generación solo veía ante sí un callejón sin salida: si no escapabas, te enfrentabas a la degradación —recordaba Yelena Zelinskaya veinte años después. Zelinskaya dirigía una de las varias publicaciones *samizdat* que unían a los informales—. Ya no podíamos respirar entre tantas mentiras, tanta hipocresía y tanta estupidez. No teníamos miedo. Y en cuanto pareció que se abrían paso los primeros rayos de luz, en cuanto se permitió que la gente que había tenido las manos atadas pudiera mover al menos unos pocos dedos, esta empezó a moverse. La gente no pensaba en dinero ni en mejorar su nivel de vida; lo único en lo que pensaban era en libertad. Libertad para vivir su vida privada como quisieran, libertad para viajar y ver mundo. Libertad de la hipocresía y libertad para no oír la hipocresía; libertad para no ser calumniado, libertad para no sentirte avergonzado de tus padres, libertad de las viscosas mentiras en las que todos estábamos sumergidos como si fueran melaza.»[1]

Pero, dijeran lo que dijesen los informales en la intimidad de sus hogares, la maquinaria estatal de destrucción insensata seguía funcionando. El 16 de marzo de 1987, circuló un rumor por la ciudad: el hotel Angleterre estaba a punto de ser demolido. Delante del edificio empezaron a congregarse informales de todas las tendencias. El

líder de una asociación informal de conservación, Alexéi Kit, perdón, Alexéi Kováləv,
entró en el edificio del gobierno municipal, convenientemente situado en la misma plaza, e intentó negociar con una burócrata de alto nivel. Esta le aseguró que el edificio no corría peligro y le rogó que «dejara de desinformar a la gente y sembrar el pánico».[2] Menos de media hora después, sonó la explosión y el edificio, del tamaño de una manzana de viviendas, se convirtió en una enorme nube de polvo áspero.

Fue entonces cuando ocurrió algo absolutamente sin precedentes. «Cuando el polvo y el humo se asentaron donde había estado el hotel, parecía que no habían quedado más que recuerdos —recordaba Alexánder Vinníkov, un físico convertido en activista cívico—. Y así era, pero los recuerdos eran impresionantes. Antes de aquel momento, la gente no había imaginado que pudiera protestar por los actos de las autoridades y salir indemne, sin acabar entre rejas o al menos sin trabajo. Nos llevamos el recuerdo de una asombrosa sensación de tener razón, la sensación que le asalta a una persona que está entre gente de ideas similares en un espacio público, escuchando a un orador poner voz, de manera convincente y precisa, a lo que todos piensan. Y lo más importante fue que sentimos toda la humillación del absoluto desprecio de las autoridades por nuestra opinión, y que empezó a aflorar una sensación de dignidad personal, un deseo de afirmar nuestro derecho a ser oídos y ejercer influencia.»[3]

Así pues, la multitud no se dispersó. A la tarde siguiente se habían congregado varios centenares de personas delante de lo que había sido el Angleterre. La valla que rodeaba el lugar de la demolición se cubrió de carteles de fabricación casera, octavillas, poemas escritos en la valla misma y, simplemente, de nombres de personas que habían participado en la protesta, y que habían decidido valientemente dar a conocer sus nombres.

«Todos nos hemos encontrado en la plaza de San Isaac —decía un premonitorio artículo escrito por Zelinskaya, que entonces tenía treinta y tres años, y fijado a la valla—. Nos hemos trazado un camino difícil … Probablemente, cometeremos numerosos errores. Probablemente, algunos de nosotros perderemos nuestras voces. Probablemente, no conseguiremos hacer todo lo que nos propondremos hacer, como no hemos conseguido salvar el Angleterre. La verdad es que hay muchas cosas que no sabemos cómo se hacen. ¿De verdad se puede esperar que argumente bien una gente a la que nunca se le ha pedido su opinión? ¿Se puede esperar que las personas que han sido excluidas de todo tipo de actividad pública hayan perfeccionado sus capacidades de lucha sentadas en sus sótanos? ¿Se puede esperar que unas personas cuyas decisiones y actos nunca han tenido consecuencias tangibles, ni siquiera en sus propias vidas, calculen la trayectoria de sus actividades?»[4]

Cientos de personas siguieron llegando a la plaza durante tres días. La interminable protesta se llegó a conocer como «la batalla del Angleterre», e incluso después de aquello aún quedó la valla, con sus numerosos carteles y artículos, y también una pequeña congregación permanente delante de ella. La gente iba al Angleterre para enterarse de lo que estaba ocurriendo en su ciudad y en su país, o para contárselo a otros; el lugar se llegó a conocer como el Punto de Información. Las discusiones en la cocina y el cuarto de estar habían salido a la calle, y la valla se iba a convertir en una página viva en la que docenas de publicaciones *samizdat* iban saliendo de la clandestinidad.[5]

En otras partes de la ciudad iban cobrando forma otros centros de discusión. En abril, un grupo de jóvenes economistas de Leningrado formaron un club.[6] En sus reuniones en el Palacio de la Juventud se abordaban cuestiones sin precedentes, como la posibilidad de privatizar. Antes de que terminara el año, uno de ellos dejó caer la idea de privatizar las empresas estatales repartiendo acciones entre todos los adultos soviéticos. La idea no fue muy bien recibida en aquel momento, pero esto fue exactamente lo que sucedió años después, y la mayoría de los miembros del club iban a desempeñar papeles clave en la elaboración de la política económica poscomunista.

Para sus miembros, la sociedad soviética parecía estar cambiando a velocidad de vértigo. Pero el movimiento daba dos pasos adelante y uno atrás. En mayo, las autoridades soviéticas dejaron de interferir con la mayoría de los programas de radio occidentales. El 31 de mayo, las autoridades municipales de Leningrado clausuraron el

Punto de Información delante del Angleterre. En junio, las elecciones municipales incluyeron un pequeño pero revolucionario experimento: en un 4 por ciento de los distritos, en lugar del nombre único habitual aparecieron dos nombres en las papeletas; por primera vez en décadas, a unos pocos votantes se les permitió elegir entre candidatos, aunque los dos los proponía el Partido Comunista. El 10 de diciembre, Leningrado presenció la primera manifestación política que no fue disuelta por la policía.[7] Al menos dos de los oradores eran hombres que habían cumplido condena en campos de internamiento por oponerse al régimen soviético.

El proceso continuó al año siguiente. Poco a poco se fueron formando más grupos de discusión, y sus actividades se volvieron más estructuradas. Con el paso del tiempo surgieron verdaderos líderes, personas conocidas y que inspiraban confianza fuera de sus pequeños círculos sociales. En un par de años, se convertirían en los primeros políticos postsoviéticos.

En primavera, algunos residentes de Leningrado anunciaron la creación de lo que llamaron «un Hyde Park» en el parque Mijáilov, en el centro de la ciudad. Una tarde a la semana, cualquiera podía pronunciar un discurso en público. «Las reglas eran que cualquiera podía hablar durante cinco minutos sobre cualquier tema, exceptuando propaganda de guerra, violencia y todo tipo de xenofobia —recordaba Iván Soshníkov, que entonces era un taxista de treinta y dos años y uno de los promotores del espacio de debate al aire libre—. ¿Quieres hablar sobre derechos humanos? Pues adelante. Un tipo se trajo la Declaración de los Derechos Humanos de 1949. Yo ya la había leído en *samizdat*, pero la gente que no la había visto nunca se quedó pasmada. Y esto duraba cuatro horas cada sábado, de las doce a las cuatro. El micrófono estaba a disposición de todos. Hay que decir que esto ocurría antes de que hubiera libertad de prensa. Así que venían muchos periodistas a escuchar, pero después no podían publicar lo que habían oído.»[8]

Al cabo de unos meses, la policía desalojó el «Hyde Park» del parque Mijáilov. Los organizadores trasladaron su espectáculo a la catedral de Kazanski, una gran estructura en la Perspectiva Nevski, la principal avenida de la ciudad. Los oradores y los oyentes, que ya no estaban ocultos por los árboles o detrás de una valla, se volvieron mucho más visibles que en el emplazamiento original. Al parecer, en lugar de expulsarlos, las autoridades municipales intentaron ahogarlos con ruido. Un sábado, los participantes en el «Hyde Park» llegaron a la catedral y encontraron una banda de música tocando delante. La banda se había traído su propio público, cuyos miembros les gritaban a los del debate: «Eh, que la banda está aquí para que la gente pueda relajarse, este no es el sitio ni el momento para vuestros discursos». Durante un descanso de la música, Iván Soshníkov intentó sonsacar información al director, que reveló de inmediato que la banda había sido colocada delante de la catedral por algún tipo de autoridad.

Ekaterina Podoltseva, una brillante matemática de cuarenta años que se había convertido en uno de los activistas prodemocráticos más visibles —y más excéntricos— de la ciudad, tuvo una idea para combatir a la charanga. Pidió a todos los participantes habituales en el «Hyde Park» que llevaran limones el sábado siguiente. En cuanto la banda empezara a tocar, todos los activistas tenían que ponerse a comer sus limones, o a simular que se los comían, si la realidad les resultaba demasiado amarga.[9] Podoltseva había leído u oído en alguna parte que, cuando uno ve a alguien comiéndose un limón, empieza a producir, por empatía, copiosas cantidades de saliva, lo cual es incompatible con tocar un instrumento de viento. Dio resultado: la música se interrumpió y los discursos continuaron.

El 13 de junio de 1988, el Tribunal Supremo de la URSS anuló los veredictos de culpabilidad con los que comenzó el Gran Terror de Stalin más de cincuenta años atrás. Al día siguiente, tuvo lugar en Leningrado una manifestación en memoria de las víctimas de la represión política, la primera concentración legal y a gran escala de este tipo en la historia de la Unión Soviética.[10]

Pero los acontecimientos más importantes de 1988, no solo en Leningrado sino en toda la URSS, fueron la formación de una organización llamada Frente Popular y el conflicto entre Armenia y Azerbaiyán. El Frente Popular nació más o menos al mismo tiempo, y parece que espontáneamente, en más de treinta ciudades de toda la Unión Soviética.[11] Su objetivo declarado era apoyar la perestroika, que se enfrentaba a una resistencia cada vez más fuerte dentro del Partido. Pero la función más importante del Frente Popular consistía, probablemente, en realizar un experimento de una escala y un alcance sin precedentes: en una sociedad que casi no tenía ninguna experiencia de cambio social ni, ya puestos, de cualquier otra actividad ciudadana que no estuviera dirigida desde arriba, se trataba de formar una organización, e incluso una red de organizaciones, que fuera verdaderamente democrática en cuanto a su naturaleza y estructura.

«Una organización que se proponga democratizar la sociedad debe ser democrática ella misma —proclamaba un documento fundacional de la organización de Leningrado—. Por eso, los estatutos del Frente Popular incorporarán un cortafuegos eficaz contra las tendencias burocráticas y autoritarias. Con este fin, el consejo coordinador será elegido por votación secreta y se podrá reconstituir en cualquier asamblea general del Frente Popular. Con este fin, el consejo coordinador no tiene un presidente permanente, sino que todos sus miembros ejercerán por turno de presidentes. Con este fin, ningún miembro del Frente Popular representará la postura de la organización en tema alguno si dicho tema no se ha discutido en una asamblea general del Frente Popular. Se espera que todas las decisiones tomadas por el consejo coordinador o por la asamblea general sean recomendaciones; los miembros que estén en minoría no se verán obligados a participar en una decisión con la que no estén de acuerdo, pero tampoco tendrán derecho a contrarrestar las acciones de la mayoría excepto mediante el poder de la convicción.»[12] En otras palabras, el principal propósito del Frente Popular era no ser como el Partido Comunista.

Por increíble que resulte, funcionó. Veinte años después, un matemático que se hizo activista a finales de los años ochenta recordaba su descubrimiento del Frente Popular. «Se reunían en la Casa de Cultura de los Trabajadores de la Industria Alimentaria. Cualquiera podía asistir. Algunos de los asistentes no eran personas muy sanas mentalmente. La primera impresión era de un verdadero manicomio; algunos de los discursos eran completamente absurdos. Así, se pasaban una hora u hora y media discutiendo sobre Dios sabe qué, y después otras personas empezaban a coger el micro. Más adelante descubrí que eran algunos de los líderes de la organización. Al final, cuando se llegaba a votar sobre una cuestión u otra, el texto resultante de la resolución era bastante razonable; tenía un componente político claro y estaba escrito en buen ruso. Resultó que las personas que dirigían la organización por entonces eran gente con la que uno podía verdaderamente discutir las cosas.»[13] La habilidad para discutir las cosas era todavía el lujo más valorado en la Unión Soviética.

Una mujer se convirtió rápidamente en el líder más evidente y en el portavoz de mayor confianza del Frente Popular de Leningrado. Marina Salye no se parecía a ningún político que se hubiera visto en la Unión Soviética. De hecho, tenía poco en común con cualquier político de cualquier parte del mundo. Tenía más de cincuenta años, estaba soltera (había vivido mucho tiempo con una mujer a la que llamaba «mi hermana») y había pasado gran parte de su vida adulta en las zonas más remotas de la Unión Soviética estudiando las rocas; tenía un doctorado en geología. Era un camino que habían tomado muchos miembros de la *intelligentsia*: encontrar una profesión que no tuviera carga ideológica y alejarse todo lo posible del centro de mando soviético. Como nunca se había afiliado al Partido Comunista, Salye no pertenecía a ninguna institución desacreditada. Por otra parte, tenía credenciales impecables en San Petersburgo, pues su tatarabuelo había sido uno de los habitantes más ilustres de la historia de la ciudad: Paul Buhre, relojero del zar, construía relojes que todavía funcionan y son muy valorados en el siglo XXI. Dos de sus bisabuelos habían llegado a San Petersburgo en el siglo XIX, desde Francia y Alemania. Brillante, bien hablada pero sin pelos en la lengua, Salye inspiraba al instante confianza y deseos de seguirla. «Con un cigarrillo colgando de los labios, podía dirigir una multitud Nevski arriba y Nevski abajo, deteniendo el tráfico —recordaba uno de sus rivales políticos veinte años después—. Yo la vi hacerlo una vez, y me causó una impresión muy fuerte. Nadie podía competir con ella.»[14]

En febrero de 1988 estalló la guerra entre Azerbaiyán y Armenia, el primero de los muchos conflictos étnicos que iban a producirse en el Cáucaso soviético.[15] En la relativamente rica Azerbaiyán, mayoritariamente musulmana, una región llamada Nagorno-Karabaj, poblada principalmente por armenios, declaró su intención de escindirse y unirse a Armenia, una pequeña república de la URSS, pobre y mayoritariamente cristiana. A excepción de unos pocos disidentes visionarios, nadie podía imaginar en aquel momento que el imperio soviético se iba a desintegrar, y mucho menos que lo fuera a hacer pronto. Lo que sucedió en Nagorno-Karabaj demostró que lo impensable era posible. Y no solo eso; mostró el modo exacto en que iba a ocurrir: la URSS se iba a romper siguiendo divisiones étnicas, y el proceso iba a ser doloroso y violento. Pero ahora, manifestantes a favor de la independencia salieron a la calle en masa en Nagorno-Karabaj, y solo unos pocos días después se produjeron ataques racistas en Sumgait, una ciudad azerí con una considerable población de etnia armenia. Murieron más de treinta personas y centenares resultaron heridas.

La *intelligentsia* soviética contemplaba consternada cómo salían a la superficie enemistades étnicas y religiosas. En junio, después de que el gobierno regional de Nagorno-Karabaj declarara oficialmente la intención de la región de escindirse, más de trescientas personas se concentraron en una plaza de Leningrado para manifestar su solidaridad con el pueblo armenio.[16] A finales del verano, los activistas prodemocracia de Leningrado organizaron viajes para niños armenios de Sumgait a campamentos de verano en los alrededores de Leningrado.[17] Una antropóloga de la ciudad llamada Galina Starovoitova —de cuyo asesinato iba a informar yo diez años después— se convirtió en la portavoz más visible de la nación en cuestiones armenias. El 10 de diciembre de 1988, casi todos los miembros del Comité de Karabaj, partidario de la secesión, fueron detenidos en Nagorno-Karabaj.[18]

Dos días después, la policía de Leningrado registró una serie de domicilios. Las cinco personas cuyos pisos fueron registrados eran activistas radicales a favor de la democracia; entre ellos figuraban el ex preso político Yuli Rybákov y Ekaterina Podoltseva, la matemática que había tenido la idea de comer limones para silenciar a la charanga. A los cinco se les instruyó un proceso criminal en aplicación del artículo 70 del Código Penal soviético, que estipulaba penas de seis meses a siete años de prisión por difundir propaganda antisoviética (y más en caso de reincidencia).[19] Esta iba a ser la última aplicación del artículo 70 en la historia del país.[20]

En otras palabras, la transformación de la sociedad soviética mantenía su pauta de dos pasos adelante y uno atrás; a las manifestaciones públicas, que hubieran sido impensables solo dos años atrás, les siguieron órdenes de registro, y decir algo inconveniente todavía podía costarte años de cárcel. La censura se iba relajando poco a poco; aquel año se publicó por fin en la URSS *Doctor Zhivago*, de Borís Pasternak, pero Alexánder Solzhenitsyn todavía estaba vetado. Andréi Sájarov, aunque ahora podía vivir su vida privada en paz, se enfrentaba a obstáculos insuperables en su vida pública. En el verano de 1988, el premio Nobel disidente visitó Leningrado; el periodista más famoso de la televisión de la ciudad grabó una entrevista con Sájarov, pero los censores impidieron que se emitiera. Una productora decidió incluirla en la emisión de un pionero programa nocturno sobre asuntos públicos que iba ganando popularidad rápidamente. Omitió el nombre de Sájarov en el guión que los censores tenían que aprobar, y estos estamparon de buena gana su firma en lo que, sobre el papel, parecían bromas inocuas. «Esta noche en nuestro programa verán ustedes esto.» «¡No me diga!» «Y esto.» «¡Imposible! ¿De veras?» «Es la verdad, sinceramente.» «¿Es posible?» Lo que los censores no sabían era que en la pantalla iban a aparecer imágenes de Sájarov mientras se oía este diálogo, no solo no dejando dudas sobre lo que los productores se proponían mostrar, sino además dando a los espectadores tiempo suficiente para llamar a todos sus conocidos y decirles que encendieran el televisor.[21]

Nadie fue despedido por engañar a los censores, y esto fue tal vez uno de los indicios más sólidos de que los cambios emprendidos en la Unión Soviética eran profundos y puede que irreversibles; y de que no solo iban a transformar los medios de comunicación, sino también las aparentemente intransigentes instituciones políticas. El 1 de diciembre de 1988 entró en vigor una nueva ley electoral que, a todos los efectos, ponía fin al monopolio del Partido Comunista en el poder del Estado.[22]

El año 1989 comenzó con una reunión de los activistas a favor de la democracia en Leningrado para organizar lo que meses antes había parecido inconcebible: una campaña electoral. Se formó una comisión llamada Elección-89, dirigida por Marina Salye, entre otros,[23] y se imprimieron octavillas que explicaban cómo votar: «En la papeleta habrá dos, tres o cuatro nombres. Estos son los candidatos que compiten entre sí. Hay que elegir *solamente* un nombre y tachar los demás». La verdad es que era un sistema complicado. Se iban a elegir 2.250 representantes en toda la Unión Soviética; de ellos, 750 se elegirían en los distritos territoriales, 750 en los distritos administrativos, y otros 750 serían elegidos por el Partido Comunista o instituciones bajo su control. Aun así, era la primera vez que los votantes de la mayoría de las zonas podían elegir entre dos o más candidatos.

En Leningrado, los funcionarios del Partido Comunista sufrieron una derrota estrepitosa. Galina Starovoitova, la antropóloga de Leningrado, fue elegida para representar a Armenia en el Sóviet Supremo. Se unió a una minoría de representantes recién elegidos —unos trescientos— para formar una facción prodemocracia dirigida por Sájarov. Una vez en el Parlamento, el antiguo disidente se fijó como objetivo acabar con el dominio del Partido Comunista, atacando la disposición constitucional que garantizaba su primacía en la política soviética. Otros miembros destacados del grupo interregional eran el *apparatchik* renegado Borís Yeltsin y Anatoli Sóbchak, un profesor de derecho de Leningrado, sumamente atractivo y elocuente.

Durante la vertiginosamente breve campaña electoral —transcurrieron menos de cuatro meses entre la aprobación de la revolucionaria ley electoral y la votación—, Sóbchak se había ganado una reputación de orador público sobresaliente. En una de sus primeras apariciones ante los potenciales votantes, percatándose de que el público estaba cansado y aburrido, prescindió de su alocución preparada sobre cuestiones municipales y nacionales, y tomó la decisión consciente de deslumbrar a los oyentes con su oratoria. «He soñado —llegó a decir— que las próximas elecciones no las organizará el

Partido Comunista, sino los votantes mismos, y que estos votantes tendrán libertad para asociarse y crear organizaciones. Que los actos de campaña estarán abiertos a todos los que quieran escuchar, sin necesidad de pases especiales para entrar. Que cualquier ciudadano tendrá derecho a postularse a sí mismo o a postular a otra persona para un cargo, y que la candidatura no tendrá que pasar por un largo proceso de aprobación, sino que simplemente se incluirá en las listas siempre que se hayan reunido suficientes firmas en apoyo del candidato.»[24] Era una visión decididamente utópica.

Los diputados del pueblo, que era como se llamaban oficialmente los miembros del Parlamento soviético en ciernes, se reunieron para su primer congreso a finales de mayo de 1989. Las calles del país quedaron vacías durante dos semanas: todas las familias estaban sentadas inmóviles delante de un televisor, viendo el debate político en directo por primera vez en sus vidas, presenciando cómo se hacía historia. La enorme e inmanejable reunión se convirtió rápidamente en un enfrentamiento entre dos personas: Gorbachov, el jefe del Estado, y Sájarov, la máxima autoridad moral de su época. Gorbachov —joven, enérgico y ahora seguro de su posición y su popularidad— emanaba confianza. Sájarov —encorvado, de voz suave y propenso a tropezar tanto al hablar como al andar— parecía fuera de lugar e ineficaz. Dio la impresión de que cometió su mayor error el último día del congreso, cuando subió al estrado y se embarcó en un largo y complejo discurso. Estaba solicitando la abolición del artículo 6 de la Constitución soviética, que garantizaba al Partido Comunista el dominio del Estado soviético. Estaba hablando del inminente hundimiento del imperio —tanto de la Unión Soviética como del bloque oriental— y rogando al congreso que tomara una resolución sobre la necesidad de emprender reformas. La enorme sala del congreso estaba cada vez más inquieta e impertinente. Los diputados del pueblo empezaron a patear y a intentar hacer callar a gritos a Sájarov. El viejo disidente, esforzándose por hacerse oír, exclamó: «¡Me estoy dirigiendo al mundo!».

Mijaíl Gorbachov, sentado muy tieso en un escaño a pocos pasos de donde Sájarov intentaba pronunciar su discurso, parecía furioso, tanto por el contenido de las palabras de Sájarov como por el alboroto que estalló en la sala a modo de respuesta. De pronto el anciano quedó acallado; Gorbachov le había cortado el micrófono. Sájarov recogió los papeles de su alocución, bajó unos pocos escalones en dirección al secretario general y extendió su temblorosa mano con los papeles. Gorbachov puso una expresión de disgusto. «Aparta eso de mí», farfulló.[25]

Al humillar a Sájarov ante la televisión, Gorbachov fue demasiado lejos. Seis meses después, cuando el disidente murió de un ataque al corazón en el segundo día del siguiente congreso de diputados del pueblo —habiendo visto entretanto como caía el Muro de Berlín y se deshacía el bloque oriental, como él había predicho—, muchos veían a Sájarov como un mártir y a Gorbachov como su torturador.[26] Decenas, puede que centenares de miles de personas asistieron a su entierro en Moscú. Las autoridades municipales intentaron, como de costumbre y sin éxito, impedir que se congregara una gran multitud cerrando las estaciones de metro próximas al cementerio y estableciendo cordones policiales alrededor del perímetro; la gente caminó kilómetros pese al frío helador y después procedió tranquilamente a traspasar los cordones.

En Leningrado se congregaron unas veinte mil personas en una marcha homenaje la tarde del día en que se enterró a Sájarov. Se rechazó la propuesta de los organizadores de celebrar el evento en el centro de la ciudad, de modo que la marcha comenzó en una de las vastas zonas desiertas que rodeaban a las ciudades socialistas; se trataba de un espacio amorfo delante del Salón de Conciertos Lenin. Una serie de oradores ocuparon el podio para hablar de Sájarov. A pesar del intenso frío, la multitud siguió creciendo hasta después de que se ocultara el breve sol invernal. Al anochecer, la muchedumbre tomó la decisión aparentemente espontánea de marchar hasta el centro de la ciudad. Miles de personas se dispusieron en formación, como dirigidas por una mano invisible, y emprendieron una larga y difícil marcha.[27]

La gente se turnaba en la cabecera, llevando un retrato de Sájarov y una vela encendida. Durante todo el trayecto, Marina Salye marchó detrás del retrato, lo que por un lado indicaba su disposición de seguir los pasos del gran disidente y, por otro, su aceptación de la responsabilidad de encabezar una marcha ilegal. Menos de seis semanas antes, Salye y sus seguidores habían participado en una marcha diferente, la celebración anual del 7 de noviembre, que conmemoraba el aniversario de la Revolución de Octubre. Unas treinta mil personas habían integrado el contingente prodemocracia en aquel desfile. La policía había intentado mantener a la columna demócrata lejos de las cámaras de televisión, pero cuando llegó a la altura del podio en el que se encontraba el primer secretario del Comité Regional del Partido en Leningrado saludando a la multitud, el contingente a favor de la democracia se detuvo y empezó a gritar: «¡Frente Popular! ¡Frente Popular!». Los manifestantes del contingente comunista oficial intentaron acallar los cánticos sin perder el paso. El secretario del Partido siguió sonriendo y saludando como si no ocurriera nada fuera de lo normal. Fue la última vez que ocupó el podio para saludar a los participantes en un desfile del 7 de noviembre.[28]

El 7 de noviembre, los manifestantes a favor de la democracia se habían enfrentado a los ordenados manifestantes comunistas, que contaban con la aprobación oficial. Ahora estaban simplemente reclamando la propiedad de la ciudad. La marcha duró varias horas. La multitud venció los esfuerzos de la policía por disolver la manifestación. Se detuvo para realizar concentraciones en varios puntos simbólicos del recorrido. Aparecieron velas en sus manos. Miles de personas más se les unieron por el camino. Para Salye, de cincuenta y cinco años y con sobrepeso, la marcha fue un esfuerzo extenuante. Aquel día había salido con un grueso abrigo de piel que le quedaba pequeño, por lo que lo llevaba abierto por delante, sintiéndose desabrigada y mal vestida. En cierto punto, resbaló y se cayó, y aunque no se hizo daño, se sintió avergonzada. Durante las muchas horas que duró la marcha, no paraban de informarla desde la zaga de la columna de que la policía estaba de nuevo intentando disolver la manifestación.

«Al día siguiente —recordaba Salye muchos años después— nos encontrábamos en mi casa trabajando en la plataforma del Frente Popular porque estábamos preparando un congreso, cuando se presentó un coronel de la policía con una citación contra mí por organizar una marcha ilegal. Fue asombroso; el policía dijo: "¿Sabe? Podría haber venido y no haberla encontrado en casa". Estuvo encantador. Pero yo dije: "No, no, adelante", y acepté la citación y empezamos a llamar a abogados y a los medios. A la mañana siguiente me presenté en la comisaría. Intentaban que yo les dijera quién había organizado la marcha. Yo no paraba de decir: "¿Cómo voy a saberlo? No me acuerdo. Había tantísima gente...".» En realidad, uno de los camaradas de Salye en el Frente Popular había sido el organizador de la marcha.

«Insistían en exigirme una respuesta —continuó Salye—. Mientras estaba allí, llegó un telegrama: varios líderes demócratas de Moscú muy conocidos estaban hablando en mi defensa.[29] Entonces me dijeron que me llevarían a juicio. Yo me agarré con las manos a la mesa con toda la fuerza que pude y dije: "Tendrán que llevarme al tribunal. Yo no pienso ir a ninguna parte hasta que llegue mi abogado". Me pasé todo el día en la comisaría. Ellos seguían haciendo llamadas telefónicas, intentando obtener instrucciones sobre qué hacer conmigo. Al final, me quitaron toda la documentación, me llevaron a un cuarto con barrotes en las ventanas y me encerraron allí. Y, de pronto, se acabó y me permitieron salir de la comisaría entre los gritos de júbilo de mis amigos, que se habían congregado allí.»

Al día siguiente, los periódicos de Leningrado salieron con el siguiente titular en primera página: «Detenida por llorar a Sájarov», y Marina Salye, que ya era una de las personas más populares de la ciudad, se convirtió en su líder política indiscutible. A los dos meses iba a haber elecciones municipales en Leningrado, y Salye se presentó a ellas. Años después, aseguró que no tenía la intención de presentarse al cargo —tenía pensado coordinar la campaña de los candidatos del Frente Popular sin postularse ella—, pero después de la detención por la marcha en homenaje a Sájarov necesitaba inmunidad contra el procesamiento.[30]

Este sería el primer consejo municipal elegido en la historia de Leningrado y, en realidad, el primer organismo de gobierno elegido por sufragio popular en la Unión Soviética. Como todas las ciudades, Leningrado había estado gobernado por la sección local del

Partido Comunista. Nuevos políticos y nuevas reglas se proponían relegar al Partido Comunista a la condición de… bueno, de un partido político, y gobernar la ciudad mediante una democracia representativa. En marzo, los candidatos prodemocracia aplastaron al Partido Comunista, obteniendo unos dos tercios de los 400 escaños; 120 fueron para el Frente Popular. Después de las elecciones, se formó un comité organizador de 60 diputados electos para discutir el futuro funcionamiento del consejo municipal. El jefe del Partido en Leningrado, Borís Gidaspov, invitó al comité a entrevistarse con él en el Instituto Smolny, un histórico centro de enseñanza que servía de sede a la jefatura regional del Partido. Los diputados electos sugirieron educadamente que Gidaspov fuera a verlos a ellos en el palacio Mariinski, el gran edificio que daba a la plaza de San Isaac, donde el antiguo consejo municipal dominado por los comunistas había celebrado sus sesiones, donde los activistas de la «batalla del Angleterre» habían ido a intentar negociar con los funcionarios municipales, y donde iba a tener su sede el nuevo consejo democrático.

Gidespov, que personificaba la vieja guardia, había pasado toda su vida profesional en el complejo militar-industrial de Leningrado, ascendiendo rápidamente en sus filas y dirigiendo grandes instituciones antes de ser designado para dirigir la organización del Partido en 1989. Cuando entró en la sala de conferencias del Mariinski, se dirigió derecho a la cabecera de la mesa. Apenas se había sentado cuando uno de los diputados electos le dijo: «Ese no es su asiento».[31] Había llegado el cambio de guardia.

Días después, una escena igualmente simbólica tuvo lugar en el salón principal del Mariinski, cuando el nuevo consejo municipal se reunió para su primera sesión. Los cuatrocientos diputados recién elegidos ocuparon sus asientos en el gran anfiteatro, mirando desde lo alto una pequeña mesa de nogal ante la que dos hombres se habían sentado ya antes de tiempo. Los dos eran viejos burócratas del Partido, cortados por el mismo patrón que Gidaspov: corpulentos, de hombros cuadrados, con trajes grises y rostros angulosos que nunca parecían bien afeitados. Uno de ellos se levantó y empezó a leer un discurso convencional, que empezaba con palabras de felicitación a los diputados: por su elección. Uno de los felicitados se acercó a la mesa para preguntar: «¿Quién les ha dicho que ustedes iban a presidir la reunión?». El burócrata se calló, confuso, y Alexéi Koválev, el preservacionista conocido como «el héroe de la batalla del Angleterre», apareció en la parte delantera del salón sugiriendo que los dos visitantes dejaran de obstaculizar la sesión. Los dos hombres se levantaron, y Koválev y Salye ocuparon los dos asientos de la mesa para presidir la primera reunión del primer organismo de gobierno elegido democráticamente en la Unión Soviética.[32]

La sesión comenzó, según lo planeado por el comité coordinador, con tres de sus miembros explicando el reglamento. Cuando llegaron al estrado, la sala estalló en risas, porque los tres tenían la imagen típica de la *intelligentsia*: jerséis de cuello alto y barba. «Fue fantástico —recordaba un sociólogo que estuvo presente en la sesión—. Fue un cambio total de atmósfera: los trajes y las caras avinagradas quedaban fuera, y entraban los informales.»[33]

De acuerdo con lo que uno de ellos llamó más tarde «un agudo sentido de la democracia»[34] que los llevó al Mariinski, los nuevos diputados, en una de sus primeras decisiones, acordaron retirar a todos los guardias del palacio para que cualquier ciudadano pudiera acceder a las oficinas y salas de reuniones. «El Mariinski adquirió el aspecto de una estación de ferrocarril durante la guerra civil [rusa] —escribió más adelante uno de los miembros del consejo municipal—. Docenas de hombres sin hogar rondaban en la entrada del principal salón de reuniones, agarrando a los diputados e intentando meterles en las manos papeles escritos a máquina. Recuerdo a un hombre barbudo que insistía en lograr que los diputados consideraran algún gran invento suyo. Habíamos votado retirar a los guardias del palacio… y justo al día siguiente nos vimos obligados a calcular el coste de los apliques de bronce que habían desaparecido del interior del edificio.»[35]

La guardia no tardó en restablecerse, pero la gente seguía acudiendo. «La gente tenía tantas ganas de ser oída —recordaría tiempo después otro miembro del consejo municipal—. Cuando los votantes venían a vernos, nos sentíamos como sacerdotes en plena confesión. Les decíamos: "Yo no puedo proporcionarle un nuevo apartamento; eso se sale de mis atribuciones", y ellos respondían: "Usted solo escúcheme".Y nosotros escuchábamos, con atención y paciencia.Y la gente se marchaba satisfecha.»[36]

Todavía tardarían unos meses en darse cuenta de que los votantes no solo esperaban ser escuchados, sino también ser protegidos y alimentados.

Durante algún tiempo, y de acuerdo con los principios de la democracia radical, el consejo municipal no tuvo un líder oficial. Pero esto resultaba poco práctico e incluso poco político; mientras los miembros del nuevo consejo municipal se esforzaban por inventar el procedimiento parlamentario partiendo más o menos de cero, probando y considerando reglas de orden en tiempo real —algo que muchas veces era transmitido en directo por el canal local de televisión—, los votantes de Leningrado empezaron a impacientarse. Parecía que la ciudad, el país y la vida misma se estaban desmoronando a su alrededor mientras los demócratas practicaban la democracia sin conseguir que se hiciera nada.

Marina Salye, que todavía era la figura política más popular de la ciudad, decidió no presentarse a presidenta del consejo.Veinte años después, se la presionó para que explicara aquella decisión. «Ojalá alguien pudiera darme la respuesta —dijo—. ¿Fue mi estupidez, mi inexperiencia, mi timidez o mi ingenuidad? No lo sé, pero el hecho es que no lo hice.Y fue un error.»[37]

Habiéndose autodescartado Salye, los activistas del consejo municipal decidieron recurrir a uno de los otros dos héroes de la perestroika en la ciudad: Anatoli Sóbchak, el profesor de derecho que se había ganado una reputación en Moscú como el demócrata de Leningrado. Sóbchak era diferente de los informales barbudos y con jersey; en contraste con el aire contemplativo y generalmente sin pretensiones de estos, él iba siempre vestido de manera ostentosa —a los comunistas les gustaba criticarle por su vestimenta «burguesa», y su característica chaqueta de cuadros todavía aparece en las reminiscencias políticas veinte años después— y era un orador con mucha fuerza. Parecía que le encantaba el sonido de su voz. Tal como recordaba uno de sus antiguos colaboradores, Sóbchak «podía hacer descarrilar una reunión de trabajo soltando un discurso improvisado de cuarenta minutos con el pretexto de construir un puente imaginario»,[38] e hipnotizaba a los oyentes aun sin decir nada que tuviera sustancia.

Aunque Sóbchak pertenecía al Grupo Interregional de Sájarov en el Sóviet Supremo, en realidad era mucho más conservador que los informales que le pedían que volviera a Leningrado. Era un profesor de derecho que había impartido clases en la academia de policía, y en muchos aspectos formaba parte del *establishment* soviético en vías de extinción. Había ingresado recientemente en el Partido Comunista, creyendo a todas luces que, a pesar de las reformas de Gorbachov, el Partido seguiría gobernando el país. Asimismo, en una ciudad dividida cuyos nuevos políticos demócratas utilizaban cada vez más su nombre histórico, San Petersburgo, él se oponía a cambiarlo, argumentando que el nombre de Leningrado reflejaba mejor su valor militar.[39]

Además, Sóbchak era un político mucho más profesional que cualquiera de los informales, que no sabían cómo serlo. Tenía grandes ambiciones; antes de que pasara mucho tiempo, empezó a decirle a todo el mundo que él iba a ser el próximo presidente de Rusia. Mientras tanto, en el ámbito municipal, parece que quería presidir todo el consejo sin estar obligado con los demócratas que le habían llamado al puesto. Con este fin, realizó algunas maniobras previas —y sumamente secretas— entre la facción minoritaria del Partido Comunista en el consejo, y los comunistas sorprendieron a todos votando a favor de él. Pocos minutos después, Sóbchak, a su vez, defraudó las expectativas al no proponer a Salye o a alguno de los otros demócratas destacados para vicepresidente. Su elegido fue Viacheslav Shcherbakov, contraalmirante y miembro del Partido Comunista. Los demócratas, desconcertados, cumplieron pese a todo su compromiso con Sóbchak y votaron a favor de la confirmación de Shcherbakov como vicepresidente del consejo.[40]

A continuación, Sóbchak se dirigió al consejo municipal para explicar cómo veía él su misión: estaba allí para ser el jefe, no el líder. En su opinión, el consejo municipal estaba empantanado en «el procedimiento democrático por el procedimiento democrático», como él decía, y quería ponerse a la labor de dirigir con diligencia la ciudad. Su voz adquiría mayor confianza a cada minuto. Sóbchak informó al consejo municipal de que las cosas iban a cambiar.

«Nos dimos cuenta de nuestro error nada más votar por él», recordaba tiempo después uno de los miembros del consejo.[41] Sóbchak se proponía destruir lo que la mayoría de los miembros del consejo veían como el mayor logro de los dos meses transcurridos desde que el consejo fue elegido: la invención de una manera no soviética de hacer las cosas. Los informales volvieron a casa escandalizados y abatidos.

Sóbchak fue al aeropuerto para asistir a un congreso de derecho en Estados Unidos.

«Su período en San Petersburgo era el más confuso —dijo Guevorkian acerca de la biografía de campaña que ella y sus colaboradores escribieron—. Nunca averigüé cómo entró en contacto con Sóbchak.»

Mientras, en Leningrado, parecía que los compañeros de Putin en el KGB buscaban maneras de no combatir la nueva realidad política sino de adaptarse a ella, y al principio pareció que esto era lo que Putin tendría que hacer también; en lugar de dejar indignado el KGB, quedarse en él de mala gana y buscar nuevos amigos, nuevos mentores y tal vez nuevas maneras de ejercer influencia desde la sombra.

Desde luego, el dicho «el que ha sido espía siempre lo será» era cierto; el KGB nunca les soltaba la correa a sus agentes. Pero ¿adónde fueron a parar todos aquellos espías que ya no servían? En realidad, el KGB tenía un nombre y una especie de estructura para sus excedentes, «la reserva activa». Eran los casi incontables y seguramente nunca contados agentes del KGB infiltrados en todas las instituciones civiles de la URSS.

Poco más de un año después, cuando un liberal designado por Gorbachov llamado Vadim Bakatin se puso al mando del KGB con el propósito de desmantelar la institución, descubrió que lo más desconcertante y difícil de manejar era la reserva activa. «Eran agentes del KGB que estaban empleados oficialmente en todas las organizaciones estatales y cívicas de alguna importancia —escribió—. Por lo general, gran parte del personal de la organización, si no todo, era consciente de que aquellas personas trabajaban para el KGB. Los agentes de la reserva activa realizaban funciones muy diversas: algunos de ellos se encargaban de los intersticios de los sistemas de seguridad, mientras que otros controlaban la actitud y las conversaciones en las instituciones y tomaban las medidas que considerasen apropiadas con respecto a los disidentes ... Desde luego, existen situaciones en las que una policía secreta necesita tener una persona introducida en una u otra organización, pero lo lógico es suponer que una operación de este tipo sea secreta. ¿Qué clase de servicio secreto tiene un personal que cualquiera puede identificar?»[42]

Bakatin respondía a su propia pregunta. «Al KGB, tal como funcionaba, no se lo podía considerar un servicio secreto. Era una organización creada para controlarlo y reprimirlo todo y a todos. Parecía creada expresamente para organizar conspiraciones y golpes, y poseía todo lo necesario para llevarlos a cabo: fuerzas armadas propias con entrenamiento especial, capacidad para intervenir y controlar las comunicaciones, agentes infiltrados en todas las organizaciones importantes, el monopolio de la información y muchas otras cosas.»[43] Era un monstruo que extendía sus tentáculos por toda la sociedad soviética. Vladímir Putin decidió ocupar un puesto en el extremo de uno de aquellos tentáculos.

Putin le dijo a su amigo el violonchelista que estaba pensando mudarse a Moscú para incorporarse a la vasta burocracia del KGB en la ciudad. Pero después decidió quedarse en Leningrado y, tal vez porque siempre se sentía atraído por lo familiar, recurrir a la única institución, aparte del KGB, con la que había estado relacionado: la Universidad Estatal de Leningrado. El nuevo trabajo de Putin se denominaba «vicerrector para las relaciones exteriores». Como todas las organizaciones de la URSS, la Universidad Estatal de Leningrado estaba empezando a darse cuenta de que existía la posibilidad de relacionarse con el extranjero. Sus profesores y estudiantes de posgrado estaban empezando a viajar a otros países para estudiar y participar en congresos. Todavía tenían que superar importantes impedimentos burocráticos, pero la opción de viajar al extranjero, que había estado reservada a unos pocos elegidos, era ahora accesible para muchos. Además, empezaban a llegar profesores y estudiantes extranjeros; también en este caso, una opción que antes solo estaba al alcance de estudiantes de los países del bloque socialista y de unos pocos posgraduados de Occidente, era ahora accesible para casi cualquiera. Como miles de organizaciones soviéticas, la Universidad Estatal de Leningrado vio como su financiación estatal se reducía drásticamente, y tenía la esperanza de que las relaciones exteriores, en cualquier forma que adoptaran, aportaran fondos, tan necesarios en ese momento. Era un trabajo perfecto para un miembro de la reserva activa; no solo se trataba de puestos que tradicionalmente se reservaban para personas designadas por el KGB, sino que, en general, todos creían que estas eran mejores que nadie a la hora de buscar y garantizar relaciones con extranjeros; al fin y al cabo, eran los únicos que tenían experiencia.

Putin ha declarado que pensaba empezar a redactar una tesis y tal vez quedarse en la universidad indefinidamente.[44] Pero en realidad, como tantas otras cosas en la Unión Soviética de entonces, este trabajo tenía un aire de transición. Se quedó en la Universidad Estatal de Leningrado menos de tres meses.

La historia de cómo Putin llegó a trabajar para Anatoli Sóbchak durante el mandato de este como presidente del Consejo Municipal de Leningrado es bien conocida, se cuenta con frecuencia y, casi con total seguridad, es falsa en muchos o todos sus detalles más publicitados.

Según la versión apócrifa, Sóbchak, el profesor de derecho y célebre político, iba andando por el vestíbulo de la universidad, vio a Putin y le propuso que trabajara para él en el Consejo Municipal. Según la versión del propio Putin, un ex compañero de clase de la facultad de derecho le concertó una entrevista en el despacho de Sóbchak. En la versión de Putin, este había asistido a clases de Sóbchak en la facultad en los años setenta, pero no había mantenido ninguna relación personal con él.

«Recuerdo bien la escena —les contó Putin a sus biógrafos—. Entré, me presenté y se lo conté todo. Él era una persona impulsiva, así que inmediatamente dijo: "Hablaré con el rector. Empiezas a trabajar el lunes. Ya está. Haré todas las gestiones y serás transferido".»[45] En el sistema soviético de asignación de trabajo, los administrativos eran en efecto transferidos como siervos, por acuerdo entre sus propietarios. «No pude evitar decir: "Anatoli Alexándrovich, sería un placer venir a trabajar para ti. Estoy interesado. Incluso quiero el empleo. Pero hay una cosa que probablemente será un obstáculo para este traslado". Él preguntó: "¿Cuál?", y yo dije: "Tengo que decirte que no soy solo un vicerrector. Soy funcionario del KGB". Él se quedó pensativo, pues no se lo esperaba. Pensó un poco y al final dijo: "Bueno, al carajo con eso".»

Este diálogo es sin duda ficticio, e incluso como ficción es mediocre. ¿Por qué asegura Putin que «se lo contó todo» si no le había hablado a Sóbchak de su pertenencia al KGB hasta después de que este le ofreciera el trabajo? ¿Por qué Putin hace que Sóbchak parezca un tonto ignorante —en la Universidad Estatal de Leningrado todos sabían que Putin era funcionario del KGB— y un ordinario? Probablemente, porque esta no era una mentira bien ensayada cuando se la contó a sus biógrafos, con los que probablemente pretendía eludir la delicada y demasiado obvia cuestión de cómo un agente del KGB empezó a trabajar para uno de los más destacados políticos favorables a la democracia.

El propio Sóbchak contó una mentira diferente. «Definitivamente, Putin no fue asignado por el KGB para trabajar conmigo —dijo en una entrevista periodística la misma semana en que Putin hablaba con sus biógrafos. Y esto explica la discrepancia—. Yo mismo encontré a Putin y le pedí que viniera a trabajar conmigo porque le conocía de antes. Lo recordaba muy bien como estudiante, por su trabajo en la facultad de derecho. ¿Por qué se convirtió en ayudante mío? Yo me encontré con él, por pura casualidad, en el pasillo de la universidad, le reconocí, le saludé y empecé a preguntarle qué había estado haciendo. Resultó que había estado mucho tiempo trabajando en Alemania y que ahora trabajaba como vicerrector. Había sido muy buen estudiante, aunque tiene una particularidad: no le gusta destacar. En este sentido, es una persona sin vanidad, sin ninguna ambición exterior, pero por dentro es un líder.»[46]

Con toda seguridad, Anatoli Sóbchak sabía que Putin era agente del KGB. Es más: fue precisamente por eso por lo que le buscó. Esta es la clase de político que era Sóbchak: tenía un pintoresco discurso prodemocrático, pero le gustaba contar con una sólida base conservadora desde la que actuar. También por eso eligió a un contraalmirante comunista como número dos del consejo municipal. Sóbchak no solo se sentía más seguro rodeado de hombres que procedieran de los distintos servicios armados; se sentía más a gusto con estos hombres que con los activistas prodemocracia como Salye y similares, tan cultos, tan excesivamente locuaces y tan obsesionados con la transición. Había dado clases en la academia de policía de Leningrado; había formado a hombres que eran exactamente como él percibía que era Putin: de confianza pero no brillante, no abiertamente ambicioso y siempre consciente de la cadena de mando. Además, necesitaba a Putin exactamente por la misma razón por la que le había necesitado la universidad: era una de las pocas personas de la ciudad que habían trabajado en el extranjero, y la ciudad necesitaba ayuda y dinero extranjero aún más que la universidad. Por último, Sóbchak —que había ido ascendiendo tanto en la universidad, donde era ya profesor titular, como en el Partido Comunista— sabía que era más prudente elegir uno mismo a tu controlador del KGB que tener uno que han elegido por ti.

No está claro, sin embargo, que Sóbchak acertara al creer que estaba eligiendo a su controlador. Un ex compañero de Putin en Alemania Oriental me contó que en febrero de 1990 Putin mantuvo una entrevista con el general de división Yuri Drozdov, jefe del directorio de inteligencia ilegal del KGB, cuando el general estuvo en Berlín.[47] «El único propósito posible de la reunión tuvo que ser asignarle a Putin su próximo trabajo —me dijo Serguéi Bezrúkov, que desertó a Alemania en 1991. ¿Por qué si no iba a reunirse el jefe del directorio con un agente que estaba a punto de volver a casa? Ese tipo de cosas simplemente no ocurría.» Bezrúkov y otros agentes se preguntaban cuál sería el siguiente trabajo de Putin y por qué era tan importante como para que interviniera el alto mando. Cuando Putin empezó a trabajar para Sóbchak, Bezrúkov creyó haber encontrado la respuesta. Su antiguo amigo había sido llamado para infiltrarlo en el círculo íntimo de uno de los principales políticos prodemocracia del país. El trabajo en la universidad había sido un trampolín.

Putin informó al KGB de Leningrado de que iba a cambiar de trabajo. «Les dije: "He recibido una oferta de Anatoli Alexándrovich [Sóbchak] para transferirme de la universidad y trabajar para él. Si esto es imposible, estoy dispuesto a dimitir". Y ellos respondieron: "No, ¿por qué ibas a dimitir? Acepta el nuevo trabajo, no hay problema".»[48] El diálogo parece otra ficción absurda, aun en el muy improbable caso de que no fuera dirigido hacia Sóbchak por el mismo KGB. Putin no tenía ningún motivo para suponer que la oportunidad de colocarlo junto al demócrata más destacado de la ciudad fuera acogida con algo que no fuera entusiasmo por el KGB.

Para entonces, los nuevos demócratas se habían convertido en el principal foco de interés para el KGB. El año anterior, Gorbachov había creado la Comisión de Supervisión Constitucional,[49] un organismo jurídico con la misión de mantener las prácticas de gobierno soviéticas en línea con la Constitución del país. En 1990, la comisión emprendió su lucha contra las operaciones clandestinas del KGB, prohibiendo todas las acciones basadas en órdenes internas secretas... y el KGB hizo caso omiso.[50] Por el contrario, mantuvo una vigilancia constante sobre Borís Yeltsin y otros destacados demócratas.[51] Intervino sus teléfonos, incluidos los de las habitaciones de hoteles que alquilaban. También pinchó los teléfonos de sus amigos, familiares, peluqueros y entrenadores deportivos. Por eso es sumamente improbable que Putin les dijera a sus biógrafos la verdad cuando aseguró que no informaba al KGB de su trabajo con Sóbchak,[52] cuando en esa época cobraba de la policía secreta un salario superior al que percibía del ayuntamiento.

Aunque parezca asombroso, cómo y cuándo cortó Putin su conexión con el KGB (si es que lo hizo) no solo no es una cuestión del dominio público, sino que ni siquiera es materia de fabulación coherente. Putin ha contado que, unos meses después de empezar a trabajar para Sóbchak, un miembro del consejo municipal empezó a chantajearle, amenazando con revelar su condición de agente del KGB. Putin comprendió que tenía que dejarlo. «Fue una decisión muy difícil. Llevaba casi un año sin trabajar de facto para el servicio de seguridad, pero toda mi vida seguía aún girando en torno a él. Estábamos en 1990; la URSS todavía no se había descompuesto, el golpe de agosto aún no había ocurrido, y no estaba nada claro qué rumbo tomaría el país. Sóbchak era sin duda una persona excepcional y un político prominente, pero parecía arriesgado ligar mi futuro al suyo. Todo se habría podido volver del revés en un minuto. Y yo no podía imaginar qué haría si perdía mi empleo en el ayuntamiento. Pensaba que podría volver a la universidad, escribir una tesis y hacer trabajos ocasionales. En el KGB tenía una posición estable y me trataban bien. Estaba a gusto en ese sistema y, sin embargo, decidí marcharme. ¿Por qué? ¿Para qué? La verdad es que estaba sufriendo. Tenía que tomar la decisión más difícil de mi vida. Lo estuve pensando mucho tiempo, intentando aclarar mis pensamientos, y después hice acopio de fuerzas, me senté y escribí la carta de dimisión al primer intento, sin redactar un borrador.»[53]

Este monólogo, pronunciado diez años después, es un documento verdaderamente notable. Si es cierto que Putin abandonó la organización más temida y aterradora de la Unión Soviética, nunca explicó esta decisión —ni siquiera retrospectivamente— basándose en motivos ideológicos, políticos o morales. Diez años después, cuando se disponía a dirigir una nueva Rusia, reconoció sin problemas que había estado dispuesto a servir a cualquier amo. Lo que más le hubiera gustado habría sido jugar a dos barajas y cubrir todas las apuestas.

Y eso fue lo que hizo. El KGB perdió su carta de renuncia, y nunca se sabrá si fue una astuta maniobra o una consecuencia del hecho de ser una organización crónicamente incapaz de gestionar su propio papeleo. Fuera como fuese, Vladímir Putin todavía era agente del KGB en agosto de 1991, cuando el organismo dio por fin el golpe de Estado para el que parecía haber sido diseñado.

5

Un golpe y una cruzada

Tardé dos años en conseguir que Marina Salye accediera a hablar conmigo, y después tuve que conducir doce horas por caminos difíciles, incluida media hora por caminos casi imposibles —mis instrucciones eran «conducir hasta donde pudiera y hacer el resto del camino a pie»— para llegar a su casa. Al final de la carretera tenía que buscar la bandera tricolor rusa ondeando en lo alto de una casa de madera. Habría sido difícil que pasara inadvertida; los rusos no tienen por costumbre hacer ondear la bandera sobre sus hogares.

Salye vivía ahora en una aldea, si se puede llamar así a 26 casas y solo seis personas. Como tantas aldeas rusas, esta, a cientos de kilómetros de la gran ciudad más cercana y a más de treinta kilómetros de la tienda de alimentación más próxima, era un nido vacío, olvidado, sin futuro. Salye, que ya tenía setenta y cinco años, vivía allí con la mujer a la que llamaba su hermana, porque allí nadie podía encontrarlas.

La otra mujer, que tenía algunos años menos y al parecer mejor salud, sacó las cajas de documentos que Salye se había llevado consigo cuando desapareció de la vista. Allí estaban los resultados de meses de incesante búsqueda que había emprendido… después de destapar la historia de la carne perdida.

En 1990, el mundo se estaba yendo al infierno. Por lo menos, la Unión Soviética. El 13 de enero de 1990 estallaron disturbios raciales en las calles de la capital de Azerbaiyán, Bakú, que históricamente era la más diversa de todas las ciudades del imperio ruso.[1] Murieron 48 personas de etnia armenia, y casi 30.000 —el resto de la población armenia de Bakú— huyeron de la ciudad. El campeón mundial de ajedrez Garri Kaspárov, armenio de Bakú, contrató un avión para evacuar a su familia, sus amigos y los amigos de sus amigos. El 19 de enero, las tropas soviéticas irrumpieron en Bakú, con la intención declarada de restablecer el orden, y dejaron más de cien civiles muertos, la mayoría de etnia azerí.

El imperio soviético se estaba deshaciendo. El centro era incapaz de mantenerlo unido; su ejército era brutal e ineficaz.

También la economía soviética estaba al borde del colapso. La escasez de alimentos y productos cotidianos había alcanzado proporciones catastróficas. Aunque Moscú todavía era capaz, aunque a duras penas, de movilizar los recursos del enorme país para llevar artículos básicos al menos a algunos estantes de sus tiendas, Leningrado, la segunda ciudad más grande de la Unión Soviética, reflejaba la magnitud del desastre. En junio de 1989, las autoridades de Leningrado habían empezado a racionar el té y el jabón. En octubre de 1990, el azúcar, el vodka y los cigarrillos se incorporaron a la lista de productos racionados. En noviembre de 1990, el ayuntamiento democrático de la ciudad se sintió obligado a tomar la muy impopular medida de introducir cartillas de racionamiento, que recordaban inevitablemente a las utilizadas durante el sitio de la ciudad en la Segunda Guerra Mundial.[2] Ahora todos los habitantes de Leningrado tenían derecho a adquirir 1,3 kilos de carne al mes, 900 gramos de carnes procesadas, diez huevos, 450 gramos de mantequilla, un cuarto de litro de aceite vegetal, 450 gramos de harina y 900 gramos de grano o pasta seca. Al introducir las cartillas de racionamiento, los concejales de la ciudad no solo esperaban evitar el hambre —la palabra, en toda su obscenidad, ya no se percibía como algo perteneciente a la historia o a países remotos—, sino también evitar los desórdenes públicos.

Aquel año, la ciudad se acercó peligrosamente a la violencia de masas en dos ocasiones: durante los disturbios del tabaco, en agosto, y durante la crisis del azúcar, pocas semanas después.[3] Los cigarrillos habían escaseado durante algún tiempo, pero las grandes tiendas del centro de Leningrado solían tener por lo menos una marca a la venta. Pero un día, a finales de agosto de 1990, ni siquiera las tiendas de la Perspectiva Nevski tenían tabaco. Una multitud se congregó por la mañana delante de una de las tiendas, esperando un envío que no llegó nunca. La tienda cerró a la hora de comer y volvió a abrir una hora después, con los estantes aún vacíos. A las tres de la tarde, una masa de varios miles de fumadores indignados había cortado el tráfico de la avenida y estaba a punto de empezar a romper escaparates. La jefatura de policía llamó al ayuntamiento presa del pánico; si estallaba la violencia, iban a ser incapaces de evitar que hubiera heridos o daños materiales. Varios concejales, encabezados por Sóbchak, acudieron a toda prisa a la Perspectiva Nevski para intentar calmar a la multitud.

Los políticos llegaron justo a tiempo. Los manifestantes ya habían arrancado un enorme macetero de la acera y sacado un largo tramo de valla de un patio vecino, y estaban construyendo barricadas en la principal avenida de la ciudad. El tráfico estaba cortado. Las fuerzas especiales de la policía, formadas solo un par de años antes y conocidas ya por su brutalidad al disolver manifestaciones —a sus porras se las llamaba «los democratizadores»—, habían llegado al lugar y se estaban preparando para lanzarse contra los fumadores descontentos y sus barricadas. A diferencia de las policías normales, estos antidisturbios no parecían tener dudas; estaban seguros de que iba a haber sangre. Sóbchak y otros concejales muy conocidos intentaron razonar con diferentes grupos de la multitud, eligiendo a personas que parecían reconocerlos y entablando conversación con ellas. El antiguo disidente y preso político Yuli Rybákov, que también era miembro del consejo municipal, se acercó a las fuerzas especiales para asegurar a sus mandos que, de un momento a otro, iba a llegar un camión con un cargamento de cigarrillos y que la protesta se resolvería pacíficamente.[4]

Otro equipo del consejo municipal, dirigido por Salye, estaba peinando los almacenes de la ciudad en busca de una reserva de cigarrillos. Encontraron una y se la hicieron llegar a los manifestantes de la Perspectiva Nevski ya después del anochecer. Los fumadores encendieron sus cigarrillos y se dispersaron, dejando que los miembros del consejo municipal desmontaran sus improvisadas barricadas y consideraran la posibilidad de futuros disturbios, que no se resolverían con tanta facilidad relativa porque parecía que con el paso del tiempo la ciudad iba a carecer de todo.

Pocas semanas después, en plena temporada de elaboración de compotas al final del verano, el azúcar desapareció de los estantes de las tiendas.[5] Temiendo una repetición de los disturbios del tabaco, un grupo de concejales empezaron a investigar. Descubrieron lo que les pareció una conspiración del Partido Comunista para desacreditar al nuevo régimen democrático de la ciudad. Al parecer, los funcionarios del Partido Comunista habían tirado de antiguos hilos para impedir la descarga de los trenes de mercancías que habían transportado azúcar a Leningrado. Marina Salye convocó una reunión de urgencia de algunos miembros del consejo municipal y los envió personalmente a controlar la llegada, descarga y distribución de azúcar a las tiendas, evitando disturbios.

A esas alturas, Marina Salye, la geóloga, había sido elegida para presidir la comisión municipal de suministro de alimentos. Por alguna razón, parecía que una mujer que nunca había tenido nada que ver con los alimentos o su distribución, que nunca había sido una verdadera organizadora profesional ni la jefa de nadie, pero que parecía intrínsecamente honrada e incorruptible, haría el mejor trabajo posible para impedir una hambruna en Leningrado. Es lógico que a la figura política en quien más confiaba la ciudad se le encomendara el trabajo más difícil e importante.

En mayo de 1991, Salye, en su condición de presidenta de la comisión del ayuntamiento de Leningrado para el suministro de alimentos, viajó a Berlín para firmar contratos de importación de varios cargamentos de carne y patatas a Leningrado. Las negociaciones estaban prácticamente concluidas; en realidad, Salye y un colega de confianza de la administración de la ciudad estaban allí solo para firmar los papeles.

«Llegamos allí —me contó Salye años después, todavía indignada— y una tal señora Rudolf, con la que se suponía que teníamos que reunirnos, nos dice que no puede recibirnos porque está ocupada en negociaciones urgentes con la ciudad de Leningrado sobre la cuestión de la importación de carne. Se nos desorbitaron los ojos.

¡Porque nosotros éramos la ciudad de Leningrado y estábamos allí para la cuestión de la importación de carne!»

Salye y su acompañante corrieron a llamar a la comisión de suministro de alimentos de la administración de la ciudad de Leningrado, un equivalente de su propia comisión. La única explicación que se les ocurría era que la rama ejecutiva, inexplicablemente, se hubiera entrometido en el contrato. Pero el presidente de la comisión no sabía nada de las negociaciones. «De modo que llamé a Sóbchak —recordaba Salye— y le dije: "Anatoli Alexándrovich, acabo de descubrir (y para entonces ya me habían dado cifras) que Leningrado está comprando sesenta toneladas de carne". Sóbchak llamó al Banco Económico Exterior mientras yo quedé a la espera —podía oírle hablar—, y él citó la empresa y el banco confirmó que, efectivamente, se había abierto una línea de crédito de noventa millones de marcos alemanes para esa empresa. Y no me comentó nada más. Me dijo: "No tengo ni idea de lo que está pasando".»[6]

Salye volvió a casa con las manos vacías, aunque medio esperanzada en que se materializaran de algún modo las sesenta toneladas de carne supuestamente compradas por la ciudad. Pero no fue así, por lo que apenas tuvo tiempo para investigar la misteriosa historia de la carne, que seguía atormentándola. Y es que, tres meses más tarde, la historia quedó eclipsada por otro acontecimiento, mucho más aterrador y no menos desconcertante, que, en opinión de Salye, estaba íntimamente conectado con su frustrada aventura en Alemania.

Curiosamente, el acontecimiento más importante de la historia moderna de Rusia, el momento más trascendental del país, no ha tenido ninguna explicación coherente. No existe un consenso nacional acerca de la naturaleza de los acontecimientos que definieron el país; y esta misma falta de consenso es, posiblemente, el mayor fracaso nacional de la Rusia moderna como nación.

En agosto de 1991, un grupo de ministros federales soviéticos, encabezado por el vicepresidente de Gorbachov, intentó deponer a este último de su cargo, con el propósito manifiesto de salvar a la URSS de la destrucción. El golpe fracasó, la URSS se desintegró y

Gorbachov perdió el poder de todos modos. Veinte años después no existe una historia de los acontecimientos que sea creída por todos, o al menos por muchos. ¿Qué motivó a los ministros? ¿Por qué su golpe de Estado fracasó tan rápida y miserablemente? ¿Quién ganó al final, exactamente?

Los rumores sobre un contraataque de la línea dura habían estado circulando desde principios del año. Algunos hasta aseguraban que conocían de antemano la fecha del golpe que se planeaba;[7] yo conozco al menos a un empresario, uno de los primeros ricos rusos, que abandonó el país porque le habían avisado del golpe antes. Tampoco era necesario tener un contacto dentro del KGB o una imaginación hiperactiva para esperar el golpe; en el ambiente flotaba una sensación de miedo y de inestabilidad fatal. Estaban estallando conflictos étnicos armados en todo el país. Las repúblicas bálticas —Estonia, Letonia y Lituania— decidieron cortar sus lazos con la Unión Soviética, y Borís Yeltsin, presidente del Sóviet Supremo ruso, las apoyó. Gorbachov envió tanques a Vilna, la capital de Lituania, para reprimir el levantamiento. Esto ocurrió en enero. En marzo se desplegaron tanques en las calles de Moscú cuando Gorbachov, ya fuera por desesperación al pensar que el país estaba fuera de control o cediendo a la presión de los duros de su propia administración, o ambas cosas, intentó prohibir todas las manifestaciones públicas en Moscú. Fue entonces cuando vi por primera vez a Galina Starovoitova a la cabeza de cientos de miles de moscovitas que se enfrentaban a las órdenes y a los tanques. También en marzo, Gorbachov organizó un referéndum para decidir si mantener o no la Unión Soviética como entidad; la población de nueve de las quince repúblicas constituyentes votó a favor, pero seis repúblicas boicotearon la votación. A finales de mes, Georgia celebró su propio referéndum y votó por escindirse de la URSS.

Las repúblicas dejaron de pagar cuotas al centro federal, agravando una crisis presupuestaria que ya era enorme. La escasez de alimentos y artículos básicos empeoró a pesar de que parecía que no podía estar peor. En abril, el gobierno intentó con mucho cuidado relajar los controles de precios; los precios subieron, pero los suministros no aumentaron. En junio, Ucrania se declaró independiente de la URSS, y lo mismo hizo Chechenia, que en realidad formaba parte de la República Rusa de la URSS. Rusia celebró elecciones presidenciales en junio, eligiendo a Yeltsin. En Moscú y Leningrado se creó el cargo de alcalde, que no existía en la época soviética, y en junio Sóbchak fue elegido alcalde de Leningrado. Era un cargo más apropiado para él que el de presidente del consejo municipal; al fin y al cabo, siempre había dado él las órdenes. Putin se convirtió en vicealcalde de relaciones internacionales.

Tras más de dos años de constantes cambios políticos y tumultuosos debates cívicos, los ciudadanos soviéticos se habían vuelto dependientes de sus televisores. El 19 de agosto de 1991, los que se levantaron temprano los encontraron prácticamente en silencio. O casi: solo se emitía el ballet *El lago de los cisnes* una y otra vez. A partir de las seis de la mañana, la radio estatal empezó a transmitir una serie de decretos y alocuciones políticas. Una hora después, se empezaron a leer los mismos documentos en la televisión.

«¡Compatriotas! ¡Ciudadanos de la Unión Soviética! —empezaba el más elocuente de los documentos, todos los cuales se emitían repetidamente—. Nos dirigimos a vosotros en una coyuntura crítica para nuestra patria y para todo nuestro pueblo. Nuestra gran madre patria está en grave peligro. La política de reformas emprendida por M. S. Gorbachov, que pretendía garantizar el desarrollo dinámico del país y la democratización de nuestra sociedad, nos ha conducido a un callejón sin salida. Lo que empezó con entusiasmo y esperanza ha terminado con pérdida de la fe, apatía y desesperación. El gobierno, a todos los niveles, ha perdido la confianza de la ciudadanía. La actividad política ha dominado sobre la vida pública, dejando de lado el auténtico interés por la suerte de la patria y de los ciudadanos. Se han burlado cruelmente de las instituciones del Estado. El país, en definitiva, se ha vuelto ingobernable.»

La junta, que incluía al jefe del KGB, el primer ministro, el ministro del Interior, el vicepresidente del Consejo de Seguridad, el ministro de Defensa, el vicepresidente, el presidente del Sóviet Supremo y los dirigentes de los sindicatos comerciales y agrícolas, se dedicaba a continuación a hacerle promesas al pueblo:[8]

«Se restablecerán plenamente el orgullo y el honor de los soviéticos.

»El crecimiento del país no se basará en un descenso del nivel de vida de su población. En una sociedad sana, el aumento constante de la riqueza será la norma.

»Nuestra tarea primordial será encontrar soluciones a los problemas de escasez de alimentos y viviendas. Se movilizarán todas las fuerzas para satisfacer estas necesidades, las más importantes para el pueblo».

Con esta finalidad, proclamaba un documento diferente, «teniendo en cuenta las necesidades de la población, que ha exigido que se tomen medidas decisivas para evitar que la sociedad se deslice hacia una catástrofe nacional, se declarará el estado de emergencia en varios lugares de la URSS por un período de seis meses, que comenzará a las cuatro de la mañana, hora de Moscú, del 19 de agosto de 1991».[9] Así pues, la junta adoptó el nombre de Comisión Estatal para el Estado de Emergencia en la URSS (GKChP SSSR). Se le dijo una y otra vez a la gente que Gorbachov estaba enfermo y que era incapaz de ejercer su cargo. En realidad, estaba bajo arresto domiciliario en una casa de veraneo de Foros, en el mar Negro.

La segunda mitad de agosto es una época sin apenas actividad en las ciudades rusas. Los consejos municipales no celebraban sesiones, pues muchos políticos, activistas y otros ciudadanos estaban fuera de la ciudad. Cuando la gente que quedaba en ellas oyó las noticias, empezó a congregarse en los centros de trabajo, con la esperanza de recibir instrucciones o algo de información, o simplemente para experimentar la angustia y el miedo en compañía de otros seres humanos.

Los tres primeros miembros del consejo municipal de Leningrado llegaron al palacio Mariinski poco después de las siete de la mañana. Decidieron convocar una sesión del consejo, de modo que empezaron a realizar llamadas telefónicas. A las diez, todavía no tenían quórum. Pero a esa hora, los presentes vieron al general Víktor Samsónov, jefe del Distrito Militar de Leningrado, salir en televisión, identificarse como representante regional del GKChP y declarar el estado de emergencia en la ciudad. Al no tener quórum, Ígor Artémiev, vicepresidente del consejo municipal, decidió convocar al menos una reunión de trabajo.[10] El barbudo y discreto Artémiev, un doctor en biología de treinta años sin experiencia en dirigir reuniones, no estaba nada preparado para lo que ocurrió a continuación. Cedió la palabra a la primera persona que la solicitó; resultó ser un representante designado por el GKChP, el contraalmirante Víktor Jramtsov. Apenas había empezado a hablar cuando Vitali Skoybeda, un miembro del consejo de treinta años conocido por su propensión a enzarzarse en peleas, irrumpió en la sala gritando que Jramtsov debía ser detenido… y emprendiéndola a puñetazos con él.

El presidente del consejo, Alexánder Belyáev, que había estado fuera de la ciudad, llegó en ese momento clave. Exigiendo orden en la sala, se acercó rápidamente al contraalmirante, que aún estaba tendido en el espectacular suelo de parquet del salón, y le preguntó si existía un documento que impusiera el estado de emergencia en la ciudad. No había ninguno. En ese caso, decidió Belyáev, no había estado de emergencia.[11] Marina Salye dijo que lo del GKChP era «un golpe militar»,[12] una definición no del todo obvia que les pareció muy exacta a los presentes. Los concejales empezaron a discutir un plan de resistencia; formaron una comisión de coordinación y redactaron una declaración de oposición al golpe. Ahora la cuestión era cómo transmitir el mensaje a la población de Leningrado.

También el alcalde Sóbchak estaba fuera de la ciudad, y nadie sabía cómo contactar con él. Llamó al consejo municipal a última hora de la mañana o primera de la tarde, cuando los concejales habían concluido su discusión. «Le dijimos que teníamos pensado ir a la emisora de televisión para informar cuanto antes a la ciudad de que aquello era un golpe militar —me contó Salye años después—. Él dijo: "No lo hagáis, eso solo sembraría el pánico. Esperad a que yo llegue".»[13] A pesar de todo, varios concejales de la ciudad, entre ellos Salye, intentaron llegar a la emisora de televisión, pero no se les permitió entrar. Se dispusieron a esperar a Sóbchak.

Sóbchak había pasado la mañana en la dacha de Borís Yeltsin a las afueras de Moscú. El presidente ruso había convocado a todos los líderes demócratas que había en la capital. Era un grupo de hombres asustados y confusos. Según toda lógica, Yeltsin tendría que habåer sido detenido; nadie podía explicarse por qué no había sido así. De hecho, por la noche se había firmado una orden de detención contra él y deberían haberle arrestado cuando voló a Moscú aquella mañana. Pero por alguna razón que nadie pudo explicar, ni entonces ni más adelante, la detención no había tenido lugar.[14] Se ordenó entonces a agentes del KGB que rodearan la dacha de Yeltsin. Lo vieron entrar en la casa y después salir de ella, pero nunca recibieron una orden definitiva de arrestarlo. Tal como se supo después, dos subjefes de la unidad a cargo de la operación se habían opuesto, y al final habían bloqueado la orden. Los agentes del KGB se quedaron sentados, armados y ociosos, fuera de la casa, mientras Yeltsin se dirigía a toda velocidad hacia la sede del gobierno ruso en el centro de Moscú.

Otros de los presentes, entre ellos Sóbchak, se dirigieron al aeropuerto para volar a sus respectivas ciudades y coordinar la resistencia en ellas. Pero, antes de abandonar Moscú, Sóbchak llamó a Leningrado y ordenó a las fuerzas especiales de la policía que bloquearan todas las entradas y salidas de la emisora de televisión de Leningrado.[15] No está claro si lo hizo antes o después de la llamada al consejo municipal. Lo que sí lo está es que fue por esto por lo que Salye y los otros no pudieron entrar.

Esperaron. Sóbchak tendría que haber aterrizado hacía mucho rato. Y así había sido. Pero, antes de acudir al consejo municipal —como todo Leningrado parecía esperar que hiciera; delante del Mariinski se había congregado una multitud que aumentaba a cada hora que pasaba—, Sóbchak fue al cuartel general del ejército en el distrito de Leningrado para hablar con el general Samsónov. «¿Por qué lo hice? —escribió tiempo después en unas memorias—. Todavía no puedo explicar mis actos. Tuvo que ser una intuición, porque cuando llegué al cuartel general del distrito, en la plaza del Palacio, estaba teniendo lugar una reunión de trabajo del GKChP en el despacho de Samsónov … Nuestra conversación terminó con Samsónov dándome su palabra de que, a menos que ocurriera algo extremo o extraordinario, no habría tropas en la ciudad, y conmigo prometiendo mantener la seguridad en ella.»[16]

En realidad, lo que hizo Sóbchak fue adoptar una línea de actuación claramente diferente de la de sus colegas de Moscú y otras muchas ciudades; una vez más, decidió jugar a dos barajas creando una situación en la que él estaría a salvo si los golpistas ganaban, pero mantendría sus credenciales democráticas si perdían.

También el consejo municipal de Moscú se reunió a las diez de la mañana, y también aprobó oponerse al golpe.[17] A diferencia de sus colegas de Leningrado, los concejales de Moscú contaban con el apoyo inequívoco del alcalde de la ciudad, Gavril Pópov, que, entre otras cosas, ordenó a los servicios municipales cortar el agua, la electricidad y las líneas telefónicas de todos los edificios desde, donde operaban los partidarios del GKChP,[18] y a los bancos de la ciudad que dejaran de proporcionar fondos al GKChP y organizaciones afines. El consejo municipal y la oficina del alcalde unieron fuerzas para coordinar los actos de resistencia. Aunque durante todo el 19 de agosto entraron tropas en la ciudad desde diferentes direcciones, también se congregaron voluntarios alrededor de la «Casa Blanca» de Moscú, el alto edificio que servía de sede al gobierno ruso. Cuando los representantes del GKChP llamaron al vicealcalde de Moscú, Yuri Lúzhkov,[19] para intentar negociar, Lúzhkov, que siempre había sido más burócrata que demócrata, los insultó y colgó el teléfono.

Sóbchak, mientras tanto, concluyó sus negociaciones con el general Samsónov y se dirigió por fin al palacio Mariinski,[20] donde Putin había apostado una nutrida guardia que supervisaba personalmente. A mediodía, decenas de miles de personas se habían congregado ante el palacio Mariinski en espera de noticias, o de una oportunidad para actuar. Por fin, Sóbchak apareció en la ventana de su despacho y leyó un comunicado; no suyo, sino del presidente ruso Borís Yeltsin y de otros miembros de su gobierno. «Exhortamos al pueblo de Rusia a responder como es debido a los golpistas y exigir que se permita que el país vuelva a su curso normal de desarrollo constitucional.»[21] Después de las nueve de la noche, en compañía de su vicealcalde, el contraalmirante, Sóbchak se dirigió por fin a la emisora de televisión de Leningrado, donde leyó su propio comunicado, inspirado y elocuente como siempre. El discurso fue especialmente importante porque la televisión de Leningrado transmitía a muchas otras ciudades del país, y aunque parece que el GKChP intentó cortar la transmisión en cuanto Sóbchak empezó a hablar, Leningrado persistió. Sóbchak pidió a los habitantes de la ciudad que asistieran a una manifestación al día siguiente. Sonaba desafiante, pero no lo era; antes había discutido el plan con el general Samsónov, prometiendo mantener a los manifestantes dentro de un espacio claramente circunscrito. Cuando terminó de hablar, Sóbchak —y Putin con él— fue a esconderse; pasaría los dos días siguientes en un búnker debajo de la mayor planta industrial de Leningrado, saliendo solo una vez para comparecer en una rueda de prensa. Estaba aterrorizado.[22]

En el segundo día del golpe ocurrió lo más extraño de todo. Marina Salye estaba a cargo de los teléfonos en el improvisado cuartel general de la resistencia del consejo municipal, cuando el vicepresidente de Yeltsin, el general Alexánder Rutskoi, llamó y empezó a chillar por el teléfono: «¿Qué demonios ha hecho? ¿Ha leído un decreto? ¿Qué demonios ha leído?».[23] Salye tardó unos minutos en descifrar de qué estaba hablando Rutskoi, y necesitó mucho más tiempo para comprender lo que quería decir. Rutskoi había promulgado un decreto deponiendo al general Samsónov de su cargo de jefe del distrito militar de Leningrado y sustituyéndolo por el contraalmirante Shcherbakov, el vicealcalde de Sóbchak. Sustituir a un halcón leal al GKChP por alguien leal al alcalde demócrata parecía una medida lógica, que Sóbchak debería haber agradecido. Pero el caso es que echaba por tierra el cuidadosamente construido doble juego de Sóbchak y prácticamente le obligaría a ponerse de parte de Yeltsin, no solo en sus alocuciones, como ya había hecho, sino también en sus acciones. Así pues, Sóbchak, el abogado, tergiversó el lenguaje del decreto de Rutskoi, que leyó en su rueda de prensa, dejando el documento sin validez.

Hubo un fuego cruzado de decretos, declaraciones, comunicados y órdenes desde ambos lados de las barricadas. Fue una guerra de nervios más que una batalla jurídica, pues cada organización y cada persona obedecían solo los decretos publicados por la autoridad que reconocían. Por eso Yeltsin no pudo llamar simplemente a Samsónov y ordenarle que vaciara su despacho; Samsónov obedecía al GKChP, no a Yeltsin. Y por eso el gobierno democrático de Moscú había esperado que Sóbchak, al leer el decreto en voz alta, con toda su elocuencia y toda su autoridad, infundiría al documento un poder suficiente para que las tropas acuarteladas en Leningrado creyeran que el contraalmirante Shcherbakov era su nuevo comandante. Sin embargo, cuando Sóbchak leyó el decreto, cambió el nombre del cargo asignado a Shcherbakov por algo parecido a «alto mando militar», un título que nadie reconoció, un cargo ficticio perteneciente a algún mundo paralelo, que no dejaba lugar a dudas acerca de la autoridad del general Samsónov. De este modo, Sóbchak se las arreglaba para mantener su propia situación indefinida y estable.

Y entonces, el golpe se truncó. Tras un punto muerto de dos días en el centro de Moscú, la mayor parte de las tropas no consiguieron llegar a la Casa Blanca, y los pocos carros blindados de transporte de tropas que lo hicieron fueron detenidos por un puñado de voluntarios desarmados y las barricadas que habían construido con piedras del pavimento y trolebuses volcados. Murieron tres personas.

Gorbachov regresó a Moscú, y comenzó el increíblemente rápido proceso de desmantelar la Unión Soviética. Los gobiernos ruso y soviético emprendieron al mismo tiempo la tarea de desarticular la institución más poderosa de la Unión Soviética, el KGB, aunque este proceso iba a resultar mucho más complicado y mucho menos eficiente.

El 22 de agosto, el Sóviet Supremo ruso aprobó una resolución que establecía la bandera blanca, azul y roja como la oficial de Rusia, sustituyendo a la enseña roja con la hoz y el martillo de la era soviética. Un grupo de miembros del consejo municipal, encabezado por Vitali Skoybeda —el que había aporreado al golpista Jramtsov tres días antes—, se encargaron de cambiar la bandera en Leningrado. «La bandera estaba en una esquina de la Perspectiva Nevski, sobre la sede del Partido[24] —recordaba años después en una entrevista Yelena Zelinskaya, la editora de *samizdats*—. Era el lugar más visible de la ciudad. Empezaron a arriarla un grupo de personas que incluía periodistas y miembros del consejo municipal. Por alguna razón, apareció una orquesta, la banda de música de la academia militar. Y había un equipo de televisión filmando. Arriaron la bandera roja con cuidado y, mientras la orquesta tocaba, izaron la tricolor. El hombre que había arriado la bandera estaba de pie allí mismo, junto a nosotros, en la Perspectiva Nevski. Allí estábamos, un grupo de personas de pie en la calle, con una orquesta tocando y aquel hombre con una bandera roja en las manos, y de pronto nos quedamos sin saber qué hacer. Teníamos una bandera que durante ochenta años había sido el símbolo del Estado; todos la habíamos odiado, pero también la habíamos temido. Y entonces uno de nuestro grupo dijo: "Ya sé qué hacer; se la vamos a devolver". La sede del Partido en el distrito estaba al otro lado de la calle. Y él cogió la bandera y cruzó corriendo la avenida, sin mirar ni a la derecha ni a la izquierda. Los coches se detuvieron. La orquesta estaba tocando una marcha y él cruzó corriendo la anchísima avenida, y justo cuando la orquesta estaba tocando la última nota, tiró la bandera con todas sus fuerzas contra la puerta de la sede del Partido. Hubo una pausa. Entonces la puerta se abrió despacio, solo una rendija; salió una mano que agarró rápidamente la bandera y la metió dentro. La puerta se cerró. Fue el momento culminante de mi vida. Vi la bandera rusa izada en la Perspectiva Nevski.»

Cinco días después de que comenzara el golpe, se celebró en Moscú el funeral por los tres jóvenes que murieron intentando detener a las tropas. Tres políticos de Leningrado, entre ellos Salye, volaron para asistir a la ceremonia. Se unieron a Nikolái Gonchar, presidente del consejo municipal de Moscú y destacado demócrata, en la cabecera. «La procesión echaba a andar y se detenía constantemente —me contó Salye tiempo después—. Y cada vez que nos parábamos, Gonchar se volvía hacia mí y decía: "Marina Yevguenívevna, ¿qué ha pasado?". Lo dijo unas diez veces.» Al final del día, Gonchar había convencido a Salye de que el golpe no era lo que había parecido.[25]

Entonces, ¿qué era? ¿Por qué el golpe, que tardó tantos meses en prepararse, se vino abajo tan fácilmente? De hecho, ¿por qué no llegó a cobrar vuelo? ¿Por qué a los políticos demócratas, con excepción de Gorbachov, se les permitió moverse libremente por el país y mantener contactos telefónicos? ¿Por qué no se detuvo a ninguno de ellos? ¿Por qué, en los tres días en que tuvieron aparentemente el poder en la Unión Soviética, los golpistas no tomaron los principales centros de comunicación y transporte? ¿Y por qué se retiraron sin luchar? ¿O es que estaba ocurriendo algo más complejo y siniestro? ¿Existía, como al final llegó a creer Salye, un acuerdo cuidadosamente organizado que permitió a Yeltsin desplazar a Gorbachov y llevar a cabo el desmantelamiento pacífico de la Unión Soviética, pero que también lo dejó en deuda para siempre con el KGB?

Yo creo que ninguna de las dos cosas... y las dos a la vez. Incluso durante el golpe, a ambos lados de las barricadas, diferentes personas se estaban contando historias diferentes sobre el golpe. Cuando terminó, los supuestos vencedores —las personas que lucharon por la democracia en Rusia— no pudieron elaborar ni presentar una historia que se hubiera convertido en la verdad aceptada sobre la nueva Rusia. Y así, se dejó cada uno con su propia historia. Al final, para algunos, aquellos tres días de agosto de 1991 quedaron como una historia de heroísmo y victoria de la democracia. Para otros, siguieron siendo —o se convirtieron en— la historia de una conspiración cínica. Cuál de las dos historias es cierta depende de si uno pertenecía a la gente que tenía poder en Rusia. Así que la pregunta es: ¿cuál es la historia que Vladímir Putin se cuenta a sí mismo sobre el golpe?

Durante aquellos tres días de agosto, Putin estuvo aún menos visible que de costumbre. Permaneció en todo momento al lado de Sóbchak, y fue el otro ayudante del alcalde, Shcherbakov, el que desempeñó el papel visible, el que ejerció de portavoz e interlocutor, el que se quedó en el despacho del alcalde noche y día, día y noche, mientras Sóbchak, en compañía de Putin, se escondía en el búnker. Sabemos que Sóbchak jugaba a ambos lados de las barricadas; de hecho, puede que las barricadas dividieran en dos su círculo interno. Al principio de la crisis, Shcherbakov descubrió que alguien le había colocado un diminuto localizador en la solapa. La mañana del 21 de agosto, recordaba Shcherbakov, «había juntado cinco sillas en mi despacho y me había echado a dormir sobre ellas. Me desperté porque sentí que alguien me miraba. Anatoli Alexándrovich [Sóbchak] había regresado. "Sigue durmiendo, Vyacheslav Nikolayévich —me dijo—. Todo va bien. Te felicito."[26] Me llevé inmediatamente la mano a la solapa en busca del localizador... y ya no estaba allí. O sea que alguien de mi entorno inmediato me lo había colocado y después me lo había quitado para que no fuera encontrado. Alguien que trabajaba para el otro bando».

Nueve años después, Putin respondió a las preguntas de sus biógrafos acerca del golpe. «Era peligroso salir del edificio del ayuntamiento en aquellos días —recordaba—, pero hicimos muchas cosas, estuvimos activos. Fuimos a la planta industrial de Kírov, hablamos con los trabajadores y fuimos a otras fábricas, aunque no nos sentíamos particularmente seguros al hacerlo.» Casi todo esto es mentira: muchos testigos independientes han descrito a Sóbchak, y a Putin con él, yendo a esconderse en el búnker de la planta industrial de Kírov, donde es posible que Sóbchak pronunciara un discurso antes de meterse bajo tierra. No hay ningún indicio de que fueran a otras fábricas, ni de que hicieran nada durante los dos últimos días de la crisis, aparte de salir para aquella única rueda de prensa.

«¿Y si los golpistas hubieran ganado? —preguntaron los biógrafos—. Usted era un agente del KGB. Sin duda, los habrían procesado a usted y a Sóbchak.»

«Pero es que yo ya no era agente del KGB —respondió Putin—. En cuanto comenzó el golpe, decidí en qué bando estaba. Sabía con seguridad que nunca iba a hacer nada de lo que ordenaran los organizadores del golpe, y que nunca estaría de su parte. Y sabía perfectamente que esto se consideraría como mínimo un delito. Así que el 20 de agosto escribí mi segunda carta de renuncia al KGB.»[27]

Esto no tiene sentido. Si Putin sabía que su primera carta de renuncia, supuestamente escrita un año antes, se había perdido, ¿por qué no redactó de inmediato una segunda carta? Sobre todo si, como aseguraba, en un principio había decidido dimitir bajo amenaza de chantaje. Además, ¿cómo podía saber que la carta se había perdido?

Es de suponer que solo había una manera: porque seguía cobrando un sueldo del KGB, lo que significaba que era agente del KGB cuando empezó el golpe.

Pero esta vez, asegura, se esforzó al máximo para romper con la organización. «Le dije a Sóbchak: "Anatoli Alexándrovich, una vez escribí una carta de renuncia, pero se 'murió' por el camino".Y Sóbchak llamó inmediatamente a Kriuchkov [Vladímir Kriuchkov, jefe del KGB y uno de los líderes del golpe] y después al jefe de mi distrito.Al día siguiente me dijeron que mi carta de dimisión había sido firmada.»

Esta parte de la historia parece pura ficción. «No creo que esa llamada se hubiera podido realizar el 20 de agosto —dijo Arsenii Roginski, activista por los derechos humanos e historiador de Moscú, que pasó casi un año investigando el golpe, escarbando en archivos del KGB y estudiando la institución—. Kriuchkov, simplemente, no se habría encargado de un asunto personal aquel día, sobre todo si afectaba a un agente de rango no demasiado elevado.»[28] Tampoco es fácil imaginar a Sóbchak, que estaba tan ocupado jugando a dos bandas, actuando para cortar sus vínculos con el KGB. Además, no está claro cómo consiguió Putin enviar aquel día una carta física —la que se supone que fue firmada al día siguiente— al cuartel general del KGB, teniendo en cuenta que en ningún momento se separó de Sóbchak. Por último, aunque parte de lo que dijo Putin fuera cierto, eso significaría que su renuncia se aceptó el último día del golpe, cuando estaba ya claro que los golpistas habían fracasado.

Lo más probable es que Putin, al igual que su jefe, pasara los días del golpe sin definirse, y de ser cierto que dimitió del KGB, lo hizo solo cuando el golpe había terminado. A diferencia de Sóbchak y de otros muchos, ni siquiera había seguido el ejemplo de Yeltsin de unos pocos meses antes: abandonar el Partido Comunista. La afiliación de Putin expiró dos semanas después del fallido golpe, cuando Yeltsin promulgó un decreto disolviendo el Partido. Así que la pregunta sigue siendo: ¿qué historia se contó Putin a sí mismo durante el golpe? ¿Es posible que fuera él la persona, o una de las personas del círculo íntimo de Sóbchak que apoyaron activamente a los golpistas? La respuesta es que sí.

La carne por valor de noventa millones de marcos alemanes cuya pista había seguido Marina Salye en mayo nunca se materializó en Leningrado, pero Salye no se olvidó de ella durante los dramáticos acontecimientos que siguieron. Ofendida y desconcertada por lo que pasó en Alemania, Salye siguió intentando llegar al fondo de la historia. Después del golpe fallido, cuando se facilitó brevemente el acceso a toda clase de registros, pudo por fin conseguir algunos documentos, y para marzo de 1992 tenía reconstruida la historia.

En mayo de 1991, el primer ministro soviético, Valentín Pavlov, concedió a una empresa de Leningrado llamada Kontinent el derecho a negociar contratos comerciales en nombre del gobierno soviético. A las pocas semanas, Kontinent había firmado el contrato de la carne con la empresa alemana. La carne se envió, sí... pero a Moscú, no a Leningrado. [29] La razón estaba clara: el futuro GKChP, del que Pavlov era uno de los líderes, estaba intentando abastecer los almacenes de alimentos de Moscú con el fin de llenar los estantes de las tiendas en cuanto tomaran el poder.

¿Cómo se llamaba el hombre que había negociado con los alemanes en nombre de Kontinent? Vladímir Putin.

Cuando Salye pensó que sabía lo que había ocurrido, intentó tomar medidas. En marzo de 1992 viajó a Moscú para reunirse con un viejo conocido del movimiento prodemocracia de Leningrado, Yuri Boldyrev, un joven economista, atractivo y con bigote, que había sido elegido para el Sóviet Supremo junto con Sóbchak. Ahora estaba trabajando como interventor jefe en la administración Yeltsin. Salye le entregó en mano una carta en la que describía los resultados iniciales de su investigación: la peculiar historia de la carne que parecía haber viajado desde Alemania a Moscú. A los pocos días, Boldyrev había escrito una carta a otro economista de Leningrado, que ahora era ministro de Comercio Exterior, pidiéndole que limitara los poderes de Putin. [30] La carta no recibió respuesta. Putin había creado una base de riqueza e influencia de la que no se le podía descabalgar fácilmente.

¿Cuál era exactamente la función de Putin en el gobierno de la segunda ciudad más grande de Rusia? Una mujer que trabajó en la oficina del alcalde en la misma época recuerda a Putin como un hombre con un despacho vacío, aparte de un escritorio con un solitario cenicero de vidrio encima, y con ojos incoloros e igualmente vidriosos que miraban desde detrás del escritorio.[31] En sus primeros meses en el ayuntamiento, Putin había llamado la atención de algunos de sus compañeros como persona bien dispuesta, curiosa e intelectualmente comprometida.[32] Ahora cultivaba una pose impenetrable y sin emociones. La mujer que trabajó como secretaria suya recordaría tiempo después que tuvo que darle a su jefe una mala noticia de índole personal. «Los Putin tenían un perro, un pastor del Cáucaso llamado Malysh [Nene]. Vivía en su dacha y siempre estaba cavando agujeros bajo la valla, intentando salir. Una vez logró escapar, y un coche lo atropelló. Ludmila Alexándrovna recogió al perro y lo llevó a la clínica veterinaria. Desde allí llamó al despacho de Putin y me pidió que le dijera a su marido que el veterinario no había podido salvar al perro. Entré en el despacho de Vladímir Vladimírovich y dije: "Ha ocurrido una desgracia. Malysh ha muerto". Le miré y no había emoción alguna en su rostro, ninguna. Me sorprendió tanto su falta de reacción que no pude evitar preguntar: "¿Ya se lo habían dicho?", y él dijo tranquilamente: "No, eres la primera persona que me lo dice". Fue entonces cuando comprendí que había dicho algo que no debía.»[33]

Es de suponer que «lo que no se debía decir» en esta historia es la pregunta sobre si Putin estaba ya informado de la muerte de su perro. Pero el conjunto de la historia es interesante por la palpable sensación de incertidumbre e incluso de miedo que transmite.

Cuando sus biógrafos le preguntaron por la naturaleza de su trabajo en San Petersburgo, Putin respondió con la falta de sutileza que ya caracterizaba sus respuestas a preguntas delicadas. Dijo que había intentado encargarse de los casinos. «Por entonces creía que el negocio de los casinos era un campo en el que el Estado debería tener un monopolio —afirmó—. Mi postura era contraria a la ley de monopolios, que ya se había aprobado, pero aun así procuré asegurarme de que el Estado, encarnado por la ciudad, tuviera el control de toda la industria de los casinos.» Con este fin, dijo, la ciudad creó una sociedad de control que adquirió el 51 por ciento de las acciones de todos los casinos, con la esperanza de obtener dividendos. «Pero fue un error: los casinos desviaban el dinero en efectivo y siempre decían que tenían pérdidas —se lamentó Putin—. Más adelante, nuestros adversarios políticos intentaron acusarnos de corrupción porque teníamos acciones de los casinos. Aquello era ridículo … Claro que tal vez no fuera una buena idea desde el punto de vista económico. Si juzgamos por el hecho de que la operación resultó ineficaz y no alcanzamos nuestros objetivos, tengo que reconocer que no estuvo suficientemente bien pensada. Pero si yo me hubiera quedado en Petersburgo, habría acabado estrangulando a aquellos casinos. Les habría obligado a compartir los beneficios. Habría dado ese dinero a los ancianos, a los maestros y a los médicos.»[34] En otras palabras, venía a decir el presidente entrante de Rusia, si la ley interfiere con tus ideas acerca de cómo se deberían hacer las cosas, tanto peor para la ley. Tenía poco más que decir sobre sus años como diputado de Sóbchak.

A principios de 1992, Marina Salye se había propuesto averiguar qué estaba haciendo exactamente el hombrecillo del despacho vacío. El consejo municipal emprendió una investigación en toda regla, cuyos resultados —veintidós páginas mecanografiadas a un solo espacio más docenas de páginas de apéndices— fueron presentados por Salye a sus colegas menos de dos meses después de su visita a Boldyrev. Salye descubrió que Putin había participado en docenas de contratos en nombre de la ciudad, muchos de ellos, si no todos, de dudosa legalidad.

El departamento de Putin en la oficina del alcalde se llamaba ahora Comisión de Relaciones Exteriores. La mayoría de sus actividades se centraban aparentemente en procurar que llegaran alimentos a la ciudad desde otros países. Pero la ciudad no tenía dinero en efectivo para comprar los alimentos; el rublo no era una divisa convertible. El sistema monetario ruso, heredado de la Unión Soviética, estaba desequilibrado, y los esfuerzos por enderezarlo condujeron enseguida a la hiperinflación. Sin embargo, Rusia poseía abundantes recursos naturales, que podía intercambiar, directa o indirectamente, por comida. Con este fin, el gobierno de Moscú autorizó que los miembros de la federación exportaran recursos naturales.

Salye descubrió que el departamento de Putin había intervenido en una docena de contratos de exportación por un valor total de

92 millones de dólares. La ciudad acordó proporcionar petróleo, madera, metales, algodón y otros recursos naturales asignados por el Estado ruso; las empresas mencionadas en los contratos se comprometían a exportar los recursos naturales e importar alimentos. Pero la investigación de Salye descubrió que todos los contratos tenían algún fallo que los invalidaba desde el punto de vista jurídico; a todos les faltaban sellos o firmas, o contenían grandes discrepancias. «Putin tiene formación de abogado —escribió Salye tiempo después—. Tenía que saber que aquellos contratos no se podían utilizar en un tribunal.» Además, Putin había infringido las normas impuestas por el gobierno ruso para aquellas operaciones de importación-exportación y trueque, al elegir unilateralmente a las empresas exportadoras en lugar de convocar un concurso.

Los alimentos que por contrato tendrían que haberse enviado a Leningrado nunca llegaron a la ciudad, pero parece que los artículos mencionados en aquellas docenas de contratos sí que se habían enviado al extranjero; de hecho, otra irregularidad que señalaba la investigación de Salye eran la naturaleza de las exorbitantes comisiones estipuladas en los contratos: entre el 25 y el 50 por ciento de la suma de cada contrato, con un total de 34 millones de dólares en comisiones. Todas las evidencias parecían indicar un sencillo sistema de pagos en falso: empresas elegidas a dedo obtenían lucrativos contratos, y ni siquiera tenían que cumplir con su parte del trato.[35]

Cuando sus biógrafos le preguntaron por esta investigación, Putin reconoció que muchas de las empresas con las que había firmado contratos no habían suministrado alimentos a San Petersburgo. «Creo que la ciudad no hizo todo lo que pudo, desde luego —dijo—. Tendríamos que haber sido más cuidadosos con el cumplimiento de la ley, se lo tendríamos que haber sacado a golpes a las empresas. Pero no tenía sentido intentar recurrir a los tribunales; las empresas desaparecían al instante, dejaban de operar, hacían desaparecer sus mercancías. En esencia, no podíamos reclamarles nada. Recuerden aquella época; estaba llena de negocios turbios, pirámides financieras, ese tipo de cosas.»[36] Este era el mismo hombre que, tan solo uno o dos días antes, había insistido ante sus biógrafos en lo duro que podía ser si tan siquiera parecía que alguien le traicionaba, el mismo hombre que se encendía al instante y que tenía dificultades para calmarse, el mismo hombre al que sus amigos recordaban a punto de arañar los ojos de sus contrincantes cuando se ponía furioso. ¿Por qué iba este hombre a sentarse tan tranquilo mientras una empresa privada tras otra incumplían los términos de los contratos que había firmado con ellas, dejando a su ciudad sin los suministros de alimentos que tanto necesitaba?

Pues porque estaba arreglado desde un principio para que fuera así, opina Salye. «El propósito de toda la operación —escribió más adelante— era este: crear un contrato de dudosa legalidad con alguien en quien se pudiera confiar, concederle una licencia de exportación, hacer que la oficina de aduanas abriera la frontera basándose en esta licencia, enviar las mercancías al extranjero y embolsarse el dinero. Y esto fue lo que ocurrió.»[37]

Pero esto, creía Salye, no fue todo lo que ocurrió. En realidad, Moscú había concedido a San Petersburgo permiso para exportar mercancías por valor de mil millones de dólares, de modo que los doce contratos amañados que ella encontró representaban solo la décima parte del valor de lo que debería haber viajado a través de la oficina de Putin. ¿Cuál era el resto de la historia? Tiempo después, Salye encontró pruebas de que todas o casi todas las mercancías —que incluían aluminio, petróleo y algodón— se habían exportado o, como ella decía, «se habían desvanecido»; simplemente, no existía documentación. Pero su informe al consejo municipal se centraba solo en los doce contratos para los que existía documentación; casi cien millones de dólares en mercancías supuestamente intercambiadas por alimentos que jamás habían llegado.

El consejo municipal estudió el informe de Salye y decidió enviárselo al alcalde Sóbchak con la recomendación de que fuera remitido a la oficina del fiscal y que Sóbchak destituyera a Putin y al asistente de Putin, cuya firma aparecía en muchos de los contratos. El alcalde hizo caso omiso de las recomendaciones y del informe mismo. La oficina del fiscal no iba a emprender una investigación sin permiso de Sóbchak. Salye ya le había enviado a Yeltsin una carta de tres páginas explicando algunas de las infracciones más graves y pidiendo que fueran investigadas.[38] No había obtenido respuesta. Solo

124

Boldyrev, el director del comité anticorrupción de Rusia, había reaccionado con comprensión, enviando inmediatamente una carta al ministro de Comercio Exterior e investigando el caso.

Boldyrev revisó los documentos que Salye le había llevado. Sus conclusiones fueron prácticamente las mismas que las de esta: alguien había estado robando al pueblo de San Petersburgo. Llamó a Sóbchak a Moscú para que respondiera. «Sóbchak llegó con todos sus ayudantes —recordó Boldyrev en una entrevista posterior. Putin fue uno de los que acudieron—. Escribieron sus versiones de lo ocurrido ... y yo envié las conclusiones a Yeltsin.»

Y no ocurrió nada. La oficina del presidente ruso en Moscú envió algunos documentos a la oficina del representante del presidente en San Petersburgo... y ahí se acabó la historia.

«Fue solo una investigación normal y corriente —explicó Boldyrev muchos años después—. Se descubrieron importantes infracciones, pero no eran mucho más graves que lo que estaba ocurriendo en el resto de Rusia. Eran infracciones típicas que tenían que ver con obtener el derecho a exportar recursos de importancia estratégica a cambio de alimentos que nunca se materializaban. Era un caso típico en aquella época.»

La nueva élite de Rusia estaba muy ocupada redistribuyendo la riqueza. Esto no quiere decir que todos se comportaran como Putin —la magnitud y la desvergüenza del fraude descubierto por Salye resultan escandalosas incluso para los criterios de la Rusia de los primeros años noventa, sobre todo si tenemos en cuenta lo rápidamente que actuó—, pero todos los nuevos dirigentes del país trataban a Rusia como una propiedad personal. Menos de un año antes, todo pertenecía a otra gente: al Partido Comunista de la Unión Soviética y sus líderes. Ahora la URSS ya no existía, y el Partido Comunista Ruso era un puñado de jubilados testarudos. Mientras los economistas intentaban encontrar la manera de convertir la propiedad del Estado en propiedad privada —un proceso que aún no se ha completado veinte años después—, los nuevos burócratas estaban simplemente desmontando el viejo edificio del Estado.

Sóbchak repartía apartamentos en el centro de San Petersburgo.[39] Se los daba a amigos, parientes y colegas a los que apreciaba. En un país donde el derecho de propiedad no había existido y donde la élite comunista gobernante había disfrutado durante mucho tiempo del estatus de realeza, Sóbchak, que disfrutaba de su temprana popularidad, no veía nada malo en lo que hacía.

«Y aquí están los documentos de todo un complejo urbano que Sóbchak quería regalar a alguna empresa inmobiliaria —me dijo Salye tantos años después, pescando varios papeles más de su montón—. Esta fue una de las raras ocasiones en que conseguimos impedirlo, pero menuda pelea fue.»[40] «¿Pero no estaba actuando como cualquier jefe regional del Partido? —pregunté yo—. Siempre estaban regalando apartamentos.» «Esto era diferente —dijo Salye—. Era diferente porque su discurso era bueno. Sabía que tenía que presentar una fachada diferente, y consiguió hacerlo. Iba de demócrata, cuando en realidad era un demagogo.»[41]

Puede que el hecho de que a Sóbchak se le diera tan bien proyectar la imagen de un nuevo tipo de político fuera la razón de que Salye y sus colaboradores creyeran que tomaría medidas cuando le presentaran las pruebas de las transgresiones de Putin. Pero ¿por qué habría tenido que hacerlo? ¿Por qué iba a trazar una línea entre sus propios hábitos de entregar propiedades municipales y la manera en que Putin se embolsaba los beneficios de la venta de recursos públicos? ¿Por qué iba a escuchar a los demócratas del consejo municipal? No podía soportarlos, y lo que más le irritaba era precisamente su idealismo militante, su absurda insistencia en hacer las cosas como se debían hacer en lugar de como se habían hecho siempre. Esta adhesión a un código ético imaginario no hacía más que obstaculizar el que se hicieran cosas.

Así que Sóbchak no se deshizo de Putin. Al contrario, se deshizo del consejo municipal.

En el otoño de 1993, Borís Yeltsin estaba harto del Parlamento ruso. Era un organismo de extraña composición: más de mil representantes que habían sido elegidos, en un complicado proceso casi

126

democrático, para el Congreso de Diputados del Pueblo, de los que 252 pertenecían al Sóviet Supremo, un cuerpo bicameral que intentaba ejercer las funciones de rama representativa del gobierno en ausencia de una ley relevante. La Federación Rusa todavía no tenía una nueva Constitución postsoviética, y pasarían años antes de que se redactaran un Código Civil y un Código Penal nuevos. Entre otras cosas, la ley todavía consideraba delito la posesión de divisas y una serie de actos relacionados con la posesión y venta de propiedades. En esta situación, el Congreso de Diputados del Pueblo concedió a Yeltsin el derecho de promulgar decretos de reforma económica que infringían las leyes vigentes; pero al Sóviet Supremo se le encargó la tarea de revisar dichos decretos, y tenía derecho de veto. Además, el Sóviet Supremo tenía un Presídium compuesto por más de treinta personas que, en el sistema de gobierno soviético, funcionaba como una jefatura de Estado colectiva.[42] En el sistema postsoviético, una vez creado el cargo de presidente, la función del Presídium no estaba clara. Aun así, de hecho el Sóviet Supremo tenía poder para entorpecer o bloquear cualquier medida del presidente. Cuando las reformas económicas de Yeltsin hicieron subir cada vez más los precios —mientras la escasez de alimentos se terminaba como por arte de magia—, su gobierno fue perdiendo popularidad y el Sóviet Supremo empezó a oponerse a casi todas sus iniciativas.

El 21 de septiembre de 1993, Yeltsin promulgó un decreto disolviendo el Sóviet Supremo y anunciando la elección de un cuerpo legislativo apropiado. El Sóviet Supremo se negó a disolverse, haciéndose fuerte dentro de la Casa Blanca, el mismo edificio en el que la gente de Yeltsin había acampado durante el golpe, dos años antes. Esta vez, los soldados abrieron fuego y dispararon cañonazos contra la Casa Blanca, obligando al Sóviet Supremo a salir el 4 de octubre.

Los principales políticos demócratas, incluidos antiguos disidentes, apoyaron lo que se llegó a conocer como «la ejecución del Sóviet Supremo», de tan exasperados que estaban al ver cómo se obstaculizaba al presidente. El idealista consejo municipal de San Petersburgo fue prácticamente el único que adoptó una postura contraria a los actos de Yeltsin. Pocas semanas después de la «ejecución», y solo unos días antes de que se publicara una nueva Constitución rusa, que anunciaba un período de relativa estabilidad legal, Sóbchak viajó a Moscú y convenció a Yeltsin de que firmara un decreto disolviendo el consejo municipal de San Petersburgo.[43] No se celebrarían nuevas elecciones hasta diciembre del año siguiente, lo que dejó la segunda ciudad de Rusia en manos de un solo hombre durante todo un año.

Marina Salye decidió dejar la política municipal. Se convirtió en organizadora política profesional y, finalmente, se trasladó a Moscú para trabajar allí.

Seis años después, en el período previo a la elección de Putin como presidente de Rusia, probablemente la única voz crítica era la de Marina Salye, que publicó un artículo, «Putin es el presidente de una oligarquía corrupta», en el que detallaba y ponía al día los descubrimientos de su investigación en San Petersburgo. Intentó en vano disuadir a sus colegas liberales de que apoyaran a Putin en las elecciones. Se vio cada vez más marginada; recordaba que, durante una reunión de la coalición política de la derecha liberal, ella y el primer ministro de Yeltsin, Yégor Gaidar, fueron los únicos, entre más de cien personas, que no votaron a favor de apoyar a Putin.[44]

Pocos meses después de las elecciones, Salye fue a ver a uno de los pocos políticos a los que todavía consideraba aliados. Habían hablado de formar una nueva organización. Serguéi Yushénkov era un militar de carrera que se había convertido con fervor al liberalismo durante la perestroika y que se aferró a sus convicciones durante toda la década de los noventa. La visita a Yushénkov asustó tanto a Salye que todavía diez años después se negaba a revelar los detalles.

—Llegué allí y en su despacho estaba cierta persona —me contó.

—¿Qué clase de persona?

—Cierta persona. Mantuvimos una conversación que yo no llamaría constructiva. Volví a casa y le dije a Natasha que me iba al campo.

—¿Te amenazó?

—Nadie me amenazó directamente.

—Entonces, ¿por qué decidiste marcharte?

—Porque conocía a aquella persona.

—¿Y qué significaba verla?

—Significaba que tenía que marcharme lo más lejos posible.

—Lo siento, no entiendo —insistí, sintiendo que estaba a punto de ser expulsada del escondite de Salye.

—Sabía de lo que era capaz aquella persona. ¿Está más claro?

—Sí, gracias. Pero ¿qué estaba haciendo en el despacho de Yushénkov? ¿Tenían algo en común?

—No. Yo no sabía qué estaba haciendo él allí, y sobre todo no sabía por qué Yushénkov no le hizo salir cuando llegué yo. Eso quería decir que no podía deshacerse de él, a pesar de que la conversación que Yushénkov y yo íbamos a mantener no era para que la oyera nadie más.

—Ya veo.

—Eso es todo lo que voy a decir.

Salye recogió sus cosas y se mudó a aquella casa, un viaje imposible de doce horas desde Moscú, donde la encontré un decenio después. Durante años, circularon rumores de que estaba viviendo en el extranjero, tal vez en Francia (supongo que fue su apellido francés lo que dio lugar a aquella fantasía), y de que había recibido una amenazadora tarjeta de Año Nuevo de Putin. Oí a varias personas citar la imaginaria tarjeta utilizando exactamente las mismas palabras: «Te deseo feliz Año Nuevo y salud para disfrutarlo». Salye me dijo que no hubo ninguna tarjeta. Como yo sospechaba, el persistente rumor me dijo más sobre la imagen que Putin se había creado que sobre la suerte de Salye. Pero, con tarjeta o sin ella, Salye estaba verdaderamente aterrorizada.

Serguéi Yushénkov continuó su carrera política. En 2002, abandonó la facción liberal del Parlamento en protesta por el persistente apoyo de sus compañeros a la política de Putin y lo que él llamaba «un régimen burocrático y policial».[45] La tarde del 17 de abril de 2003, Yushénkov recibió cuatro disparos en el pecho mientras caminaba desde el coche hacia su edificio de apartamentos en el norte de Moscú.[46] En el obituario que escribí para la página web de análisis político que yo llevaba entonces, decía: «A veces, cuando los periodistas tenemos miedo de decir algo con nuestra propia firma, recurrimos a personas como Yushénkov, que sin mirar por encima del hombro dirán algo claro y definitivo, tanto más necesario por ser predecible. Quedan muy pocas personas así».[47]

6

El fin de un reformista

Cuando se publicó la biografía de Putin en febrero de 2000, ya no era el joven reformista demócrata invención de Berezovski, era el matón convertido en gobernante con mano de hierro. No creo que los creadores de su imagen fueran conscientes del cambio.

Una persona que no hubiera podido imaginar la transformación pública de Putin, de demócrata a hombre fuerte, era Sóbchak. A los dos les unía su antipatía por los procesos democráticos, pero a principios de los años noventa, la adhesión pública a los principios democráticos era el precio de admisión a la vida pública... y a la buena vida.

A principios de la década de los noventa, los miembros de las nuevas élites empresarial y política estaban desguazando el viejo sistema en toda Rusia. Estaban apropiándose y redistribuyendo sin ningún titubeo —y, al parecer, sin problemas de conciencia— grandes trozos del mismo. Al mismo tiempo los más emprendedores de ellos estaban inventando además un nuevo sistema, y cambiando con ello. Personas como Mijaíl Jodorkovski, un funcionario del Komsomol convertido en banquero y después en petrolero, Mijaíl Prójorov, un revendedor de ropa convertido en magnate de los metales y después en inversor internacional, y Vladímir Gusinski, importador convertido en banquero y magnate de los medios, eran empresarios que se habían inventado a sí mismos, que empezaron con turbios métodos para ganar dinero, pero que, a medida que su visión del mundo se ampliaba y sus ambiciones crecían de acuerdo con ello, empezaron a actuar no solo como hombres de negocios, sino como filántropos, líderes cívicos y visionarios. A medida que evolucionaban sus ideas, iban invirtiendo dinero y energías en construir un nuevo sistema político.

Sóbchak aborrecía este nuevo sistema, al igual que Putin, y por eso este, a diferencia de muchos de los primeros aliados de Sóbchak, permaneció al lado del alcalde después del golpe fallido de 1991, del escándalo de corrupción de 1992 y de la disolución del consejo municipal en 1993. No tengo claro por qué Sóbchak, que había mantenido una breve pero intensa aventura amorosa con la política democrática, desarrolló tal odio a los métodos democráticos; creo que era un megalómano que se sentía profundamente herido cada vez que no podía hacer las cosas a su manera, y también por la misma competición política, por la mera posibilidad de disensión. Además, tuvo a Putin a su lado en todo momento, siempre intentando hacerle ver las desventajas del sistema democrático. Fue Putin, por ejemplo, quien convenció a Sóbchak —y manipuló a varios miembros del consejo municipal— para instituir el cargo de alcalde en la ciudad; de no haberlo hecho, les contó Putin a sus biógrafos años después, Sóbchak «podría haber sido destituido en cualquier momento por esos mismos miembros del consejo municipal».[1] La oposición de Putin a la reforma democrática no era menos personal que la de Sóbchak, pero sí mucho más intensa.

Como la mayoría de los ciudadanos soviéticos de su generación, Putin no fue nunca un idealista político. No se sabe si sus padres creían en un futuro comunista para el mundo entero, en el triunfo final de la justicia para el proletariado o en los demás clichés ideológicos, que habían ido perdiendo fuerza durante la infancia de Putin; él nunca consideró siquiera su relación con aquellos ideales. La manera en que ha hablado de los Jóvenes Pioneros, de los que había sido excluido cuando era niño, del Komsomol o del Partido Comunista, al que dejó de estar afiliado solo cuando la organización expiró, deja claro que nunca vio ningún significado real en su pertenencia a dichas organizaciones. Como otros miembros de su generación, Putin sustituyó la creencia en el comunismo, que ya no parecía verosímil ni aun posible, por la fe en las instituciones. Su lealtad era para el KGB y para el imperio al que servía y protegía, la URSS.

En marzo de 1994, Putin asistió a un acto de la Unión Europea en Hamburgo que incluía un discurso del presidente de Estonia, Lennart Meri.[2] Estonia, como las otras dos repúblicas bálticas, había sido anexionada por la Unión Soviética al principio de la Segunda Guerra Mundial, después cayó en poder de los alemanes y fue recuperada por los soviéticos en 1944. Los tres estados bálticos fueron los últimos incluidos en el imperio soviético y los primeros en salir de él, en gran parte porque tenían una población que aún recordaba un tiempo anterior a la URSS. Meri, el primer presidente de Estonia elegido democráticamente en medio siglo, había tomado parte en el movimiento de liberación antisoviético. Al hablar en Hamburgo, se refirió a la Unión Soviética como «ocupantes». En aquel momento, Putin, que había estado sentado entre el público junto a diplomáticos rusos, se levantó y salió de la sala. «Quedó muy impresionante —recordaba un colega de San Petersburgo que después dirigiría la comisión de las elecciones federales rusas bajo la presidencia de Putin—. La reunión se celebraba en el Salón de los Caballeros, que tiene techos a diez metros de altura y un suelo de mármol, y cuando él salió andando, en completo silencio, cada uno de sus pasos resonaba bajo el techo. Por si fuera poco, la enorme puerta de hierro se cerró tras él con un portazo ensordecedor.»

El hecho de que Putin sintiera la necesidad de romper el protocolo diplomático —dando literalmente la espalda al presidente de un país vecino e importante socio comercial para la ciudad de San Petersburgo— demuestra que se tomaba la cuestión de manera muy personal; lo que él percibía como un ataque a la Unión Soviética le hirió tan profundamente como los insultos personales que le habían hecho enfurecer cuando era joven. La emoción con que sus colaboradores contaron la historia a los biógrafos de Putin indica lo profunda que era la fibra de nostalgia soviética que Putin había tocado.

Putin amaba a la Unión Soviética y amaba al KGB, y cuando tuvo poder propio y dirigió a todos los efectos el sistema financiero de la segunda ciudad del país, quiso crear un sistema que fuera igual. Sería un sistema cerrado, un sistema basado en el control total, y en especial en el control sobre el flujo de información y el flujo de dinero. Sería un sistema dispuesto a excluir la disidencia y aplastarla si hacía acto de presencia. Pero, en un aspecto, ese sistema sería mejor que el KGB y que la Unión Soviética: no traicionaría a Putin. Sería demasiado ingenioso y demasiado fuerte para que ello ocurriera. Por eso Putin se dedicó diligentemente a centralizar el control no solo sobre el comercio exterior sino también sobre los negocios que iban surgiendo en el interior, y de ahí sus esfuerzos por controlar los casinos, que habían aparecido de repente y habían crecido muy deprisa. Con el tiempo, pasó también a gestionar la relación del ayuntamiento con los medios, tanto impresos como electrónicos, a los que, alternativamente, fue aislando del ayuntamiento y presionando para que cubrieran historias particulares de maneras particulares.

Sóbchak había elegido bien a su mano derecha: Putin detestaba a los debiluchos demócratas aún más que él, y se le daba aún mejor que a Sóbchak manejar la política del miedo y la codicia.

Por lo general, los políticos como Sóbchak son los últimos en darse cuenta de que se les ha acabado el brillo. Cuando Sóbchak se presentó a la reelección en 1996, la ciudad lo odiaba. Bajo su dominio, San Petersburgo se había transformado de maneras tan trágicas como ridículas, aunque de mucho de ello no se le puede culpar a Sóbchak. La economía de la ciudad estaba en la ruina:[3] más de un millón de sus cinco millones de habitantes habían trabajado en las fábricas industriales-militares, que habían reducido su producción o la habían interrumpido por completo. Al igual que en el resto de Rusia, unas pocas personas se estaban volviendo ricas muy deprisa, primero comprando y vendiendo de todo (por ejemplo, exportando madera rusa e importando paraguas chinos), y después, poco a poco, privatizando las plantas industriales soviéticas y creando nuevas instituciones. Pero muchos rusos se habían vuelto más pobres, o al menos se sentían mucho más pobres; ahora había muchos más artículos en las tiendas, pero podían comprar muy pocos. Casi todo el mundo había perdido lo único que había sido abundante durante la Era del Estancamiento: la absoluta seguridad de que mañana no sería diferente de hoy. La incertidumbre hacía que la gente se sintiera aún más pobre.

Los problemas económicos de San Petersburgo hacían que el resto de Rusia pareciera acomodada en comparación con ella. Tres cuartas partes de la población de la ciudad vivían por debajo del umbral de pobreza. Sus infraestructuras, que ya eran débiles a finales de los años ochenta —y que aportaron parte del impulso del movimiento informal de preservación—, estaban en ruinas. Las calles no se habían vuelto a pavimentar desde hacía tanto tiempo que, cuando llovía o nevaba —algo frecuente en esta ciudad costera del norte—, las calles se convertían en ríos de barro. El transporte público era obsoleto; la ciudad no renovaba autobuses que debían ser retirados. En una ciudad formada en su totalidad por grandes edificios de apartamentos, los ascensores que funcionaban se estaban extinguiendo. El suministro eléctrico en el centro de la ciudad iba y volvía. En los estudios sobre los niveles relativos de vida en las ciudades rusas, la segunda ciudad del país ocupaba habitualmente puestos por detrás del número veinte.[4]

Con este telón de fondo, Sóbchak insistió en mantener el personaje de político sofisticado y de mundo: siempre meticulosamente arreglado, con su rubia esposa al lado, trasladado en limusinas, rodeado de guardaespaldas. Alexánder Bogdánov, un joven activista prodemocracia, recordaba haber sido desairado por Sóbchak en 1991, solo dos meses después del fallido golpe, en el primer día de la Revolución en la Rusia poscomunista. «Había un concierto en la plaza del Palacio. Nadie sabía muy bien si debíamos celebrar ese día o conmemorarlo como un día trágico. Por la tarde había una manifestación y por la noche un baile. ¡Y mientras, Sóbchak y [su esposa Ludmila] Narúsova celebraban un banquete en el palacio de Tavricheski, al que costaba quinientos rublos asistir! Esto ocurría antes de la hiperinflación, y era una suma de dinero enorme. Y allí estábamos, rondando por el baile, con pancartas que ponían UN DÍA DE TRAGEDIA NACIONAL, pareciendo idiotas y sintiéndonos idiotas. Y yo dije: "¿Sabéis qué? ¿Por qué estamos perdiendo el tiempo aquí? Vamos al palacio de Tavricheski, donde están celebrando un banquete". Llegamos al Tavricheski justo cuando todos estaban entrando en sus coches. Sóbchak salió en frac, y Narúsova llevaba un vestido precioso y una especie de tocado que parecía un turbante. Sóbchak tenía un guardaespaldas que después fue el guardaespaldas jefe de Putin. Tenía la estúpida costumbre de acercarse a mí y poco menos que insultarme, diciendo: "Me estás cabreando. ¡Lárgate de aquí! ¡Desaparece, ya me tienes harto!". Así que le dije a Sóbchak: "¿Por qué tu guardaespaldas está siempre amenazándome?". Y Ludmila Borísovna [Narúsova] me dijo: "¿Por qué estás siempre haciendo el tonto?". Y Sóbchak estaba muy relajado, sintiéndose importantísimo, y al entrar en su limusina me dijo: "Tú cállate, que la gente me ha elegido". Me he acordado de aquello el resto de mi vida. Así era de esnob.»[5]

Como vicealcalde de Sóbchak, Putin realizaba los trabajos que la tradición soviética había reservado para agentes del KGB en la «reserva activa»; además de ser el responsable del comercio exterior, también intentaba controlar el flujo de información que entraba y salía del gobierno. Yuri Boldyrev, el jefe anticorrupción de Yeltsin que había intentado sin éxito investigar las acusaciones de Salye, ocupó el cargo de senador por San Petersburgo en 1994-1995. «Ni una sola vez en todo ese tiempo se me permitió salir en directo en la televisión de San Petersburgo —recordaba tiempo después—. Solo cuando dejé de ser senador se me permitió hablar en directo, y aun entonces los presentadores no dejaban de interrumpirme, de modo que al final no decía nada.»[6]

Cada vez que yo viajaba a San Petersburgo a hacer un reportaje, la primera persona a la que iba a ver era Anna Sharogradskaya; su oficina estaba en la Perspectiva Nevski, más abajo de la estación de ferrocarril, y lo sabía todo. Dirigía el Centro de Prensa Independiente, que proporcionaba espacios para ruedas de prensa a todo el que quisiera dar una, incluidos los que eran rechazados por todos los demás locales de la ciudad. Conocía a todo el mundo y no le tenía miedo a nadie. Tenía cincuenta y muchos años cuando se hundió la Unión Soviética, y recordaba una época en la que las cosas habían sido mucho más aterradoras. Una vez, Sharogradskaya organizó una rueda de prensa en la que se denunció la práctica de la administración Sóbchak de colocar micrófonos en los despachos de periodistas y políticos, incluidos los de sus propios empleados. Mucha gente sabía o sospechaba que esto ocurría, pero solo el periódico local en inglés, dirigido y elaborado por expatriados, se atrevió a publicar la historia. Sharogradskaya siempre estuvo convencida de que Putin, que era el principal responsable de las relaciones del alcalde con los medios, organizaba la instalación de micrófonos.

Siguiendo las costumbres del KGB, la información que Sóbchak llegaba a recibir estaba muy manipulada. Esta fue sin duda parte de la razón de que nunca sospechara lo impopular que se había vuelto. Parte del público de la televisión de San Petersburgo vio como Sóbchak hacía este desagradable descubrimiento. «Había un programa titulado *Opinión pública* —recordaba Sharogradskaya—. Fue un programa popular durante las elecciones de 1996. Cuando Sóbchak vio que su índice de popularidad era del 6 por ciento, gritó: "¡Eso es imposible!", se levantó de un salto y salió del estudio. El programa fue cancelado. La presentadora, Tamara Maksímova, fue despedida. Su marido, Vladímir, que era el director del programa, me llamó y me dijo que quería convocar una rueda de prensa. Yo dije: "No hay problema", y la organicé para el día siguiente al mediodía. Vladímir llamó a la mañana siguiente, tres o cuatro horas antes de la rueda de prensa, y dijo que había que cancelarla. "No podemos hacer esto porque nos están amenazando; podría ocurrirle algo a nuestra hija." Yo dije: "Por favor, diles eso a los periodistas. Yo no puedo dejar de explicar el motivo de la cancelación". Vinieron y le contaron a todo el mundo que estaban siendo amenazados y que estaban asustados. Los periodistas quisieron hacerles preguntas, pero ellos no quisieron responder.»[7]

Cuando Sharogradskaya me contaba historias como esta en los años noventa, yo las escuchaba como si fueran relatos de otro país. Rusia era en aquellos años un lugar turbio y muchas veces ilógico, pero yo nunca me había sentido insegura como periodista... hasta que empecé a escribir en y sobre San Petersburgo. Por invitación de Sharogradskaya, impartí un curso de reportajes en el Centro de Prensa Independiente, y tomaba el tren los fines de semana para trabajar con un grupo de estudiantes avanzados de la facultad de periodismo. (Daba el mismo curso en la Universidad de Moscú, pero la Universidad de San Petersburgo no quiso participar en ello, y por eso acabó haciéndolo la organización de Sharogradskaya.) El fin de semana de las elecciones, envié a los estudiantes a tomar notas en los colegios electorales del centro de la ciudad. Los alumnos volvieron con las narices ensangrentadas y los ojos morados; dos jóvenes necesitaron asistencia médica. Se habían presentado como estudiantes de periodismo en dos colegios electorales; los guardias habían pedido instrucciones por radio y después los habían golpeado. Así era como los políticos de San Petersburgo trataban a los periodistas de la ciudad.

Dándose cuenta demasiado tarde de que iba a perder las elecciones, Sóbchak hizo intentos desesperados de arreglar la situación. Le pidió a Alexánder Yúriev, un psicólogo político de la Universidad de San Petersburgo que había intentado advertir a Sóbchak de que era sumamente impopular, que dirigiera su campaña. Pocos días después de que Yúriev accediera, sufrió un brutal atentado contra su vida: alguien llamó a su domicilio y después arrojó ácido sulfúrico por la puerta entreabierta.[8] Como esta se abría hacia dentro, parte del ácido cayó en la puerta misma, e incluso una parte rebotó hacia quien lo había arrojado; probablemente por eso, Yúriev no recibió una dosis letal. También dispararon contra él, y también a eso sobrevivió. Tardó muchos meses en recuperarse, y necesitó dos trasplantes de piel.

En las semanas previas a las elecciones, Sóbchak intentó también comprar la lealtad de la prensa de la ciudad, concediendo préstamos y becas, que endeudaron aún más al ayuntamiento de la ciudad.[9] Era demasiado tarde. La prensa le odiaba, los otros políticos le odiaban y la gente corriente le odiaba. Sóbchak perdió las elecciones. Al final, su director de campaña fue Vladímir Putin.

Como siguiente alcalde, San Petersburgo eligió al delegado de obras públicas de Sóbchak, un hombre que era lo contrario que él en todos los aspectos: Vladímir Yákovlev, de aspecto vulgar y mal vestido, apenas era capaz de enlazar dos palabras. Pero en una ciudad donde el transporte público estaba paralizado, los edificios se estaban desmoronando y la electricidad iba y venía, de alguna manera infundió esperanzas de que intentaría arreglar las cosas que interesaban. O, como mínimo, de que no mentiría al respecto. De hecho, Yakovlev no consiguió arreglar lo que afligía a San Petersburgo —la ciudad siguió volviéndose cada vez más pobre, más sucia y más peligrosa—, pero cuatro años después obtuvo con facilidad la reelección porque San Petersburgo aún estaba peleando con el odiado fantasma del alcalde Sóbchak.

Al caer derrotado en las elecciones, Sóbchak no solo perdió poder e influencia, sino también inmunidad ante el procesamiento, que a esas alturas era probablemente lo que más temía. Durante casi un año, un equipo jurídico especial de casi cuarenta investigadores designado por la oficina del fiscal general de Moscú había estado estudiando las acusaciones de corrupción en la oficina del alcalde. Ya se había detenido a una persona, un constructor que estaba testificando contra funcionarios del ayuntamiento. Esa parte de la investigación tenía que ver con un bloque de apartamentos en el centro de San Petersburgo que presuntamente había sido objeto de una reconstrucción ilegal, habiéndose utilizado fondos municipales en la operación. Prácticamente todos los vecinos del edificio, entre ellos una sobrina de Sóbchak, eran altos funcionarios municipales o parientes cercanos de estos.[10]

Ahora era muy probable que también Sóbchak se incorporara a la lista de sospechosos. La mayoría de sus aliados le habían abandonado, algunos antes de las elecciones, como el delegado que le sustituyó en el cargo de alcalde; otros se unieron al nuevo régimen cuando Sóbchak perdió la votación. Putin rechazó una oferta de trabajo en la nueva administración —la muestra de lealtad que le había situado tan alto en la estima de Berezovski— y no tardó en marcharse a Moscú, como si se lo llevara volando una mano invisible. Según la historia que les contó a sus biógrafos, un antiguo *apparatchik* de Leningrado que ahora trabajaba en el Kremlin se acordó de él y le consiguió un buen puesto en la capital.[11] Ahora Putin era subdirector de la oficina presidencial para la gestión de la propiedad, que suena muy parecido a otro puesto de la «reserva activa». Si ello fue el resultado de las maquinaciones de la policía secreta o de la simple costumbre es algo que probablemente no tiene importancia. Una vez más, Putin tenía un trabajo con poca responsabilidad pública pero con muchos contactos.

El nuevo puesto de Putin y sus viejos contactos fueron una clara bendición para Sóbchak, que ahora vivía bajo la amenaza diaria de ser detenido. La oficina del fiscal le buscaba, intentando entregarle una citación para ser interrogado. Sóbchak logró evitar la citación hasta el 3 de octubre de 1997, cuando acudió a la oficina del fiscal con su esposa, que era miembro del Parlamento. Durante el interrogatorio, Sóbchak dijo que se sentía enfermo y Narúsova pidió una ambulancia. Ante la mirada de las cámaras de televisión, Sóbchak fue trasladado directamente de la oficina del fiscal al hospital, donde se dijo que le habían diagnosticado un ataque al corazón. Exactamente un mes después, Narúsova informó a la prensa de que Sóbchak estaba ya lo bastante recuperado para ser trasladado a una clínica diferente, al hospital de la Academia Militar, donde estaría bajo el cuidado de Yuri Shevchenko, un amigo de la familia de Putin, que pocos años antes había tratado personalmente a Ludmila Putina tras un grave accidente de automóvil.

Aproximadamente en la época en que Sóbchak fue puesto al cuidado de Shevchenko, Putin voló a San Petersburgo desde Moscú y visitó a su antiguo jefe en el hospital. Cuatro días después, durante una fiesta nacional —el 7 de noviembre ya no era el día de la Revolución, pero el país seguía teniendo un día de fiesta—, Sóbchak fue llevado en ambulancia al aeropuerto, donde le esperaba un avión medicalizado finlandés para llevarlo a París. El plan salió a la perfección; nadie notó que Sóbchak se había marchado hasta que terminó el fin de semana festivo, tres días después. Los corresponsales rusos asaltaron inmediatamente el hospital Americano de la capital francesa, donde Shevchenko afirmó que estaban tratando a Sóbchak; pero la dirección del hospital dijo que ellos no tenían a dicho paciente. Aquel mismo día, Narúsova declaró a la prensa que Sóbchak había sido operado y que se sentía mejor. Mientras tanto, el personal del aeropuerto contó a los periodistas que el ex alcalde parecía perfectamente sano cuando subió al avión; la ambulancia había entrado directamente en la pista y, en contra de lo que esperaban, Sóbchak había salido a pie, casi corriendo hacia el avión.[12]

Sóbchak inició una vida de emigrado en París: se alojó en casa de un conocido ruso, paseaba mucho por la ciudad, daba alguna que otra conferencia en la Sorbona y escribió unas memorias en las que se presentaba como un hombre traicionado muchas veces; el título era *Doce cuchillos en mi espalda*. Yuri Shevchenko se convirtió en el ministro ruso de Sanidad en julio de 1999, en cuanto Putin comenzó su rápido ascenso al poder estatal.

¿Qué estaba haciendo mientras Putin en el Kremlin? Su nuevo puesto se parecía mucho a una sinecura. Aprovechó el tiempo para escribir y presentar una tesis, un objetivo que se había fijado cuando entró a trabajar en la Universidad de Leningrado siete años antes. Curiosamente, la tesis no versaba sobre derecho internacional, como había planeado en un principio, sino sobre la economía de los recursos naturales, y la presentó en el poco conocido Instituto Mountain de San Petersburgo, no en la universidad. Nueve años después, un investigador de la Institución Brookings de Washington D.C. decidió estudiar con atención la tesis; afirma que encontró unas dieciséis páginas y no menos de seis gráficos tomados directamente de un libro de texto norteamericano.[13] Putin nunca aceptó las acusaciones de plagio.

Fueran cuales fuesen las responsabilidades de Putin en el Kremlin, su influencia tenía que ser considerable; ahora estaba todo lo bien situado y bien relacionado que se podía estar en Rusia sin ser al mismo tiempo un personaje público. Puede que fuera por eso por lo que el equipo especial del fiscal nunca presentó gran cosa contra el ex alcalde y sus estrechos aliados; los tres funcionarios que fueron acusados salieron absueltos, y los fiscales dirigieron su atención a otra parte. Sin duda, a ello ayudó que el propio ex alcalde estuviera ya fuera de su alcance y no testificara.

Animado por el meteórico ascenso de su antiguo ayudante, Sóbchak decidió poner fin a su exilio en París y volver a Rusia en el verano de 1999. Regresó lleno de esperanza e incluso más lleno de ambición. Cuando Sóbchak estaba a punto de marcharse de París, Arkadi Vaksberg, un especialista forense reconvertido en periodista de investigación y escritor, con el que Sóbchak había trabado amistad durante sus años en Francia, le preguntó si pensaba volver a París como embajador. «Como más que eso», respondió Sóbchak. Vaksberg estaba seguro de que el antiguo alcalde aspiraba al cargo de ministro de Asuntos Exteriores,[14] y en los círculos políticos de Moscú corría el rumor de que Sóbchak iba a presidir el Tribunal Constitucional, el más importante del país.

Con su característico exceso de confianza, Sóbchak presentó inmediatamente su candidatura al Parlamento... y sufrió una bochornosa derrota. Aun así, cuando Putin emprendió su campaña electoral, nombró a su antiguo jefe «representante con poderes», un cargo que básicamente consistía en que Sóbchak hiciera campaña por Putin (los candidatos pueden tener docenas, incluso centenares de «representantes con poderes»). Y Sóbchak hizo campaña, olvidándose al parecer de que en otro tiempo su reputación política se había basado en sus credenciales democráticas. Presentó a Putin como «el nuevo Stalin»,[15] prometiendo a los potenciales votantes no asesinatos masivos, pero sí una mano de hierro, «la única manera de hacer que el pueblo ruso trabaje», según dijo.

Pero Sóbchak no se limitó a la retórica. Hablaba demasiado, como siempre había hecho. Justo cuando Putin estaba dictando la nueva historia oficial de su vida a los tres periodistas, Sóbchak, en respuesta a preguntas de otros periodistas, estaba rememorando y contando episodios clave de la carrera de Putin, unas declaraciones que contradecían la historia contada por su antiguo protegido.

El 17 de febrero, Putin le pidió a Sóbchak que viajara a Kaliningrado, un enclave ruso encajado entre Polonia y Lituania, para hacer campaña por él. La petición era urgente.[16] Sóbchak tenía que partir en avión aquel mismo día, lo que irritó a su esposa, que no veía bien que viajara solo. Afirmaba que debía asegurarse de que se tomara sus medicinas. La mayoría de sus conocidos creían que la rubia oxigenada de voz chillona simplemente no se fiaba de su marido cuando estaba fuera de su vista. También es posible que temiera por su seguridad. Pero aquel día ella estaba en el Parlamento de Moscú y no podía acompañar a su marido en esa excursión de urgencia. El exalcalde viajó con dos ayudantes que ejercían también de guardaespaldas. El 20 de febrero, Sóbchak falleció en un hotel privado de una colonia de vacaciones a las afueras de Kaliningrado.

Los periodistas locales no tardaron en fijarse en algunas circunstancias extrañas que rodeaban a la muerte de Sóbchak. La principal era el hecho de que se le hubieran practicado al cadáver dos autopsias diferentes, una en Kaliningrado y otra en San Petersburgo, en el hospital militar dirigido por Yuri Shevchenko, el mismo doctor que había ayudado a organizar la fuga de Sóbchak a París; ahora era ministro de Sanidad, pero no había abandonado su puesto en el hospital. La causa oficial de la muerte fue un ataque al corazón masivo pero natural.

Aun así, diez semanas después de la muerte de Sóbchak, la oficina del fiscal en Kaliningrado abrió una investigación sobre un posible caso de «homicidio premeditado con circunstancias agravantes». Tres meses después, la investigación se cerró sin haberse descubierto nada.

En el entierro de Sóbchak, que tuvo lugar en San Petersburgo el 24 de febrero, Putin, sentado junto a la esposa y una hija del fallecido, parecía genuinamente desolado. Se mostró más conmovido de lo que jamás le verían los espectadores de la televisión rusa. En su única declaración pública de aquel día, Putin dijo: «El fallecimiento de Sóbchak no es solo una muerte, sino una muerte violenta, consecuencia de la persecución». Todos entendieron esto como que Sóbchak, injustamente acusado de corrupción, había sucumbido a la tensión antes de que su antiguo ayudante pudiera devolverle plenamente la grandeza que merecía.

Mientras, en París, Arkadi Vaksberg decidió emprender su propia investigación sobre la muerte de su conocido. Nunca había sido amigo íntimo, ni siquiera un gran admirador, del imperioso político ruso, pero era un periodista de investigación con experiencia forense y un gran olfato para los reportajes. Fue Vaksberg quien desenterró el detalle más intrigante de las circunstancias de la muerte de Sóbchak: los dos ayudantes y guardaespaldas, ambos jóvenes y en plena forma física, habían tenido que ser tratados por síntomas leves de envenenamiento después de la muerte de Sóbchak. Esto era un sello distintivo de los asesinatos por encargo en los que se utilizaba veneno; muchos secretarios o guardaespaldas habían caído igualmente enfermos cuando sus jefes fueron asesinados. En 2007, Vaksberg publicó un libro sobre la historia de los envenenamientos políticos en la URSS y en Rusia. En él proponía la hipótesis de que Sóbchak fue asesinado con un veneno colocado en la bombilla eléctrica de la lamparita de noche, de modo que la sustancia se calentara y se evaporara cuando se encendía la lámpara.[17] Era una técnica desarrollada en la URSS. Pocos meses después de que se publicara el libro, el coche de Vaksberg voló por los aires en su garaje de Moscú; Vaksberg no estaba dentro.[18]

7

El día que murió la prensa

Pasé el día de las elecciones, el 26 de marzo de 2000, en Chechenia. Quería evitar tener que acudir a las urnas en unas elecciones que me parecían una farsa, tras una campaña que se podría calificar perfectamente de parodia. A lo largo de menos de tres meses desde la dimisión de Yeltsin, Putin no había hecho ninguna declaración política, cosa que tanto él como su equipo de asesores veían como una virtud; creían que pedir el voto era rebajarse. Su campaña se había limitado básicamente al libro en el que exponía su visión de sí mismo como un matón, además de un vuelo a los mandos de un caza, entre una gran atención mediática, tras el que había aterrizado en un aeropuerto de Grozni una semana antes de las elecciones. Todo su mensaje político parecía resumirse en «conmigo no se juega».

Así que acepté una invitación, extendida por la oficina de prensa del ejército, para cubrir las votaciones desde Chechenia. Sabía que tendría pocas posibilidades de moverme a mi aire y que los soldados rusos vigilarían todos mis movimientos, pero supuse que me haría una idea del estado en que se encontraba un lugar que conocía bastante bien; había estado por última vez en Chechenia unos tres años antes, poco después de que se consolidase el alto el fuego.

Grozni era una ciudad de casi un millón de habitantes antes de la primera guerra, y tenía al menos medio millón cuando esta acabó. Conocía razonablemente bien su geografía; era una ciudad de tamaño manejable, con unas cuantas colinas y barrios reconocibles, en la mayoría de los cuales había suficientes edificios altos como para poder orientarse. Poco después de los bombardeos de la ciudad durante la primera guerra, algunos observadores europeos la habían comparado con Dresde, la ciudad alemana arrasada por las bombas de británicos y estadounidenses en las postrimerías de la Segunda Guerra Mundial. Me parecía una comparación apropiada, a pesar de que Grozni había conservado su paisaje esencial.

Ya no. No quedaban edificios altos. No era capaz de identificar ningún monumento, de los muchos que había habido. Todas las zonas de la ciudad tenían el mismo aspecto y olor: a carne quemada y polvo de cemento. El silencio en la ciudad era terriblemente ensordecedor. Leía obsesivamente los carteles, únicos recordatorios de vida y comunicación humanas en la ciudad: CAFÉ, INTERNET, PIEZAS DE AUTOMÓVIL, AQUÍ VIVE GENTE. Este último era el texto que ponían quienes iban volviendo a sus hogares tras la última guerra, esperando así evitar los saqueos y tiroteos.

Habían colocado una docena de altavoces en distintos sitios de lo que antes era una ciudad, como señales sonoras de los colegios electorales o de los comedores sociales instalados por el Ministerio Federal de Emergencias. La gente, sobre todo mujeres, caminaba por las calles en grupos de dos o tres, acercándose en silencio al sonido que surgía del altavoz más cercano, sin duda prefiriendo encontrarse un comedor antes que un colegio electoral.

A los periodistas, nuestros guías militares nos escoltaron a uno de los nueve colegios. Llegamos alrededor del mediodía y nos encontramos con una gran multitud, de nuevo en su mayoría mujeres, que llevaban allí desde el amanecer. Habían acudido con la esperanza de recibir ayuda humanitaria; alguien les había prometido que en el colegio electoral se repartiría comida y ropa, o bien el mero rumor las había incitado a ir. LA DEMOCRACIA ES LA DICTADURA DE LA LEY, proclamaba un cartel situado sobre la entrada del pequeño edificio, citando una contradictoria declaración de Putin, lo que suponía una violación directa de la ley electoral. La ayuda humanitaria no se veía por ningún lado.

Se me acercó una mujer mayor y me pidió que contase que se había visto obligada a vivir en la calle.

—¿Votó usted? —le pregunté.

—Voté —me respondió.

—¿A quién votó?

—No lo sé —me dijo sencillamente—. No sé leer. Cogí una papeleta y la metí en la urna.

Horas más tarde, en un colegio electoral en otra parte de la ciudad, vi a un grupo de gente que se aproximaba desde cierta distancia. Corrí hacia ellos antes de que mis custodios pudieran detenerme, con la esperanza de poder interactuar con habitantes de Grozni a su salida del colegio electoral. Resultaron ser tres personas, dos de ellas muy mayores, a las que había visto en el primer sitio. Las tres arrastraban carritos vacíos. Me contaron que, una vez que el autobús con los periodistas se hubo ido, las autoridades locales les dijeron que no habría ayuda humanitaria; habían tardado horas en volver andando a lo que antes eran sus hogares.

Aprovechando los breves momentos en que conseguí perder de vista a mis vigilantes, les pregunté por qué habían vuelto a Grozni. La pareja mayor le pidió a la mujer más joven que me contase su historia. Se resistió diciendo: «¿Qué sentido tiene hablar de ello?», pero al final no se atrevió a desobedecer a sus mayores. «Volvimos para recuperar los cuerpos de nuestros familiares. Nos condujeron hasta ellos. Estaban atados con cables. Pero no encontraron una de las cabezas.» Ocho miembros de su familia se encontraban entre los miles de detenidos y ejecutados sumariamente por las tropas rusas. La mujer y sus parientes más cercanos habían abandonado Grozni meses atrás, alojándose en casa de otros familiares, en una pequeña aldea. Sus ocho parientes no habían tenido dinero suficiente para salir de la ciudad; había que pagar cada vez que uno atravesaba un control de las tropas rusas. Mientras hablábamos, se nos acercó otra mujer junto con sus dos sobrinas, una niña pálida de ocho años y una adolescente malhumorada. «Su padre murió en el bombardeo —dijo—. Su madre no pudo soportarlo y también murió, al igual que su abuela. Las chicas las enterraron en el jardín. Ayer exhumamos el cadáver del padre y lo lavamos, pero los hombres tienen miedo de salir para enterrarlo, así que mientras tanto lo tenemos en casa.» Le pidió a la adolescente que confirmase su historia, pero la chica se echó a llorar y se alejó del grupo.

Me dijeron que habían votado a una activista por los derechos humanos cuyo número de votos final fue tan bajo que la mayoría de los medios ni siquiera la mencionaron. Pero también vi muchos votantes de Putin entre los chechenos. «Estoy harto de la guerra —me dijo un hombre de mediana edad en Grozni—. Estoy harto de pasar de mano en mano, como un testigo, de una pandilla de matones a la siguiente.» Miré a mi alrededor: estábamos en una zona de Grozni donde antes había habido sobre todo viviendas; ahora solo quedaban las vallas que separaban una propiedad fantasma de otra. «¿No fue Putin quien hizo esto?», pregunté. «Llevamos diez años de guerra —respondió, exagerando solo ligeramente; los primeros levantamientos armados en Chechenia se remontaban a 1991—. ¿Qué podría haber cambiado él? Deseamos un poder fuerte, que esté unido. Somos un pueblo que necesita a alguien que le mande.»

Había un checheno entre los diez candidatos desconocidos que competían sin ninguna esperanza con Putin en estas elecciones. Un millonario moscovita, promotor inmobiliario, que había enviado toneladas de harina a los campos de refugiados chechenos antes de las elecciones. «No tiene sentido votarle —me dijo un checheno, ayudante del director de uno de estos campos, en la vecina Ingusetia—. Puede que le vote, pero nadie en Rusia lo hará.» Iba a votar a Putin. «Es un buen hombre. No fue él quien decidió hacernos esto; había muchos otros interesados en reavivarlo de nuevo.»

Su jefe, un hombre arrugado de cincuenta años llamado Hamzat, me dijo: «Nos incitan a votar por Putin porque va a ser presidente de todas maneras». Hamzat había pasado veintinueve días detenido por los rusos durante la primera guerra de Chechenia; aún tenía dos cicatrices en la cabeza y una señal permanente en el omóplato, donde había recibido un golpe con la culata de un fusil. Me enseñó una foto de su hijo, un chico de dieciséis años de labios carnosos y pelo rizado que estaba en ese momento detenido por los rusos. Hamzat había averiguado en qué campo se encontraba su hijo, pero sus carceleros le exigían un rescate de mil dólares (una práctica completamente habitual en ambos bandos del conflicto). Hamzat no me contó qué había pasado después, pero otros de los habitantes del campo sí lo hicieron: organizaron una colecta, pero apenas consiguieron recaudar una décima parte de la suma exigida. El chico seguía preso.

El campo de refugiados consistía en una extensión de tiendas de campaña procedentes de excedentes militares y en un tren de diez vagones que habían llevado hasta allí con una grúa. Era una solución bastante habitual ante la falta de viviendas habitables; yo mismo me alojaba en un tren militar en un pueblo cercano. La oficina de Hamzat estaba en un vagón del tren. En el exterior colgaba una hoja de papel con sesenta y un nombres, escritos a mano, bajo el título «Localizados en la cárcel de Naursk, transportados después al hospital de Piatigorsk». Junto a los nombres, edades comprendidas entre los dieciséis y los cincuenta y dos años. Al parecer, eran los nombres de los reclusos que habían sido trasladados a un hospital antes de que la prensa visitase la cárcel más conocida de Chechenia. Uno de los reclusos había confeccionado la lista, con la esperanza de ayudar a los familiares a encontrar a sus seres queridos desaparecidos. Alguien había escrito «asesinado» con bolígrafo azul junto a uno de los nombres.

De acuerdo con la normativa militar, la mayor parte del tiempo estaba acompañada por rusos uniformados. Habría preferido con mucho estar en el bando checheno. No tanto porque sintiese mayor simpatía hacia su causa, sino porque me agotaba la atmósfera de miedo constante en el bando ruso. Las emboscadas que los soldados sufrían a diario hacían que ni los jóvenes reclutas ni sus oficiales pudiesen relajarse ni siquiera cuando trataban de ahogar sus miedos en alcohol, como hacían todas las noches, para dejar de oír los disparos, que no dejaban nunca de sonar. También oímos tiros a nuestro alrededor durante todo el día de las elecciones. Cuando traté de aventurarme en un barrio que antes estaba densamente poblado, mis dos custodios me rogaron que no lo hiciese. «Además, allí no hay nadie —me explicó uno—. ¿Para qué necesitas ir? Nos desconectarán a todos.» Quería decir que nos matarían. Se suponía que esas tropas —todos ellos votantes de Putin, como les indicaban sus mandos— controlaban Grozni. Pero los rusos seguirían sufriendo bajas a diario durante los años venideros.

El nuevo jefe de distrito de Grozni nombrado por los rusos alababa oportunamente a Putin. «Hoy, un hombre extraordinario ha llegado al poder en Rusia —dijo—. Un hombre firme.» Antes de las elecciones, los organizadores locales habían peinado los sótanos del barrio, elaborando listas de votantes. Llegaron a los 3.400 y esas eran las papeletas que tenían, pero a mitad del día ya se les habían acabado. «Les dije que podía haber más gente —se quejaba el jefe de distrito—, ¡pero no me hicieron caso! ¿De dónde salía toda esta gente? ¡Tampoco es que surgiesen de debajo de las piedras!»

En realidad, sí que habían salido de entre las piedras, y no solo porque hubiesen estado viviendo en los sótanos de sus edificios derruidos, sino también porque muchas de las personas que iban a votar —la mayoría, mujeres mayores— acudían al colegio electoral llevando cada una dos o tres pasaportes, los suyos y los de miembros de sus familias que supongo que esperaban que siguiesen con vida. Quienes habían perdido sus pasaportes podían utilizar un formulario especial para depositar sus votos, pero eso también significaba que su documentación podía utilizarse para votar en otro lugar. Probé mi teoría al pasar de un distrito electoral a otro: en todos me permitieron votar, con mi documentación moscovita o sin ella.

Antes del inicio de la segunda guerra, la población oficial de Chechenia era de 380.000 habitantes. Cuando llegaron las elecciones, el censo creció hasta los 460.000 votantes,[1] no solo por las tropas rusas sino también por los muertos cuyos pasaportes, reales o imaginarios, se utilizaban. Putin recibió algo menos del 30 por ciento de los votos, su peor resultado en toda Rusia. En conjunto, sin embargo, el hombre sin rostro, que carecía de plataforma política y no había hecho campaña, obtuvo más del 52 por ciento de los votos, haciendo innecesaria una segunda vuelta.[2]

El 7 de mayo de 2000, Vladímir Putin tomó posesión como presidente de Rusia. En sentido estricto, era la primera ceremonia de este tipo en la historia; Yeltsin había sido elegido para su primer mandato cuando Rusia aún formaba parte de la Unión Soviética. Por lo tanto, Putin tenía la oportunidad de crear un nuevo ritual. Por iniciativa suya, la ceremonia, que originalmente iba a tener lugar en el modernista Palacio de Estado del Kremlin, donde el Partido Comunista había celebrado sus congresos y donde la administración de Yeltsin había organizado conferencias, se trasladó al histórico Gran Palacio del Kremlin, donde vivieron los zares.[3] Putin atravesó el vestíbulo, sobre una larga alfombra roja, balanceando el brazo izquierdo y manteniendo el derecho extrañamente inmóvil, con el codo ligeramente flexionado; un modo de andar que pronto les resultaría familiar a los telespectadores rusos y que daría pie a que un observador estadounidense especulase con la idea de que Putin había sufrido daños en el parto o quizá una apoplejía antes de nacer.[4] Yo me inclino más bien por pensar que los andares eran simplemente lo que parecían: las maneras de alguien que ejecuta todos sus actos públicos de forma mecánica y a regañadientes, proyectando al mismo tiempo en cada paso una imagen de alerta y agresividad extremas. Para los rusos, esta forma de andar también parecía un amaneramiento de adolescente, igual que su costumbre de llevar el reloj en la muñeca derecha (a pesar de que Putin es diestro); esta moda enseguida se extendió entre los burócratas de todos los niveles, y el principal fabricante de relojes del país, en Tartaristán, lanzó poco después un nuevo modelo, llamado «Reloj Kremlin para zurdos»,[5] y envió el primer ejemplar de la serie a Moscú como regalo para Putin. Nunca se le vio en público con ese reloj barato de fabricación nacional, pero sí hay fotos suyas de los años siguientes en las que lleva otros relojes, con frecuencia un Patek Philippe Perpetual Calendar de oro blanco valorado en 60.000 dólares.[6]

En la ceremonia de toma de posesión hubo mil quinientos invitados, de los cuales un número exagerado iban de uniforme. Destacaba uno en particular: Vladímir Kriuchkov, antiguo director del KGB y uno de los organizadores del golpe de Estado de 1991. Un periodista allí presente lo describió como «un anciano de corta estatura al que le costaba mantenerse en pie y que se levantó solo una vez, cuando sonó el himno nacional».[7] Era fácil distinguir a Kriuchkov porque se sentó aparte del resto de los invitados; no era precisamente un miembro de la élite política rusa del momento. A pesar de ello, nadie se atrevió a poner objeciones en público a la presencia de un hombre que había intentado utilizar las armas para aplastar la democracia rusa. Había pasado diecisiete meses en la cárcel y recibió el indulto del Parlamento en 1994. La mayoría de los artículos de prensa sobre la toma de posesión ignoraron completamente su presencia.

Kommersant, el principal diario económico, le dedicó el párrafo vigésimo de treinta y cuatro. Si los periodistas hubiesen tenido el don de predecir el futuro, probablemente le habrían dado mucha más relevancia, pues Rusia no solo estaba celebrando un cambio de líder sino también un cambio de régimen, al que Kriuchkov daba la bienvenida.

Apenas unos meses antes, el 18 de diciembre de 1999 —a dos semanas de convertirse en presidente en funciones—, Putin había hablado en un banquete para recordar el día de la fundación de la policía secreta soviética, una oscura fiesta profesional que adquiriría prominencia en los años venideros, con banderines conmemorativos en las calles y cobertura televisiva de las celebraciones. «Me gustaría informar —dijo Putin en el banquete— de que el grupo de oficiales del FSB enviados de incógnito a trabajar en el gobierno federal han cumplido su primer conjunto de objetivos.»[8] La sala, repleta de altos cargos de la policía secreta, estalló en una carcajada. Putin trató más tarde de presentarlo como una simple broma, pero ese mismo día había vuelto a colocar en el edificio del FSB una placa conmemorativa para recordar al mundo que Yuri Andrópov, el único jefe de la policía secreta que llegó a ser secretario general del Partido Comunista, había trabajado allí.

Como la campaña para su elección y el propio Putin parecían haber tenido existencias paralelas, él había asistido a pocos actos públicos más entre diciembre y la toma de posesión. Había elegido como primer ministro a un hombre cuya figura imponente, voz profunda y fuerte, aspecto de actor de Hollywood y sonrisa inmaculada contradecían su falta de ambición política. Mijaíl Kasiánov parecía que llevaba la burocracia en la sangre: había ido ascendiendo por diversos ministerios soviéticos; tras una suave transición, había pasado a trabajar para varios ministros de los gobiernos de Yeltsin, y recientemente había sido nombrado ministro de Finanzas.

«Me llamó a su despacho el 2 de enero», apenas tres días después de la dimisión de Yeltsin, me contó Kasiánov. «Me expuso sus condiciones para mi nombramiento. Dijo: "Mientras no te metas en mi terreno, nos llevaremos bien".»[9] A Kasiánov, en absoluto acostumbrado al lenguaje de la calle, le sorprendieron mucho más las palabras que empleó Putin que la sustancia de lo que le estaba diciendo. La Constitución otorgaba al primer ministro una amplia autoridad sobre los cuerpos uniformados; Putin le estaba diciendo que tendría que renunciar a estos poderes si quería ser primer ministro. Kasiánov aceptó sin reservas, y a cambio le pidió que le permitiese impulsar las reformas económicas previstas. Putin aceptó y lo nombró vice-primer ministro, prometiendo ascenderlo a primer ministro en cuanto tomase posesión como presidente.

Kasiánov se encargaba de la gestión cotidiana del gobierno. Putin se dedicó a preparar lo que llamaba su «terreno». Su primer decreto como presidente en funciones otorgó inmunidad a Borís Yeltsin, y el segundo estableció una nueva doctrina militar para Rusia, abandonando la antigua política de «no asestar el primer golpe» respecto a las armas nucleares y haciendo hincapié en el derecho a utilizarlas contra agresores «si se han agotado otros medios de resolución de conflictos o estos se consideran ineficaces». Poco después, otro decreto volvió a establecer la obligatoriedad de que los reservistas realizasen maniobras (todos los hombres rusos sin discapacidades tenían la consideración de reservistas), algo que había sido suprimido, para alivio de las esposas y madres rusas, tras la retirada de Afganistán. Dos de los seis párrafos del decreto fueron clasificados como secretos, lo que hacía suponer que trataban sobre la posibilidad de que enviasen a los reservistas a Chechenia. Unos pocos días después, Putin aprobó una orden que otorgaba a cuarenta ministros y otros altos cargos la potestad de clasificar información como secreta, en violación directa de la Constitución. También restableció la formación militar obligatoria en la secundaria, tanto pública como privada, cosa que para los niños implicaba desmontar, limpiar y volver a montar un kaláshnikov, un ejercicio que se había suprimido durante la perestroika. En total, seis de los once decretos que Putin aprobó en sus dos primeros meses como presidente en funciones estaban relacionados con el ejército. El 27 de enero, Kasiánov anunció que el gasto en defensa se incrementaría un 50 por ciento, en un país que aún era incapaz de satisfacer sus obligaciones crediticias internacionales y que veía como la mayoría de su población se hundía cada vez más en la pobreza.[10]

Para cualquiera que estuviese atento, dentro o fuera de Rusia, todos los indicios sobre la naturaleza del nuevo régimen eran claros pocas semanas después de la ascensión de Putin a su trono temporal. Pero el país estaba ocupado eligiendo a un presidente imaginario, y el resto del mundo occidental no empezaría a dudar de su opción hasta años después.

Cuando Putin tomó posesión, yo estaba de vuelta en Chechenia; viendo lo que entonces se consideraba política y periodismo político, sentí la necesidad apremiante de hacer algo que tuviese sentido. Mientras el sistema político del país se venía abajo, me sentí especialmente afortunada de poder investigar y publicar historias que me parecían importantes. Esta vez había estado viajando con oficiales del ejército y voluntarios independientes que buscaban a soldados rusos desaparecidos en combate en Chechenia; por aquel entonces tenían una lista de unos mil, la mitad de ellos desaparecidos desde la última guerra.

Volví de Chechenia el fin de semana de la toma de posesión. Mi segundo día de regreso en la oficina, que era también el segundo día de Putin oficialmente en el cargo de presidente, fuerzas especiales de la policía entraron en la sede de Media-Most, la compañía de Vladímir Gusinski a la que pertenecía mi revista. Decenas de hombres vestidos de camuflaje, con pasamontañas negros con aberturas para los ojos y armados con metralletas entraron en las oficinas del edificio recién renovado en pleno centro de Moscú, a kilómetro y medio del Kremlin, zarandearon a miembros del personal y metieron montones de papeles en cajas de cartón que cargaron en camionetas. Después, la fiscalía, la administración presidencial y la policía de delitos fiscales emitieron confusos comunicados en los que explicaban la redada: dijeron que tenían sospechas de irregularidades fiscales y que sospechaban que el servicio de seguridad interno de Media-Most había incurrido en mala conducta profesional; incluso llegaron a decir que sospechaban que la compañía espiaba a sus propios periodistas. Pero la naturaleza de la redada era evidente para cualquiera que hubiese hecho negocios, o simplemente supiese cómo se hacían, en la Rusia de los años noventa: era una amenaza. Normalmente, eran los grupos del crimen organizado los que organizaban este tipo de asaltos para dejar claro quién mandaba (y quién ejercía mayor influencia sobre la policía). No obstante, esta redada era extraña en varios aspectos: su escala (numerosos agentes, varias camionetas llenas de documentación); su ubicación (el centro de Moscú); el momento en que se produjo (a plena luz del día) y su objetivo (uno de los siete empresarios más influyentes del país). También era extraña por la identidad de su presumible instigador, que los medios de Media-Most identificaron como Vladímir Putin. El interpelado afirmó que no estaba al tanto del suceso;[11] durante la redada estaba en el Kremlin, reunido con Ted Turner, recordando los Juegos de la Buena Voluntad celebrados en San Petersburgo en los años noventa y discutiendo el futuro de los medios.

Los meses que siguieron a la redada de la sede de Media-Most son uno de esos períodos que cuesta recordar y describir: el tiempo que transcurre entre el diagnóstico y la consecuencia inevitable, entre el día en que te das cuenta de cómo acabará la historia y el día en que esta efectivamente termina. Creo que se puede decir que tanto las aproximadamente setenta personas que trabajaban en mi revista como los centenares que lo hacían en el periódico y la cadena de televisión de Gusinski, la NTV —la misma que había emitido el programa de investigación sobre las explosiones en los bloques de viviendas—, supieron el mismo día de la redada que eso marcaba el principio del fin para la mayor compañía privada rusa de medios de comunicación. Y aun así seguimos trabajando casi como si nada hubiese sucedido, como si la historia de los problemas de la empresa fuese simplemente una más de las que debíamos cubrir.

No recuerdo cómo tuve conocimiento del arresto de Vladímir Gusinski el 13 de junio. Puede que lo oyese en la radio del coche, aunque es poco probable, pues el verano de 2000 era el segundo en que me movía en bicicleta por Moscú, que por aquel entonces era una forma de transporte novedosa en la ciudad; de hecho, ese mes estaba trabajando en una historia sobre las bicis en la ciudad. Puede que me enterase por un colega del arresto. O quizá porque un amigo me llamó para contármelo. Independientemente de cómo recibiese la noticia, lo más importante que oí ni siquiera era que habían arrestado a uno de los hombres más influyentes del país, que daba la casualidad de que era quien me pagaba el salario, sino que había sido arrestado en relación con la privatización de una empresa llamada Russkoye Video. Esta historia tenía que escribirla yo.

Russkoye Video era una productora de televisión que había sido propiedad de Dimitri Rozhdestvenski, el empresario de San Petersburgo que entonces llevaba ya dos años en prisión. Había seguido su historia durante un tiempo sin llegar a entenderla, desde que fui a San Petersburgo para escribir sobre el asesinato de Galina Starovoitova.

Mis fuentes allí —incluido el ayudante de Starovoitova, que había sobrevivido al tiroteo— insistieron en llevarme a ver a una pareja de ancianos que vivían en un piso amplio y bien amueblado junto al canal de Griboyédov. Durante varios encuentros espaciados a lo largo de unos pocos meses, me contaron la historia de su hijo, Dimitri Rozhdestvenski, un productor de televisión de cuarenta y cuatro años, con una buena formación, que se las había apañado bastante bien durante el mandato de Sóbchak (participando en la gestión de su campaña de reelección) y que ahora estaba en la cárcel.

Parecía que alguien había decidido ir a por él. Primero, en marzo de 1997, se le había sometido a una inspección fiscal. Después, en mayo, recibió una carta de la oficina local de la policía secreta informándole de que la antena que utilizaba su cadena de televisión, de la que era copropietario, representaba una amenaza para la seguridad del Estado. A continuación, Rozhdestvenski fue sometido a varios interrogatorios en relación con el caso Sóbchak. «Sospechaban que Dimitri había blanqueado dinero de Sóbchak —me dijo su madre—. Pero Dimitri tuvo suerte: Sóbchak nunca llegó a pagar a su empresa ni siquiera el dinero que les debía por la producción y la emisión de sus anuncios electorales.» En marzo de 1998, se le acusó finalmente de evasión de impuestos. Una noche de ese mes, un equipo especial de la fiscalía registró los pisos de cuarenta y una personas conectadas con la empresa de Rozhdestvenski, incluidos colaboradores autónomos.

«Fue entonces cuando realmente se ensañaron con él», me dijo la anciana. Llamaban a su hijo a declarar casi todos los días; registraban su piso, su despacho y su dacha una y otra vez. En agosto de 1998, la mujer de Dimitri sufrió una apoplejía. «Estábamos en la dacha —contó su madre—. Iba a declarar a diario y nunca sabíamos si volvería. Yo pude sobrellevar la situación (mi padre había estado tres veces en la cárcel en tiempos de Stalin), pero Natasha [la mujer de Dimitri] resultó ser la más débil.»

En septiembre de 1998, Dimitri Rozhdestvenski fue acusado de malversación de fondos y arrestado. Conocí a sus padres dos meses después. Durante los veinte meses siguientes, realicé varias visitas a los Rozhdestvenski y me fueron poniendo al día del caso de su hijo. Fueron trasladando a Dimitri de cárcel en cárcel, pasando por Moscú para, más adelante, acabar en una prisión de la policía secreta a las afueras de San Petersburgo. Los delitos de los que se le acusaba fueron variando: primero, fue de apropiarse indebidamente de un coche, después de quedarse con dinero de un contrato, y a continuación de malversación de fondos para construirse una casa de vacaciones. Por lo que pude deducir, su negocio y sus asuntos familiares estaban entremezclados de una forma tan intensa y compleja que la fiscalía probablemente seguiría encontrando maneras de mantenerlo entre rejas durante el tiempo que quisiese. Lo que no conseguía entender es por qué alguien deseaba ver a Rozhdestvenski en la cárcel.

Sus padres me dijeron que era Vladímir Yákovlev, el sucesor de Sóbchak, quien se estaba cobrando su venganza por la participación de Rozhdestvenski en la campaña para la reelección de Sóbchak. Pero a Sóbchak le había apoyado más gente. ¿Se quería hacer de Rozhdestvenski un cabeza de turco porque otros, como Putin, eran demasiado poderosos? Posiblemente. ¿O no era Yákovlev quien estaba detrás de la venganza, sino uno de los antiguos socios de Rozhdestvenski, entre los que estaban Putin y otros varios personajes influyentes de San Petersburgo que habían creado una productora de televisión relacionada con los casinos de la ciudad? También era posible. ¿O, como pensaba el ayudante de Starovoitova, se trataba de un macabro caso de chantaje por parte de un empresario que había tratado sin éxito de presionar a Rozhdestvenski para que vendiese su compañía? También eso era posible.

Seguí yendo a visitar a los Rozhdestvenski porque no encontraba la forma apropiada para escribir la historia de su hijo. Cuanto más avanzaba, menos entendía. Un tiempo después, detuvieron al empresario del que se decía que estaba chantajeando a Rozhdestvenski y lo acusaron de varios asesinatos por encargo, incluido el del vicealcalde de Urbanismo; lo habían abatido a tiros en la Perspectiva Nevski a plena luz del día en 1997. Una cosa estaba clara: fuera lo que fuese lo que estaba pasando con Rozhdestvenski, tenía poco o nada que ver con la demanda contra él y sí con cómo se hacían negocios y política en San Petersburgo.[12]

Este caso y esta empresa de la que la mayoría de los rusos nunca habían oído hablar habían conducido a Vladímir Gusinski a la cárcel. Me senté y empecé a revisar la enorme cantidad de papeles que había recopilado sobre el caso —sobre todo demandas y documentos anejos—, como había hecho ya varias veces en los dos años anteriores. Por primera vez empezaron a tener sentido, aunque seguía sin ver dónde estaba el caso, al igual que les sucedía a los importantes abogados de Media-Most. «No hay imputaciones —me dijo una inteligente abogada de mediana edad de la empresa, sinceramente confusa—. Ni siquiera consigo entender cuál se supone que es el delito. No entiendo de dónde sacan las cifras que citan. Aquí dicen que la propia compañía se constituyó ilegalmente, pero hacen referencia a una ley que no contiene nada pertinente. E incluso en el caso de que la empresa se hubiese creado violando la ley, Media-Most no tuvo nada que ver con ello.»[13]

La compañía mayor había comprado Russkoye Video, junto con docenas de productoras y emisoras regionales, cuando estaba creando una red nacional de entretenimiento. La empresa de San Petersburgo ni siquiera era uno de los vehículos publicitarios más importantes de la red; la compraron sobre todo por su amplio catálogo de películas de serie B, que la red podría utilizar para rellenar la parrilla mientras trabajaba para crear su producción propia.

«Resultaría divertido si no fuese tan triste —afirmó la abogada—. Ojalá los delitos en Rusia fuesen realmente de este estilo», queriendo decir con esto que fuesen al límite de la legalidad.

Los delitos en Rusia no tenían nada que ver, pero muchas causas judiciales rusas se acababan pareciendo a esta: incoadas rápido y mal y llenas de contradicciones. Me di cuenta de que mi teoría original sobre el caso de Dimitri Rozhdestvenski era correcta: se trataba de una venganza personal. Pero el culpable no era ni el actual alcalde de San Petersburgo, como afirmaban algunos, ni un jefe de la mafia encarcelado, como creían otros.

Al parecer, algo había ido muy mal entre Rozhdestvenski y Putin, con quien había trabajado en la fallida campaña para la reelección de Sóbchak. Esto explicaba por qué, tras haber pasado casi dos años siguiendo el caso, el fiscal me amenazó la última vez que hablé con él, el 29 de febrero de 2000. «Déjalo estar —me dijo—. Créeme, Masha, no te conviene profundizar más en esto. O lo lamentarás.» Llevaba años escribiendo sobre asuntos judiciales en Rusia y nadie me había hablado de esta manera, ni siquiera delincuentes imputados o sus con frecuencia desagradables socios. ¿Por qué este caso era tan importante y temible? Solo el hecho de que quien estaba detrás era el hombre que entonces ocupaba el cargo de presidente en funciones de Rusia. El fiscal, Yuri Vanyushin, era compañero de clase de Putin en la facultad de derecho. Había entrado a trabajar en la fiscalía directamente desde la universidad, cuando Putin ingresó en el KGB, pero cuando este volvió a Leningrado y pasó a trabajar para Sóbchak, Vanyushin se incorporó con él al ayuntamiento. Cuando Putin se fue a Moscú seis años después, Vanyushin volvió a la fiscalía, convirtiéndose en un investigador especializado en «casos muy importantes», una categoría jurídica definida en Rusia. El de Rozhdestvenski no cumplía los criterios formales para entrar en ella, pero al parecer sí que era muy importante para alguien muy importante.

Otro estrecho colaborador de Putin, Víktor Cherkésov, que había sido nombrado director de la delegación del FSB en San Petersburgo tras intensas presiones de Putin y muchas protestas de antiguos disidentes, había intervenido cuando parecía que el caso contra Rozhdestvenski no acababa de arrancar. Cuando se vio que la inspección fiscal no proporcionaba una base sólida para una acusación penal, Cherkésov envió una carta a Rozhdestvenski en la que le informaba de que el transmisor que utilizaba Russkoye Video suponía una amenaza para la seguridad nacional. Una vez que la productora dejó de utilizarlo, pasó a usarlo otra empresa; al parecer, había dejado de ser una amenaza.[14] Un año más tarde, Cherkésov se trasladó a Moscú, junto a Putin, que lo nombró vicedirector del FSB.

Los padres de Rozhdestvenski esperaban que su hijo fuese liberado una vez que su viejo amigo Vladímir Putin se convirtiese en director de la policía secreta, después en presidente del gobierno y, por último, en jefe de Estado. Pero, en cambio, Vanyushin mantuvo el caso vivo aun cuando las acusaciones se iban viniendo abajo una tras otra; seguía encontrando otras igualmente endebles para que siguiese en la cárcel. Al final del verano de 2000, finalmente un tribunal tuvo en cuenta el deteriorado estado de salud de Rozhdestvenski y lo dejó en libertad a la espera de juicio.[15] Murió en junio de 2002, a los cuarenta y ocho años.

Lo que ahora estaba averiguando, al repasar los documentos que había conservado durante casi dos años, era lo mismo que Natalia Guevorkian había visto cuando se enfrentó con Putin a propósito del periodista Andréi Babitski. «Es un hombre pequeño y vengativo», fue su forma de expresarlo. El caso contra Gusinski era, como el de Rozhdestvenski, un asunto de *vendetta* personal. Gusinski no había apoyado a Putin en las elecciones. Mantenía una relación cordial y tenía importantes acuerdos comerciales con el alcalde de Moscú, Yuri Lúzhkov, que lideraba la coalición de oposición a la Familia. Fue el canal de televisión de Gusinski el que emitió el programa sobre las explosiones en los bloques de viviendas dos días antes de las elecciones.

El arresto de Gusinski no tenía ninguna conexión real con Russkoye Video; simplemente, se dio la circunstancia de que el hombre que impulsó el arresto tenía un conocimiento detallado del caso de Russkoye Video, que servía igual que cualquier otro cuando de lo que se trataba era de meter entre rejas a uno de los hombres más poderosos de Rusia. Si había irregularidades en los documentos de constitución de la compañía, Putin también sabía de ellas; hojeando mis archivos, encontré un documento que autorizaba la formación de la empresa, firmado por Vladímir Putin.

Vladímir Gusinski pasó solamente tres días en la cárcel. En cuanto fue puesto en libertad tras pagar una fianza, huyó del país, convirtiéndose en el primer refugiado político del régimen de Putin, apenas cinco semanas después de su llegada al poder.

A diferencia del dueño de mi empresa, yo seguía en Moscú. Y, aparentemente, tenía muchos problemas, como el fiscal Vanyushin me había advertido. Había escrito un artículo sobre el caso de Russkoye Video; se publicó unos días después de que Gusinski saliese del país e iba acompañado del documento que había encontrado, el firmado por Putin. En cuanto me quise dar cuenta, tenía a un hombre subido a una escalera apostado junto a la puerta de mi apartamento, veinticuatro horas al día. «¿Qué hace usted aquí?», le preguntaba cada vez que abría la puerta y me lo encontraba ahí. «Reparaciones», me gruñía.

Unos días después, me desconectaron el teléfono de casa. La compañía telefónica me dijo que no tenía nada que ver, pero tardé varios días en conseguir que volviese a funcionar. Eran métodos típicos del KGB, dirigidos a hacerme entender que nunca estaba a salvo y que nunca estaba sola; esta forma de actuar no había cambiado desde los años setenta, cuando los mismos gorilas se plantaban en la escalera de la gente para dejarles claro que les estaban vigilando. Saber que esto era así no hacía que las cosas fuesen más fáciles. Las tácticas de acoso funcionaban igual de bien entonces que treinta años antes; a los pocos días, me estaba volviendo loca por un miedo indeterminado.

Aproveché que me habían encargado hacer un reportaje para salir del país durante un par de semanas. Y decidí buscar otro empleo. El mío había sido el mejor trabajo del mundo, y haciéndolo me había jugado la vida unas cuantas veces, yendo a Chechenia, a la antigua Yugoslavia y a otras zonas de guerra postsoviéticas. Pero no estaba preparada para vivir bajo la amenaza constante, por poco concreta que fuese. Había una vacante para el puesto de jefe de la oficina en Moscú del semanario estadounidense *U.S. News & World Report* y me lancé sobre la oportunidad.

Mientras tanto, Gusinski, que dividía su tiempo entre Inglaterra y España, donde tenía una casa, estaba negociando con el Estado ruso el destino de su imperio mediático. Era dueño del 60 por ciento de su compañía; Gazprom, el monopolio gasístico estatal, poseía otro 30 por ciento, y el 10 por ciento restante estaba en manos de inversores privados, principalmente altos cargos de la empresa. Gusinski había necesitado cuantiosos préstamos de un banco propiedad del Estado para financiar el despliegue de su red de satélites. Menos de un año antes, aún conservaba una esperanza fundada de que se le perdonaría la deuda; su antigua relación de confianza con Yeltsin y su papel en la campaña de reelección de 1996 hacían que esta fuese una expectativa razonable, al menos para el propio Gusinski. [16] Ahora, algunos de los créditos habían vencido y el Estado le estaba pidiendo el resto antes de tiempo, exigiendo el pago en acciones en lugar de en efectivo, con la intención de conseguir que el monopolio gasístico se hiciese con el control de las compañías. Gusinski estaba intentando reestructurar la deuda de forma que ninguno de los accionistas llegase a poseer una porción suficiente para darle el control, lo que garantizaría la independencia editorial de sus medios de comunicación.

A medida que las negociaciones se fueron complicando, alguien —cada uno de los bandos acusa al otro— filtró a la prensa el documento que Gusinski había firmado antes de abandonar el país. Al parecer, había accedido por escrito a ceder la mayoría de las acciones de su compañía a Gazprom a cambio de su libertad. Irrefutablemente, junto a las firmas de Gusinski y del director de la filial de medios de Gazprom —reconstituida especialmente para la ocasión—, en el documento aparecía también la del ministro de Prensa, Mijaíl Lesín.[17] En otras palabras, se trataba del clásico contrato del crimen organizado, que formalizaba el intercambio del negocio de alguien a cambio de su libertad personal, en el que participaba el Estado. Tras la filtración del documento, Gusinski dijo públicamente que el ministro le había amenazado en persona, obligándole a desprenderse de su negocio bajo presión, «prácticamente a punta de pistola». Tachó el proceso completo de «extorsión estatal».[18]

Putin declinó comentar la situación. No obstante, nadie parecía dudar de que la orden de arrebatarle la compañía a Gusinski había partido directamente de él. Su primer ministro, Mijaíl Kasiánov, el hombre de la sonrisa perfecta, pareció verdaderamente sorprendido e incluso escandalizado por las revelaciones y reprendió a Lesín en público, delante de las cámaras de televisión. Tres días más tarde, Mijaíl Gorbachov reapareció tras nueve años de retiro político de facto para reunirse con Putin y pedirle que arreglase la situación de Gusinski. El anciano salió del encuentro desanimado, comentando ante los medios que Putin se negaba a intervenir.[19] Al día siguiente, el primer ministro Kasiánov abrió el consejo de ministros con una nueva reprimenda a su ministro de Prensa, Lesín.[20] Los periodistas y analistas políticos rusos lo interpretaron como un claro indicio de que el primer ministro se sentía impotente en una situación orquestada por el propio presidente.

Poco después, asaltos como este a negocios privados de todos los tamaños se convirtieron en algo habitual. Pero en el sistema que Borís Yeltsin dejó tras su mandato no tenía cabida la «extorsión estatal». Los sucesivos gobiernos de Yeltsin no habían logrado convertir los tribunales rusos en un sistema judicial eficaz, pero sí habían plantado en ellos las semillas de esa ambición. Ahora, esos tribunales, sobre todo los de las primeras instancias, se estaban resistiendo a las intenciones de Gazprom, y uno de ellos llegó incluso a desestimar una demanda contra Gusinski. Finalmente, el monopolio estatal tardó casi un año en tomar el control del imperio mediático de Gusinski. En abril de 2001, tras casi una semana de enfrentamiento porque el personal de la NTV seguía informando en directo sobre la absorción, se expulsó al antiguo equipo editorial. Cuando, una semana más tarde, mis antiguos colegas de la revista *Itogi* volvían al trabajo, se encontraron las puertas cerradas y se enteraron de que habían despedido a todos y cada uno de los trabajadores.

Yo ya me había ido, al aceptar el verano anterior el trabajo en *U.S. News & World Report*. Antes de empezar, había pasado unos días de vacaciones en el mar Negro. Pero, tras unos pocos días en el sur, tuve que volver al norte: un submarino nuclear se estaba hundiendo en el mar de Barents, arrastrando con él a 118 marineros.

De todas las historias desgarradoras que he tenido que cubrir y de las que el pueblo ruso ha sido testigo, es posible que el desastre del *Kursk* fuese la más devastadora. Durante nueve días, madres, esposas e hijos de los marineros a bordo del submarino —y con ellos el país entero— mantuvieron la esperanza de que algunos salieran con vida. El país se mantuvo en vela mientras se sucedían los intentos de rescate por parte de la armada y del gobierno. Se desestimó el ofrecimiento de ayuda por parte de equipos de Noruega y Reino Unido, supuestamente por razones de seguridad. Y lo peor de todo: el nuevo presidente permaneció en silencio, de vacaciones en la costa del mar Negro.

El *Kursk* sirve como una metáfora fácil de la situación postsoviética. Su construcción se inició en 1990, cuando la Unión Soviética se aproximaba al colapso; fue botado en 1994, muy probablemente el peor momento de la historia militar rusa, pero justo cuando las ambiciones rusas de seguir siendo una superpotencia, aparcadas temporalmente mientras se desmantelaba el imperio, volvían a dejarse sentir. El submarino nuclear era enorme, como lo habían sido esas ambiciones en otro tiempo (y como lo volverían a ser, con Putin en el poder y prometiendo eliminar al enemigo dondequiera que estuviese). La primera misión del *Kursk*, que apenas había recibido mantenimiento desde que entró en funcionamiento, tuvo lugar en el verano de 1999, cuando Putin llegó al poder, y tenía previsto llevar a cabo sus primeras maniobras importantes en agosto de 2000.

Más tarde quedó claro que ni el submarino, ni su tripulación ni, en realidad, la Flota del Norte al completo, estaban preparados para las maniobras. De hecho, estas no recibieron oficialmente dicho nombre, al menos en parte porque los barcos que participaban y sus tripulaciones no habrían cumplido con todos los requisitos jurídicos y técnicos de unas maniobras en toda regla. En cambio, se dijo que el submarino y el resto de los buques de guerra que zarparon el 12 de agosto de 2000 salían en una «marcha conjunta», una expresión inexistente y que, por lo tanto, no conllevaba requisitos claros. El submarino se hizo a la mar con una tripulación con escasa formación y adiestramiento y proveniente de distintos buques, por lo que carecía de experiencia como equipo. El submarino estaba equipado con torpedos de maniobras, algunos de los cuales ya habían rebasado su fecha de caducidad, mientras que el resto no habían sido revisados como correspondía. Algunos de los torpedos estaban visiblemente oxidados, incluso con agujeros; en otros, las anillas conectoras de goma se habían utilizado más de una vez, violando las normas de seguridad. «La muerte viaja a bordo con nosotros», le dijo un miembro de la tripulación a su madre seis días antes del accidente, refiriéndose a los torpedos.[21]

Fue uno de esos torpedos el que empezó a arder y estalló. Hubo dos explosiones en el submarino y la mayoría de la tripulación murió en el acto. Los veintitrés supervivientes se trasladaron a una sección del barco que no había resultado afectada para esperar el rescate. Disponían del equipo necesario para mantenerse con vida dentro del submarino durante un tiempo. Era razonable que esperasen ser rescatados; al fin y al cabo estaban de maniobras, con varios buques de guerra en las inmediaciones, y el accidente se debía de haber descubierto casi de inmediato.

Pero, aunque los temblores provocados por la explosión fueron detectados por una estación sísmica noruega, los barcos rusos, situados mucho más cerca del submarino, no fueron conscientes de su suerte. Pasaron nueve horas antes de que la flota se percatase de que había habido un accidente, y aproximadamente otro tanto hasta que se informó al presidente, que estaba de vacaciones. Los intentos de rescate comenzaron, pero los equipos carecían de la formación necesaria para el trabajo. No consiguieron acoplarse al submarino.

La mayoría de los veintitrés supervivientes habrían podido salir por sus propios medios —el accidente se había producido en aguas relativamente poco profundas—, pero esa sección del submarino no contaba con la soga necesaria para evacuar a la tripulación. Los veintitrés marineros esperaron a oscuras hasta que el fuego alcanzó uno de los equipos de regeneración del aire, lo que llenó el compartimento del humo tóxico que acabó con sus vidas.

Durante los más de dos días que pasaron con vida bajo el agua, los veintitrés hombres emitieron señales de socorro dando golpes, tratando de colaborar en los intentos de rescate, que primero no tuvieron lugar y luego resultaron inútiles. Al final, sus golpes se volvieron irregulares y desesperados. Nunca recibieron respuesta a su mensaje; obedeciendo una regla no escrita de la flota, los rescatadores se mantuvieron en silencio, supuestamente para evitar que barcos enemigos los localizasen. Esa misma fue la razón por la que se rechazaron los primeros ofrecimientos de ayuda en el rescate por parte de buzos británicos y noruegos. Cuando finalmente se le permitió que entrase en aguas rusas y descendiese hasta el *Kursk*, un equipo noruego logró fácilmente acoplarse al submarino en el primer intento. Cuando no consiguieron abrir la escotilla, diseñaron una herramienta para hacerlo y, nueve días después del accidente, entraron por fin en el submarino y confirmaron que no había supervivientes.[22]

Durante diez días, el país entero se mantuvo pegado a los televisores, esperando noticias del *Kursk*. O del nuevo presidente, el que había prometido recuperar el poderío militar ruso. Primero no dijo nada. Después, aún de vacaciones, hizo un comentario vago que dejó entrever que le daba más importancia a recuperar el equipo que transportaba el *Kursk* que a rescatar a la tripulación. En el séptimo día del desastre, finalmente accedió a volver a Moscú y se vio oportunamente arrinconado por un equipo de televisión en la ciudad vacacional de Yalta, en la costa del mar Negro. «Hice lo que debía —dijo Putin—, porque la llegada de personas no especialistas de cualquier ámbito, la presencia de oficiales de alto rango en la zona del desastre, habrían dificultado el trabajo en lugar de ayudar. Cada uno debería mantenerse en su lugar.»

Este comentario dejó claro que Putin se veía como un burócrata; muy importante y poderoso, pero burócrata al fin y al cabo. «Siempre había pensado que si llegabas a ser presidente, aunque fuese por mero nombramiento, tenías que cambiar —me dijo Marina Litvínovich, la brillante joven que había trabajado en la imagen preelectoral de Putin—. Si la nación llora, tienes que llorar con ella.»

Cuando se produjo el desastre del *Kursk*, Litvínovich, que aún no tenía treinta años, se había convertido en un miembro fijo de lo que había pasado a ser el comité de prensa permanente del Kremlin. Una vez por semana, los directores de las tres principales cadenas de televisión, junto con Litvínovich, se reunían con el jefe de gabinete de Putin, Alexánder Voloshín, para discutir los asuntos del día y planificar cómo cubrirlos. En agosto de 2000 solo estaban presentes tres miembros del grupo: Litvínovich, Voloshín y el director del ente de la radiotelevisión estatal; los demás estaban de vacaciones, como tienen por costumbre los moscovitas en agosto. «Yo le estaba gritando a Voloshín —recuerda Litvínovich—, le decía que él [Putin] tenía que ir allí. Finalmente, Voloshín llamó a Putin y le dijo: "Hay gente aquí que cree que deberías ir allí". Yo pensaba que Putin debería ser quien llamase gritando: "¿Dónde está mi avión?". Y me di cuenta de que si yo no hubiera asistido a esa reunión, él no habría ido al Ártico.»[23]

El conjunto de pueblos militares que albergan a la Flota del Norte es un mundo en sí mismo, cerrado y hostil a los forasteros, pero normalmente abnegado y confiado en las autoridades. Los periodistas no tenían permiso para entrar en Vidiaievo, el pueblo que servía de base al *Kursk*. Montaron a las familias de los miembros de la tripulación en autobuses que las condujeron a toda velocidad a través de los puestos de control. En unas pocas ocasiones, algunos de los parientes se atrevieron a recorrer a pie (una vez que estaban dentro, no disponían de ningún medio de transporte) los cinco kilómetros entre sus alojamientos en Vidiaievo y el puesto de control, donde los periodistas hacían guardia. Un grupo de mujeres que llegaron desde Vidiaievo quería grabar en vídeo una petición solicitando que continuasen los intentos de rescate. Una mujer pidió a los periodistas que llevasen a un grupo a la ciudad vecina de Múrmansk para comprar coronas de flores que depositar en el mar.

La gente del lugar miraba a estas mujeres angustiadas con una mezcla de compasión y miedo. En pueblos llenos de destartalados edificios de hormigón de cinco plantas con muchas ventanas sin cristales y, a menudo, sin calefacción central, todo el mundo estaba acostumbrado al peligro y a la degradación. «Los accidentes ocurren», me decían una y otra vez los marineros y sus mujeres. Mientras tanto, mujeres armadas con escobas y cubos limpiaban las aceras y las plazas con agua y jabón, esperando así protegerse de la radiación que podía estar escapando del *Kursk*, aunque las autoridades habían colocado carteles asegurando a la población que no había peligro de radiación.

Finalmente, diez días después del desastre, los familiares de los tripulantes se congregaron en el ayuntamiento de Vidiaievo, esperando ver a Putin. Mientras aguardaban —y pasaron horas—, el comandante militar de la flota, el almirante Vladímir Kuroyédov, se dirigió al público. El almirante, un hombre grande y con una cara dura y curtida, tiró de oficio para evitar contestar a todas las preguntas. Así describió la escena uno de los pocos periodistas a los que se permitió presenciar el acto, uno de los coautores de la biografía oficial de Putin:

> «¿Cree que los chicos aún siguen vivos?», le preguntaron.
> ¿Y sabes lo que dijo?
> «¡Es una buena pregunta! Voy a responderla de una forma tan directa como usted la ha planteado. Yo sigo creyendo que mi padre, que murió en 1991, está vivo.»
> A continuación le hicieron otra pregunta, probablemente buena también.
> «¿Por qué no solicitaron ayuda extranjera inmediatamente?»
> «Entiendo —dijo— que ve usted más el Canal 4 que el Canal 2.»
> «¿Cuándo informaron a las autoridades de que no disponían del material necesario para el rescate?»
> «Hace tres años», dijo.
> Pensé que alguien le golpearía, pero, en cambio, prácticamente todos le rieron la gracia y perdieron interés en la conversación.[24]

Kuroyédov dejó al público frustrado. El viceprimer ministro Ilia Klebánov, encargado de los intentos de rescate, estaba presente; una mujer saltó al estrado, agarró a Klebánov por las solapas y lo zarandeó, gritando: «¡Cabrón, ve y sálvalos!». Cuando por fin llegó Putin, cuatro horas más tarde de lo previsto, con traje y camisa negros en señal de duelo pero que le daban un aire de mafioso, la muchedumbre también lo atacó. Su biógrafo fue el único periodista que pudo seguir en la sala, y así es como describió el encuentro en su artículo del día siguiente:

«¡Suspendan el duelo inmediatamente!», le interrumpió alguien desde el otro extremo de la sala. [Se había decretado una jornada de duelo nacional para el día siguiente.]

«¿Duelo? —preguntó Putin—.Yo, como tú, estaba lleno de esperanza hasta el final, aún lo estoy, al menos para un milagro. Pero hay algo sobre lo que no tenemos dudas: ha habido muertos.»

«¡Cállese!», gritó alguien.

«Hablo de la gente que sabemos que ha muerto. No hay duda de que en el submarino ha habido muertos. El duelo es por ellos, eso es todo.»

Alguien trató de responder, pero él no se lo permitió.

«Escúchenme, escuchen lo que voy a decir. ¡Escúchenme! Siempre ha habido tragedias en el mar, incluso cuando creíamos que vivíamos en un país en auge. Siempre ha habido tragedias. Pero nunca había pensado que las cosas estaban en estas condiciones...»

«¿Por qué tardó tanto en aceptar la ayuda extranjera?», preguntó una joven.

Su hermano iba a bordo del submarino. Putin ofreció una larga explicación. Dijo que la construcción del submarino se remontaba a finales de los años setenta, igual que la del equipo de rescate del que disponía la Flota del Norte. Dijo que [el ministro de Defensa] Serguéiev le había llamado el día 13 a las siete de la mañana y que hasta entonces no había sabido nada ... Dijo que la ayuda extranjera se ofreció el día 15 y que la habían aceptado inmediatamente ...

«¿No disponemos nosotros de ese tipo de buzos?», gritó alguien desesperado.

«¡En este país no tenemos ni una mierda!», respondió el presidente furioso.[25]

En el artículo se decía que Putin había pasado dos horas y cuarenta y cinco minutos con las familias de la tripulación y que había conseguido finalmente calmarlas, en buena medida porque dedicó una hora a detallar las compensaciones que recibirían. También aceptó suspender el día de duelo, que, en un giro de macabra ironía, acabó respetándose en toda Rusia salvo en Vidiaievo. Sin embargo, Putin salió del encuentro agraviado y resentido, decidido a no exponerse jamás a un público así. Putin no volvió a permitir que lo enfrentaran en público a las víctimas tras ninguno de los muchos desastres que se produjeron durante su mandato presidencial.

Poco después, sucedieron dos cosas que contribuyeron a confirmarle a Putin su idea de que la visita a Vidiaievo había sido un desastre. El 2 de septiembre, tres semanas después del hundimiento del *Kursk*, Serguéi Dorenko, el presentador del Canal Uno que el año anterior había participado en la campaña de la televisión de Berezovski para encumbrar a Putin, emitió un programa en el que criticaba cómo había gestionado el desastre del submarino. Dorenko había conseguido grabaciones sonoras del encuentro con los familiares y emitió fragmentos que, en comparación, hacían que el artículo de su biógrafo en el periódico pareciese un panegírico. En uno de los fragmentos se podía oír a Putin encolerizado: «¿Lo visteis en televisión? —gritó—. Eso quiere decir que mienten. ¡Mienten! ¡Mienten! Hay gente en la televisión que lleva años trabajando para destruir el ejército y la armada. Ahora hablan como si fuesen los mayores defensores del ejército, ¡pero lo único que buscan es acabar con él! ¡Han robado mucho dinero y ahora sobornan a todo el mundo y promulgan las leyes que les interesan!», terminó diciendo Putin con un grito agudo.[26]

Dorenko, un personaje carismático y muy masculino, con una profunda voz de barítono, dedicó casi una hora a diseccionar el comportamiento de Putin, volviendo a emitir varios de los comentarios menos afortunados del presidente e insistiendo en mostrarlo de vacaciones, moreno, relajado y vestido con prendas de colores ligeros, sonriendo y riéndose con sus acompañantes, muchos de ellos altos cargos. Demostró una y otra vez que Putin había mentido. El presidente dijo que había habido tormentas en el mar durante ocho días, lo cual dificultó los intentos de rescate. En realidad, dijo Dorenko, el tiempo había sido malo únicamente durante los primeros días, pero ni siquiera eso tenía importancia alguna a la profundidad a la que se encontraba el *Kursk*. Dorenko comparó a Putin con un niño que llega tarde a clase. «No sabemos para qué tipo de profesor estaban pensadas las mentirijillas de Putin, pero sí sabemos lo que el profesor diría en un caso como este: "No me interesa lo que pienses, solo que llegues puntual".»

Dorenko editó parte de una entrevista que Putin había concedido a la televisión estatal al día siguiente de su visita a Vidiaievo. Con aspecto formal y sosegado, el presidente dijo que apenas habían pasado cien días desde que había asumido la responsabilidad de dirigir el país. De hecho, señaló Dorenko, habían pasado 390 días desde que Yeltsin lo nombró primer ministro y lo designó como sucesor, y anteriormente había dirigido el FSB, «que se supone que debería vigilar a los almirantes». «El régimen no nos respeta, por eso nos miente», concluyó Dorenko.

Creo que fue entonces, un año después del inicio de su milagrosa ascensión, tras cien días como presidente, cuando Putin se dio cuenta de que cargaba con toda la responsabilidad del edificio en ruinas de una antigua superpotencia. Ya no podía permitirse dirigir su furia contra quienes habían acabado con el poderío militar soviético y con su orgullo imperial; por el hecho de convertirse en presidente, para muchos de sus compatriotas él había pasado a ser una de esas personas. Su transformación no era muy distinta de la que sufre un político que, tras un largo período en la oposición, accede súbitamente al poder, salvo por el hecho de que Putin nunca había sido en absoluto un político, así que toda su rabia la había tenido que manifestar en privado, pero su humillación era ahora pública. Puede que se sintiese engañado: la gente contra la que se desgañitó cuando perdió los nervios en Vidiaievo —quienes habían deshonrado al ejército en televisión y habían «promulgado las leyes que les interesaban»— lo había encumbrado para que cargase con las culpas. Y después utilizaron sus cadenas de televisión para humillarlo aún más.

Seis días después del programa de Dorenko, Putin apareció en *Larry King Live*, de la CNN. Cuando King le preguntó: «¿Qué ocurrió?», Putin se encogió de hombros, sonrió —con aparente picardía— y dijo: «Se hundió».[27] La frase se volvió famosa: sonaba cínica, desdeñosa y profundamente ofensiva para todos aquellos que habían sido afectados por la tragedia. Solo al revisar la transcripción del programa diez años después, me di cuenta de lo que Putin estaba intentando comunicar. Estaba indicando que no iba a dar pábulo a la historia, inventada por algún desafortunado asesor político ruso, según la cual el *Kursk* había chocado con un submarino estadounidense. «No hagamos caso a absurdas teorías conspirativas —parecía querer decir al encoger los hombros—. Simplemente se hundió.»

El mundo vio algo completamente distinto, y Putin aprendió una lección fundamental. La televisión —la misma televisión que lo había creado a él, un presidente surgido de la nada— podía volverse en su contra y destruirlo igual de rápido y con la misma evidente facilidad.

Así pues, Putin convocó a Berezovski, antigua mano en la sombra y el hombre que seguía dirigiendo el Canal Uno, y le exigió que entregase sus acciones en la cadena de televisión. «Le dije que no, en presencia de [el jefe de gabinete] Voloshín —me contó Berezovski—. Putin cambió el tono de voz, dijo: "Hasta luego entonces, Borís Abrámovich" y se levantó para irse. Le contesté: "Esto es un adiós, Volodia". Y de este modo tan cargado de patetismo terminamos. Cuando salió de la habitación, me volví hacia Voloshín y le dije: "Sasha, ¿qué hemos hecho? ¿Hemos vuelto a poner a los coroneles en el poder?". Voloshín se rascó la cabeza y respondió: "Creo que no".» Declarando en un Tribunal de Londres años después, Voloshín no pudo recordar el encuentro en detalle. Solo dijo que su propósito había sido informar a Berezovski de que «el concierto se acabó, el espectáculo se acabó».[28]

Berezovski afirma que entonces se sentó, escribió rápidamente una carta a su antiguo protegido y le pidió a su jefe de gabinete que se la hiciese llegar. «Le escribí sobre un periodista norteamericano que dijo una vez que todo problema complicado tiene siempre una solución sencilla y que esa solución es siempre errónea. También le escribí que Rusia es un problema de dimensiones colosales y que cometería un error igualmente enorme si pensaba que podía solucionarlo utilizando métodos sencillos.»[29] Berezovski nunca recibió respuesta a esta carta. Apenas unos días después se trasladó a Francia y más tarde a Gran Bretaña, donde también estaba exiliado Gusinski, su antiguo rival. Al poco tiempo, se había emitido una orden de detención contra él en Rusia y él había entregado sus acciones en el Canal Uno.

Tres meses después de la toma de posesión, dos de los hombres más ricos del país habían sido despojados de su influencia y prácticamente expulsados de Rusia. Tras menos de un año desde la llegada de Putin al poder, los tres canales de televisión federales estaban bajo el control del Estado.

«Siempre he dicho que no tiene sentido ir a la cárcel voluntariamente», dijo Yelena Bónner, viuda de Andréi Sájarov, a un pequeño grupo de periodistas en Moscú en noviembre de 2000. Berezovski, afirmó, la había llamado en verano para pedirle consejo y ella le había sugerido que se fuese del país. «En los tiempos de la disidencia, a quienes estaban amenazados siempre les recomendaba emigrar»,[30] explicó. Nos había convocado a una rueda de prensa para anunciar la donación que Berezovski había hecho al Museo y al Centro de Derechos Humanos Sájarov de Moscú, que estaba a punto de cerrar.

«Qué tiempos tan miserables nos ha tocado vivir —dijo el director del museo, el antiguo disidente Yuri Samodurov—, en los que tenemos que defender a gente que no nos gusta en absoluto, como Gusinski y Berezovski. Hubo una época en que vivíamos bajo un Estado dictatorial que tenía dos rasgos principales: el terror totalitario y la mentira totalitaria. Espero que el terror totalitario ya no pueda volver a nuestro país, pero hemos entrado en una era de mentira totalitaria.»[31]

8

El desmantelamiento de la democracia

El sistema político cambió tan rápido que incluso los activistas y analistas políticos necesitaron un tiempo para reorientarse. En diciembre de 2000, participé en una mesa redonda con estudiosos de la política, dedicada a analizar lo que había sucedido en el año transcurrido desde que Putin llegó al poder en Rusia.

«Ha puesto a Rusia en el congelador —dijo uno de ellos, un hombre en la cincuentena con un rostro finamente esculpido y diminutas gafas redondas de alambre—. Lo cual no es necesariamente malo. Tiene un cierto efecto estabilizador. Pero ¿qué pasará a continuación?»

«Es como si la revolución hubiese acabado —afirmó otro, un antiguo disidente con el pelo y la barba canosos y alborotados. Quería decir que la sociedad había vuelto al estado en que se encontraba antes del hundimiento de la Unión Soviética—. Han vuelto los viejos valores culturales y las viejas costumbres. El país entero está intentando aplicar costumbres viejas a una realidad nueva.»

«No creo que nadie entienda ya nada», dijo un tercero, un hombre de corta estatura, nariz prominente y voz grave. Me pareció el más inteligente de la reunión, y sin duda era el que tenía más conocimiento directo, pues trabajaba para la administración presidencial.

«Pero todos los cambios del último año han tenido lugar en el ámbito de la conciencia pública —dijo otro, un experto en política liberal que había alcanzado notoriedad durante la perestroika—. La nación ha salido de una depresión psicológica. Esta va a ser la época política más dura de las que hemos vivido, porque la ideología nacionalista es siempre la más fuerte.»

«Pero tiene que estar a la altura de las expectativas», objetó un académico de una generación posterior, un hombre corpulento con pobladas cejas negras.[1] Quedó claro que la última persona en tomar la palabra no se había desprendido de las ideas de los años noventa, cuando los medios o el Parlamento podían enfrentarse al presidente, como hicieron en muchas ocasiones; Yeltsin hizo frente a su último intento de destitución en 1999. El hombre mayor que lo había precedido en el turno de palabra, que había sido en el pasado el principal asesor ideológico de Mijaíl Gorbachov, veía los años noventa como lo que habían sido: un breve período de casi democracia, una visión fugaz, un golpe de suerte. «Han ganado, amigos —dijo Alexánder Tsipko a los presentes—. Rusia es un gran Estado que flota en un espacio político informe. Tratan de rellenar este espacio con su himno nacional, su águila bicéfala y su bandera tricolor. Esos son los símbolos del nacionalismo soviético.»

La incierta identidad rusa en los años noventa se había puesto de manifiesto, entre otras cosas, en su incapacidad para consensuar los símbolos del Estado. Una vez garantizada su soberanía en 1991, el país se sumergió casi de inmediato en una especie de remordimiento revolucionario, que convirtió el proceso de desprenderse de los antiguos símbolos e implantar los nuevos en algo doloroso y, como se acabó comprobando, finalmente imposible. La bandera roja soviética fue sustituida inmediatamente por la blanca, azul y roja que ya antes Rusia había utilizado durante ocho meses, entre la revolución burguesa de febrero de 1917 y la revolución bolchevique de octubre. El escudo, sin embargo, mantuvo la estrella roja, la hoz y el martillo y las espigas de trigo, que en tiempos soviéticos, sin ironía alguna, habían simbolizado la abundancia. El Parlamento debatió varias veces sobre el escudo pero no logró alcanzar ningún acuerdo, salvo, a mediados de 1992, el de reemplazar el acrónimo RSFSR (República Socialista Federativa Soviética de Rusia) por las palabras «Federación Rusa». A finales de 1993, Yeltsin acabó creando un escudo por decreto; su imagen principal sería un águila bicéfala, un símbolo que Rusia comparte con Albania, Serbia y Montenegro, entre los estados modernos. No fue hasta diciembre de 2000 cuan-

EL HOMBRE SIN ROSTRO

do el Parlamento de Putin aprobó por fin la consagración por ley del águila bicéfala.

El himno nacional suponía un reto aún mayor. En 1991, se había desechado el himno soviético en favor de «La canción patriótica», una tonada animada obra del compositor Mijaíl Glinka en el siglo XIX. Pero este himno no tenía letra; no solo eso, sino que parecía imposible escribirla: la línea rítmica que dictaba la música era tan corta que cualquier intento de ponerle palabras —y las palabras rusas suelen ser largas— hacía que sonasen claramente absurdas. Varios medios de comunicación organizaron concursos para elegir la letra que acompañase a la música de Glinka, pero las propuestas, sin excepción, solo servían para entretener a quien tenía que escoger entre ellas, lo que fue laminando progresivamente la legitimidad del himno.

El himno nacional soviético que había sido descartado en favor de la composición de Glinka tenía una historia compleja. La música, escrita por Alexánder Alexándrov, apareció en 1943, con letra de un autor de poesía infantil llamado Serguéi Mijalkov. El estribillo del himno alababa al «Partido de Lenin, el Partido de Stalin / que nos conduce al triunfo del comunismo». Tras la muerte de Stalin y la denuncia en 1956 del «culto a la personalidad» por parte de su sucesor, Nikita Jruschov, ese estribillo ya no se podía cantar, por lo que el himno perdió la letra. La versión instrumental se tocó durante veintiún años mientras la Unión Soviética buscaba al poeta y las palabras que expresasen su identidad postestalinista. En 1977, cuando yo estaba en tercero o cuarto curso, de pronto el himno recibió letra, que tuvimos que aprender lo más rápido posible. Para ello, todos los cuadernos que se fabricaron en la Unión Soviética ese año llevaban la nueva letra para el viejo himno en la contraportada, donde antes estaban las tablas de multiplicar o la conjugación de los verbos. La nueva letra había sido escrita por el mismo poeta, que para entonces tenía sesenta y cuatro años. El estribillo ahora ensalzaba al «Partido de Lenin, la fuerza del pueblo».

En el otoño de 2000, un grupo de atletas olímpicos rusos se reunieron con Putin y se quejaron de que la ausencia de un himno que se pudiese cantar los desmoralizaba en las competiciones y hacía que sus victorias parecieran fútiles. El viejo himno soviético era mucho mejor en este sentido, dijeron. Así fue como se volvió a sacar del armario el himno estalinista reciclado. El poeta infantil, que contaba entonces ochenta y siete años, escribió una letra nueva para sustituir a la anterior. El estribillo ahora alababa «la sabiduría de siglos que atesora el pueblo». Putin llevó la ley al Parlamento y el viejo himno renovado fue aprobado sin problemas.

Cuando la Duma se reunió en enero de 2001, se tocó por primera vez el viejo himno renovado y todo el mundo se puso en pie, salvo dos antiguos disidentes, Serguéi Koválev y Yuli Ribákov. «Pasé seis años en la cárcel oyendo este himno —dijo Ribákov; el himno nacional soviético sonaba al empezar y acabar el día en la radio estatal, que siempre estaba encendida en los campos—. Me encarcelaron por combatir al régimen que creó este himno, que encerró a gente en campos y la ejecutó al compás de estas notas.»[2]

Koválev y Ribákov fueron los dos de los 450 miembros de la Duma, una minoría, como siempre los disidentes han sido. El espíritu soviético se había recuperado. Quienes se identificaban con la revolución de 1991 estaban profundamente marginados. Tampoco el propio Parlamento, tal y como se había constituido en los años noventa, seguiría existiendo por mucho más tiempo.

El 13 de mayo de 2000, seis días después de tomar posesión, Putin firmó su primer decreto y propuso una serie de leyes, todas dirigidas, según dijo, a «fortalecer el poder vertical». Supusieron el inicio de una profunda reestructuración de la composición federal de Rusia o, dicho de otro modo, el comienzo del desmantelamiento de las estructuras democráticas del país. Una de las leyes sustituía a los miembros electos de la cámara alta del Parlamento por miembros nombrados: dos por cada una de las ochenta y nueve regiones rusas, uno nombrado por el gobernador de la región y otro por la asamblea legislativa. Otra ley permitía que los gobernadores elegidos por votación popular fuesen destituidos del cargo por la mera sospecha de haber cometido algún delito, sin sentencia judicial. El decreto implantaba siete enviados presidenciales a siete grandes territorios del país, cada uno compuesto por una docena de regiones, cada una de las cuales elegía a su vez a su asamblea legislativa y a su gobernador. Los enviados, nombrados por el presidente, supervisarían el trabajo de los gobernadores electos.

El problema al que Putin trataba de hacer frente con estas medidas era real. Por este y otros motivos, en 1998, cuando Rusia había decretado el impago de su deuda exterior y se había hundido en una profunda crisis económica, Moscú había otorgado a las regiones un amplio margen de maniobra en lo que se refiere a la gestión de sus presupuestos, la recaudación de impuestos, la imposición de aranceles y la creación de políticas económicas. Como el problema era real, los políticos liberales rusos —que aún consideraban a Putin uno de los suyos— no criticaron la solución que proponía, a pesar de que contradecía claramente el espíritu, y posiblemente también la letra, de la Constitución de 1993.

Putin nombró a los siete enviados. Solo dos de ellos eran civiles, uno de los cuales era probable que hubiese sido agente encubierto del KGB.[3] Dos eran agentes del KGB de Leningrado,[4] uno era general de la policía[5] y otros dos eran generales del ejército[6] que habían mandado tropas en Chechenia. Así, Putin nombró a generales para que supervisasen a los gobernadores elegidos por sufragio popular, que, además, también podían ser destituidos del gobierno federal.

La única voz contraria a estas nuevas leyes fue la de Borís Berezovski o, mejor dicho, la de un viejo conocido mío, Álex Goldfarb, el antiguo disidente emigrado que apenas un año antes se mostraba susceptible de dejarse tentar por Putin. Escribió una brillante crítica del decreto y de las leyes que se publicó con la firma de Berezovski en *Kommersant*, el popular diario de su propiedad. «Sostengo que el resultado más importante de la presidencia de Yeltsin ha sido el cambio de mentalidad de millones de personas: quienes antes eran esclavos dependientes por completo de la voluntad de sus amos o del Estado se convirtieron en personas libres que dependían únicamente de ellas mismas —escribió—. En una sociedad democrática, las leyes existen para proteger la libertad personal ... La legislación propuesta impondrá severas restricciones a la independencia y las libertades civiles de decenas de miles de políticos rusos de alto nivel, obligándoles a seguir los dictados y designios de una sola persona. ¡Esto ya lo hemos vivido!»[7]

Nadie le hizo caso.

Las leyes tuvieron una plácida travesía por el Parlamento. La imposición de los enviados presidenciales no dio lugar a ninguna protesta. Lo que sucedió a continuación fue exactamente lo que la carta de Berezovski había predicho, y fue mucho más allá de las medidas jurídicas aprobadas por Putin. Algo cambió, instantánea e imperceptiblemente, como si los sonidos del nuevo/viejo himno nacional soviético/ruso hubiesen marcado el amanecer de una nueva era para todos. Parecía como si los instintos soviéticos hubiesen sido inyectados a todo el país, y el espíritu de la Unión Soviética se recuperó al instante.

No era fácil evaluar el cambio. Una brillante estudiante de doctorado de la Universidad de Moscú se dio cuenta de que las maneras tradicionales de criticar las prácticas electorales, como por ejemplo hacer un recuento de las violaciones (que iban en aumento; cosas como las votaciones abiertas y las votaciones en grupo eran habituales)[8] o tratar de documentar las falsificaciones (una tarea prácticamente imposible), no eran eficaces para evaluar algo tan voluble como la cultura. Daria Oréshkina acuñó la expresión «cultura electoral especial»,[9] según la cual las elecciones, aunque formalmente libres, son orquestadas por las autoridades locales, que tratan de ganarse el favor del centro federal. Identificó sus síntomas estadísticos, como un porcentaje de votantes anormalmente alto o un número sorprendentemente elevado de votos al candidato favorito. Logró demostrar que, a lo largo del tiempo, el número de circunscripciones donde la «cultura electoral especial» decidía el resultado había ido siempre en aumento, y con rapidez. Los rusos cedían una porción cada vez mayor de su capacidad de decisión a las autoridades.[10] «La geografía ha desaparecido», dijo más tarde, refiriéndose al hecho de que el país se estaba convirtiendo en un espacio controlado y uniforme.

En marzo de 2004, cuando Putin se presentó a la reelección, tenía cinco adversarios, que habían debido superar obstáculos extraordinarios para poder presentarse. Justo antes de que diese comienzo la campaña, entró en vigor una ley que obligaba a que un notario certificara la firma y la asistencia de todas y cada una de las personas presentes en el encuentro en el que se designaba a un candidato presidencial. Como la ley requería que al menos hubiese quinientas personas en esos encuentros, los preliminares duraban entre cuatro y cinco horas; la gente tenía que llegar a mitad del día y certificar su presencia para que la reunión pudiera celebrarse por la noche. Tras el encuentro, el candidato potencial disponía de unas pocas semanas para reunir dos millones de firmas. La antigua ley exigía la mitad de firmas y daba el doble de tiempo para obtenerlas; pero lo más importante era que la nueva ley especificaba hasta el más mínimo detalle el aspecto de las firmas. Cientos de miles de firmas fueron rechazadas por la junta electoral central debido a defectos como el uso de «S. Petersburgo» en lugar de «San Petersburgo» o la omisión de palabras como «edificio» o «apartamento» en el recuadro para la dirección.

Uno de los colegas de Putin en el ayuntamiento de San Petersburgo me dijo años más tarde que, durante su etapa como ayudante de Sóbchak, Putin había recibido una «potente vacuna contra el proceso democrático».[11] Sóbchak y él habían acabado siendo víctimas de la amenaza democrática en San Petersburgo, y ahora que era Putin quien dirigía el país, estaba recuperando los antiguos mecanismos de control soviéticos; estaba construyendo la tiranía de la burocracia. La burocracia soviética había sido tan rígida, incomprensible e intimidatoria que uno solo podía manejarse en su seno si practicaba la corrupción, utilizando el dinero o los favores personales como moneda de cambio. Eso hacía que el sistema fuese infinitamente flexible, razón por la cual la «cultura electoral especial» era tan eficaz.

Durante la propia votación, los observadores internacionales y las organizaciones no gubernamentales rusas documentaron infinidad de violaciones, entre ellas: la eliminación del censo electoral de más de un millón de personas muy mayores y otras con pocas probabilidades de ir a votar (cuando fui a depositar mi voto pude ver que el nombre de mi abuela, de ochenta y cuatro años, no estaba en la lista; se daba la coincidencia de que mi colegio electoral estaba justo al lado de una oficina del partido en el poder, Rusia Unida); el envío de papeletas ya cumplimentadas a una clínica psiquiátrica; personal del colegio electoral que llegó a casa de un votante mayor con una urna móvil y se fue rápidamente al ver que pensaba votar a un candidato distinto de Putin, y directores y altos cargos de escuelas que les decían al personal y a los padres de los alumnos que los contratos y la financiación dependían de la orientación de su voto.[12] Con toda probabilidad, ninguna de estas acciones fue ordenada directamente desde el Kremlin, sino que, siguiendo los revitalizados instintos soviéticos, todos hicieron lo que estaba en sus manos por el presidente.

Durante la campaña, los candidatos de la oposición se encontraron con constantes negativas a imprimir su material de campaña, a emitir sus anuncios o incluso a alquilarles espacios para actos electorales. Yana Dubeikovskaia, que dirigía la campaña del economista nacionalista de izquierdas Serguéi Gláziev, me dijo que tardó varios días en encontrar una imprenta dispuesta a aceptar el dinero de Gláziev. Cuando el candidato intentó celebrar un acto de campaña en Ekaterimburgo, la mayor ciudad de los Urales, la policía expulsó de pronto a todo el mundo del edificio, con la excusa de que había una amenaza de bomba. En Nizhni Nóvgorod, la tercera ciudad más grande de Rusia, cortaron la electricidad cuando Gláziev estaba a punto de hablar; el resto de los actos en la ciudad se celebraron al aire libre, ya que nadie estaba dispuesto a alquilar un local al candidato paria.

En la época de las elecciones, entrevisté a un conocido lejano, el subdirector de informativos de la televisión estatal Toda Rusia, de treinta y un años. Ocho años antes, Yevgueni Revenko se había convertido en el reportero más joven de una cadena de televisión nacional, la independiente NTV de Gusinski. Enseguida se había dado a conocer como uno de los reporteros más emprendedores y tenaces. Su forma de trabajar parecía entonces muy diferente. «Un país como Rusia necesita una televisión que transmita eficazmente el mensaje del gobierno —explicó—. Cuando el Estado se vuelve más fuerte necesita trasladar su mensaje directamente, sin interpretaciones.» La política editorial de su cadena era sencilla. «Mostramos historias negativas —por ejemplo, informaremos sobre un desastre si ocurre—, pero no vamos a buscarlas. Como tampoco buscamos historias positivas, pero sí hacemos que la atención de los espectadores se centre en ellas. Nunca especulamos sobre las razones de algo —por ejemplo, la destitución de un funcionario—, aunque conozcamos los motivos. Toda nuestra información proviene de comunicados oficiales del gobierno. En cualquier caso, la lógica es sencilla. Somos una cadena de televisión estatal. Nuestro Estado es una república presidencialista. Eso significa que nosotros no criticamos al presidente.» Muy de vez en cuando, reconoció Revenko mientras tomábamos unas cervezas en un pub irlandés en el centro de Moscú, sentía que debía reprimir su necesidad creativa. «Pero me digo: "Aquí es donde trabajo".» Se crio en una familia de militares y él mismo recibió formación militar. Eso sin duda ayudó.

En los últimos tiempos, el Estado soviético se había basado en la utilización de muchos y el castigo de unos pocos, y el KGB se había encargado de esta segunda parte. Dicho sistema volvía a estar prácticamente en pie. Mientras que la gran mayoría estaba de acuerdo con gran entusiasmo, los que no lo estaban pagaban un precio por ello. Marina Litvínovich, la joven que había ayudado a crear a Putin y le había exhortado a reunirse con las familias de la tripulación del *Kursk*, dirigía ahora la campaña del único candidato liberal, la antigua parlamentaria Irina Jakamada, que también había apoyado a Putin unos años antes. Durante la campaña, Litvínovich recibió la siguiente llamada: «Sabemos dónde vives y dónde juega tu hijo». Contrató a un guardaespaldas para el niño, de tres años. También le robaron y la golpearon, como a Yana Dubeikovskaia, la directora de campaña de Gláziev, que una vez arrancó el coche y empezó a conducir antes de descubrir que le habían inutilizado los frenos. En un nivel inferior en la escala de acoso estaban los robos en las casas. En los meses previos a las elecciones, entraron en los pisos de los periodistas y activistas opositores de Comité 2008, un grupo organizado para lograr que las siguientes elecciones, a cuatro años vista, fuesen más justas. A menudo, estos asaltos se producían al mismo tiempo en distintos lugares de Moscú. En mi propio apartamento entraron en febrero, y lo único que se llevaron fue un ordenador portátil, el disco duro de un ordenador de sobremesa y un teléfono móvil.

El día de las elecciones, Jakamada organizó una gran fiesta de la derrota. Su equipo alquiló un espacioso restaurante de ambientación sudoccidental y derrochó en salmón, langosta, alcachofas y barra libre de bebida. Grupos de música popular se fueron sucediendo al micrófono y el periodista musical más conocido del país hizo de maestro de ceremonias. Nadie asistió. Parecía que había más camareros que invitados y nadie tocó las alcachofas. Aun así, los organizadores seguían comprobando los nombres de todo el que llegaba en una estricta lista de invitados. Los liberales rusos aún estaban haciéndose a la idea de hasta dónde llegaba su marginalidad.

Viendo a los invitados, pensé que era comprensible que les estuviese costando un tiempo aceptarlo. Cuatro años después de aupar a Putin hasta el cargo, los pocos liberales que se habían pasado a la oposición seguían manteniendo contactos personales con los muchos antiguos liberales que seguían formando parte de la clase dirigente rusa. En un comedor vacío junto al vestíbulo principal, Marina Litvínovich se inclinaba sobre el extremo de una gran mesa de roble vacía junto a Andréi Bistritski, vicepresidente del ente de la radiotelevisión estatal rusa. Bistritski, de cuarenta y tantos años, con su barba pelirroja y su aire de vividor, se quejaba del vino. «El vino no es peor que nuestros resultados electorales», le espetó Litvínovich. Bistritski pidió enseguida una botella de vino de cien dólares, y luego otra. Parecía que así aplacaba su sentimiento de culpa. Le aseguraba a cualquiera que le prestara atención que él había votado a Jakamada y que incluso les había instado a hacerlo a las dos personas que se encargaban de maquillarlo y peinarlo. Por supuesto, también había gestionado la cobertura de la campaña que se había dirigido a unos cuarenta y cinco millones de hogares rusos para decirles, una y otra vez, que votasen a Putin; cosa que hizo el 71 por ciento de los votantes.

Fui a ver a Bistritski a su despacho tres días después de las elecciones. Nos conocíamos desde hacía tiempo —a mediados de los años noventa había sido mi redactor jefe en *Itogi*—, por lo que no tenía sentido andarse con rodeos.

«Cuéntame —le dije—, ¿cómo haces para dirigir la propaganda del régimen de Putin?»

Bistritski, incómodo, se encogió de hombros y distrajo la atención con gestos de hospitalidad. Me ofreció té, galletas, bombones, golosinas recubiertas de chocolate y, por último, un CD que recopilaba discursos, fotografías y vídeos del presidente Putin. La tapa contenía cinco fotografías del presidente: serio, intenso, apasionado, sonrisa formal y sonrisa informal. La fotografía seria había sido difundida ampliamente; el día de las elecciones me la encontré en la cubierta de los cuadernos escolares, en los retratos enmarcados que se vendían en la oficina central de correos en Moscú (una ganga: un dólar y medio por una foto de tamaño sobre) y en los globos rosas, blancos y azules que se vendían en la Plaza Roja. La venta de cualquiera de estos objetos el día de las elecciones quebrantaba la ley electoral.

«No hacemos ninguna propaganda en particular —me dijo Bistritski, mientras se sentaba en un sillón de cuero—. Fíjate en las elecciones, por ejemplo.» Una ley que databa de los años noventa exigía a los medios de comunicación que ofreciesen a todos los candidatos un acceso equitativo a los espectadores y lectores. Bistritski traía sus números preparados, y eran unas cuentas curiosas: el presidente, afirmó, solo había intervenido en una actividad electoral —un encuentro con los activistas de su campaña—, y la reunión, de veintinueve minutos, se emitió tres veces en su totalidad durante los telediarios normales, que tuvieron que ser ampliados para hacerle sitio. Durante la campaña, prácticamente a diario, la cadena estatal de televisión también mostraba a Putin en sus telediarios —normalmente como la noticia principal—, pero estas, explicó Bistritski, no eran actividades de campaña sino asuntos relacionados con su cargo de presidente. Sin embargo, un estudio exhaustivo[13] realizado por el Sindicato Ruso de Periodistas concluyó que Putin recibió unas siete veces más atención en la cadena estatal que la que obtuvieron Jakamada o el candidato del Partido Comunista; otros candidatos salían aún peor parados. La cobertura de la otra cadena estatal, la que había pertenecido a Berezovski, era aún más sesgada, mientras que la NTV, que le habían arrebatado a Gusinski, otorgó a Putin cuatro veces más tiempo que al siguiente de los candidatos.

A esto es a lo que Revenko se refería con «transmitir eficazmente el mensaje del gobierno». Los funcionarios locales recibieron el mensaje con claridad y gestionaron las elecciones en consonancia con él.

El 1 de septiembre se celebra en Rusia el día del Conocimiento; todos los colegios de primaria y secundaria y los institutos comienzan el curso al mismo tiempo. El primer día de clase es una ocasión muy formal; los niños, en particular los de primero y último curso (los que se gradúan), llegan bien vestidos, llevando flores y normalmente acompañados de sus padres. Hay discursos, saludos, a veces conciertos, rezos colectivos y desfiles festivos.

En el verano de 2000 —cuando tuve que salir brevemente del país tras el arresto de Gusinski— adopté un niño, llamado Vova (once meses más tarde también di a luz a una niña). El 1 de septiembre de 2004, llevé a Vova a su primer día de clase en primero. Estaba muy serio con su camisa azul abotonada, que no hacía más que salírsele de la cintura. Le dio un ramo de rosas a su nueva profesora, escuchamos los discursos y los niños entraron en la escuela. Me subí al coche para el largo trayecto hasta mi trabajo: el día del Conocimiento es uno de los peores del año en cuanto al tráfico. Encendí la radio y escuché las noticias: un grupo de hombres armados había tomado como rehenes a varios centenares de niños y a sus padres en un colegio de Osetia del Norte.

Aunque coordiné la cobertura de la historia desde Moscú —por entonces era subdirectora del director en un nuevo semanario de la ciudad—, en los tres días siguientes llevé a cabo uno de los trabajos más difíciles de mi vida. Los tres días de tensa espera en el pueblo de Beslán, cargados de miedo, confusión y con varios momentos de grandes esperanzas, culminaron con el asalto del edificio del colegio por parte de las tropas federales, que se saldó con más de cien muertos. La tarde del 1 de septiembre, cuando llegué al trabajo, les dije a mis colegas, todos ellos más jóvenes y menos experimentados en la cobertura de historias como esta: «Asaltarán el edificio. Siempre lo hacen». Pero cuando sucedió, me senté en mi mesa, me tapé la cara con las manos y lloré. Cuando levanté la cabeza, me encontré una lata de Coca-Cola que uno de mis colegas me había traído para consolarme.

El fin de semana siguiente, la familia de mi mejor amiga y la mía nos reunimos en mi dacha. Cuando su hija de ocho años salió un momento al jardín, a los cuatro adultos nos entró el pánico. Tuve la clara sensación de que todo el país estaba igualmente traumatizado.

Fue a una nación en este estado a la que Putin se dirigió, a su manera, el 13 de septiembre de 2004. Reunió al consejo de ministros, a su gabinete y a los ochenta y nueve gobernadores, y habló con ellos a puerta cerrada durante dos horas. Después, se hizo llegar el texto de su discurso a los periodistas.

«Uno no puede evitar llorar al hablar de lo sucedido en Beslán —decía—. Uno no puede evitar llorar con solo pensar en ello. Pero la compasión, las lágrimas y las palabras del gobierno son absolutamente insuficientes. Tenemos que actuar, tenemos que incrementar la eficacia del gobierno para combatir el abanico completo de problemas a los que se enfrenta el país … Estoy convencido de que la unidad del país es el requisito principal en la lucha contra el terrorismo.»[14]

En adelante, anunció, los gobernadores no serían elegidos; sería él mismo quien los nombrase, como también al alcalde de Moscú. Tampoco los miembros de la cámara baja del Parlamento serían elegidos directamente, como lo había sido la mitad de ellos. Los ciudadanos rusos votarían por partidos políticos, que ocuparían los escaños con sus altos cargos. El nuevo procedimiento para inscribir un partido político hacía que el del registro de candidatos presidenciales pareciese en comparación un camino de rosas. Todos los partidos políticos debían volver a registrarse, lo que significaba que la mayoría serían excluidos. El umbral para obtener escaños en el Parlamento subiría del 5 al 7 por ciento de los votos. Y, por último, las propuestas legislativas deberían pasar por un filtro antes de llegar a la cámara baja: el presidente nombraría personalmente una denominada «cámara pública» que revisaría todos los proyectos de ley.

Una vez que todos estos cambios entraron en vigor, a finales de 2004, solo quedaba un único cargo público federal elegido por sufragio directo: el propio presidente.

En la primavera de 2005, uno de los rusos más famosos le declaró la guerra a Putin. Garri Kaspárov, el campeón de ajedrez, el jugador con la puntuación más alta de la historia, y desde hacía mucho tiempo también un activista político de perfil bajo, ofreció una rueda de prensa para anunciar que se retiraba del ajedrez para asumir la tarea de recuperar la democracia rusa. Parecía que tenía lo que hacía falta: fama, dinero, una mente implacablemente lógica combinada con una capacidad de oratoria que le permitía explicar la política a gente de muy diversos tipos, y el aguante necesario para hacer campaña sin descanso. Pasó el verano de 2005 de tribuna en tribuna, y yo lo acompañé en una parte de su recorrido.

En Beslán, escenario de la crisis con rehenes del año anterior, Kaspárov pasó una hora y media en el cementerio. El cementerio nuevo, como lo llamaban los locales, era un campo dividido en 330 parcelas rectangulares diseñadas para que pareciesen iguales, aunque los obreros seguían trabajando todos los días cortando las cajas de granito para enmarcar las tumbas, cubriéndolas con arena y colocando encima losas de granito rosa. Las parcelas situadas en la entrada del cementerio ya estaban acabadas, y los padres y otros familiares habían pegado sobre la piedra fotografías en color de los niños muertos. Aparte de eso, la única diferencia entre las parcelas era el tamaño; las había sencillas, dobles y triples, y varias tumbas familiares que incluían a la madre y tres o cuatro hijos, o a dos hermanas y sus cinco hijos. Había botellas de agua, de refrescos y de zumo en cada tumba; se había convertido en una costumbre en Beslán llevar botellas abiertas a los parientes, que habían sufrido deshidratación antes de morir. Kaspárov se detuvo en cada tumba a leer los nombres y las fechas de nacimiento y defunción (aunque todas y cada una de las personas enterradas allí habían sido asesinadas el 3 de septiembre de 2004), y se inclinó para colocar sobre cada una un clavel rojo de la gran caja que llevaba uno de sus guardaespaldas. El ritmo de la visita era como el de

187

un político al atravesar una multitud de votantes a los que saluda uno por uno, aunque allí no había nadie a quien dar la mano.

Después, Kaspárov fue a la casa de la cultura —un edificio multiusos para reuniones y ocio que existe en cada pueblo ruso—, donde estaba previsto que ofreciese una conferencia. La casa de la cultura estaba cerrada, pero unas cincuenta personas se habían congregado en el porche de cemento. Muchas eran mujeres con vestidos y pañuelos negros, mujeres en pleno duelo o, como se las conocía en toda Rusia, «las madres de Beslán». Habían sido las impulsoras del intento de convertir el juicio al único secuestrador superviviente en una investigación más amplia sobre lo que había sucedido en la escuela. Se inclinaban cada vez más por pensar que la responsabilidad de los asesinatos de sus hijos recaía en las tropas federales, que se habían centrado en matar a los secuestradores y no en liberar a los rehenes, y como resultado habían asesinado tanto a los captores como a los prisioneros.

«Fueron las mentiras las que mataron a vuestros hijos», dijo Kaspárov, dirigiéndose a las mujeres de negro. Durante la crisis, las autoridades afirmaron que había 354 rehenes en el colegio. En realidad, había más de mil. Varios antiguos rehenes han declarado que cuando sus captores, que estaban mirando la televisión en la sala de profesores, vieron la cifra de 354, llegaron a la conclusión de que el gobierno estaba preparando el terreno para un asalto al edificio al minimizar el número de posibles víctimas. Fue entonces, dijeron los rehenes, cuando los secuestradores dejaron de darles agua. Otras de las afirmaciones oficiales que se ponen en duda es la aseveración de que los captores nunca comunicaron sus exigencias, mientras que los testigos aseguran que hubo al menos una cinta de vídeo y una carta con las demandas que podrían haber dado lugar a una negociación. «Las mentiras son los cimientos de este régimen —siguió diciendo Kaspárov—. Si asfixian el proceso judicial, si permitís que la investigación se desvanezca, lo que sucedió en Beslán volverá a ocurrir. Yo no quiero tener el poder, pero sí quiero que quienes lo ostentan me digan la verdad. Yo obligaría a esos miserables a venir aquí y a recorrer el cementerio entero. —Tenía lágrimas en los ojos—. Quiero que vean a qué nos llevaron sus mentiras. ¡Mentiras!»

Justo entonces se oyó un ruido seco y sordo, muy parecido a un disparo, y las mujeres gritaron: «¡Garri! ¡Garri!». La multitud se dispersó y los guardaespaldas de Kaspárov trataron torpemente de protegerlo mientras evitaban que se pisasen los unos a los otros al salir corriendo del porche. En ese momento había un joven enfrente del edificio con una botella de kétchup, la agitó violentamente, la apuntó hacia Kaspárov y la apretó. Kaspárov quedó cubierto de salsa; la cabeza, el pecho y el hombro derecho de su cazadora azul estaban manchados de un rojo pegajoso. El porche estaba vacío, excepto por una bolsa de plástico transparente con varios huevos rotos que había golpeado el techo del porche antes de caer al suelo; eso es lo que había producido el sonido seco.

Una mujer mayor, de pie en el porche junto a nosotros, trataba de limpiar la cara de Kaspárov con un pañuelo. «Perdonadme, perdonadme», murmuraba una y otra vez, pidiendo disculpas por haber provocado este incidente en un pueblo que ya estaba abrumado de dolor. Otra mujer de negro, robusta, de cuarenta y tantos años, dijo: «Vayamos a la escuela, allí estaremos seguros», y Kaspárov caminó por la calle, rodeado por las mujeres, hacia el edificio que había sido prácticamente destruido en el asalto que acabó con la crisis de los rehenes. Durante los diez minutos del paseo, Kaspárov habló sobre lo inevitable que era una crisis política, la importancia de las protestas y la necesidad de dejar de lado las diferencias políticas para desmantelar el régimen. La multitud fue creciendo a medida que la gente salía de las casas y los bloques de pisos para unirse a la marcha.

Entraron en la escuela a través de los agujeros gigantes en las paredes de lo que antes era el gimnasio. Al final del asedio, este espacio estaba lleno de niños; fue aquí donde murieron la mayoría. Las evidencias físicas indicaban que los daños en el gimnasio se debían a disparos de tanque efectuados a quemarropa; había enormes agujeros en la gruesa pared de ladrillo donde antes hubo ventanas con rejas de acero. El interior del lugar estaba carbonizado, debido a un fuego, según creían las madres de Beslán, provocado por un lanzallamas utilizado por las tropas rusas (el gobierno admitió que se había utilizado, pero negó que hubiese podido dar lugar al fuego).

A Kaspárov le faltó el aliento al entrar en el gimnasio. «Dios mío, Dios mío», murmuró. Las mujeres caminaron hacia distintos rincones del espacio devastado y empezaron a gemir; enseguida, toda la estancia se llenó con un sonido agudo y apagado. Kaspárov parecía conmocionado: los ojos rojos, la boca abierta ligeramente, negando con la cabeza. Era evidente que no podría hablar allí; el lugar estaba completamente saturado de dolor. Pidió que le mostrasen toda la escuela y mientras la recorría con la multitud, que había alcanzado unas cien personas, habló: «Camino por esta escuela y pienso: ¿cómo es posible que la gente en Moscú siga libre, hablando, mintiendo todavía? Entre ellos hay alguien que dio la orden de abrir fuego. ¡Si esa persona no recibe castigo, será por culpa de todos nosotros!».

El resto del día de Kaspárov fue extraño. Se dirigió a Vladikavkaz, la capital de Osetia del Norte, a media hora en coche. Estaba previsto que diese una conferencia, pero su representante recibió el aviso de que el telón se había caído sobre el escenario, por lo que el lugar no estaba disponible. Tras unas cuatro semanas de campaña, esto era algo habitual; en todos los sitios que Kaspárov había alquilado en cualquier lugar de Rusia, siempre había habido algún problema. Allí no es solo que el lugar no estuviese disponible, sino que delante del edificio había un acto para niños organizado a la carrera con música a todo volumen. Kaspárov acudió de todas formas; se desgañitó ante un grupo de unas sesenta personas y habló de gasto social, que suponía alrededor del 15 por ciento del presupuesto ruso (mucho menos incluso que en Estados Unidos). Varios adolescentes rondaban alrededor de la multitud. Uno lanzó una piedra a Kaspárov y falló. Kaspárov siguió hablando. Empezaron a lloverle huevos y dos le dieron en la cabeza. Los adolescentes que lanzaron los huevos corrieron hacia los coches de policía y enseguida desaparecieron; ni siquiera se intentó disimular que era la policía la que los había llevado allí y que actuaban bajo su protección. Cuando un periodista alemán al que también le cayó un huevo trató de perseguir a su agresor, uno de los policías —que luego resultó ser el portavoz local del ministro del Interior— lo agarró del brazo y le dijo de mala manera que no se metiese en lo que no le incumbía. «¡Su régimen teme las palabras!», gritó Kaspárov.

Dos de sus guardaespaldas, visiblemente conmocionados, hablaban entre sí. «Era solo un crío, no me lo imaginé», decía uno. «Estaba en mala posición», reconocía el otro, que intentó sin éxito proteger la cabeza de Kaspárov. Los huevos no son tan peligrosos, pero sirvieron para demostrar lo desprotegido que estaba Kaspárov, a pesar de sus ocho guardaespaldas por turnos.

«Hemos previsto todo lo previsible —me dijo Kaspárov—. Pero si me parase a pensarlo no podría seguir adelante.» Uno de los guardaespaldas siempre vigilaba la preparación de la comida, y Kaspárov solo bebía el agua embotellada que él mismo llevaba y comía únicamente lo que se pedía para toda la mesa.

En una cena al final de su viaje a Osetia del Norte —un acto de unas cinco horas durante la cual Kaspárov jugó tres partidas de ajedrez, dos de ellas con un joven prodigio local de diecisiete años—, Alan Chochiev, un activista osetio que había pasado recientemente once meses en la cárcel por distribuir folletos antigubernamentales, propuso un brindis. «Nadie ni siquiera ha intentado lo que tú estás haciendo. No estás hablando ante cuatrocientas mil personas en cada ciudad. Ni siquiera ante cuatrocientas, en un gran salón. Estás hablando cada vez con cincuenta o sesenta personas, en un país de ciento cuarenta y cinco millones. Es una locura. Quiero proponer este brindis: por el hombre que eligió hacer lo imposible. ¡Por que ahora sea posible!»

Esa era solo la mitad de la historia de la tarea imposible de Kaspárov. No solo estaba tratando de dar a conocer su punto de vista; también estaba intentando recabar y distribuir información, convirtiéndose en un sustituto unipersonal de los medios de comunicación que habían sido secuestrados. Interrogaba a sus simpatizantes locales sobre la situación en su región y luego transmitía esa información. Su memoria de ajedrecista no tenía precio; según uno de sus ayudantes, nunca había tenido una agenda porque no podía evitar recordar cualquier número de teléfono que oía, ahora estaba constantemente sumando y haciendo promedios en su cabeza. Llevaba la cuenta del porcentaje de impuestos locales que cada región podía quedarse, de los problemas a los que se enfrentaban los activistas de la oposición, y de detalles de la forma de hablar y de comportarse que le resultaban reveladores. Ahora que los medios locales y nacionales solo existían para difundir el mensaje del gobierno, la información se tenía que acumular así, poco a poco.

En Rostov, donde Kaspárov habló frente a la biblioteca pública —estaba previsto que lo hiciese dentro de la propia biblioteca, pero estaba cerrada, al parecer porque había reventado una tubería—, un joven se acercó a su ayudante, le dio su tarjeta de visita y le dijo que quería participar como organizador local. Cuando le pregunté su nombre, me dijo: «Imposible. Me despedirían inmediatamente». Más tarde supe a través de la asistente de Kaspárov que era profesor en una universidad estatal.

Kaspárov se había desplazado en un vuelo chárter al sur de Rusia, y su plan era utilizarlo para ir de una ciudad a otra. Pero, tras pasar casi un día entero en tierra porque ningún aeropuerto de la región le daba permiso para aterrizar, el grupo de trece personas —Kaspárov, su equipo y dos periodistas— tuvo que moverse en coche. Cuando llegamos a Stávropol, resultó que habían cancelado nuestras reservas de hotel. En el vestíbulo, el representante de Kaspárov llamó a los demás hoteles de la ciudad dormitorio; todos dijeron estar completos. Fue entonces cuando apareció el director del establecimiento.

—Lo siento —dijo, evidentemente impresionado por estar en presencia de Kaspárov—. Tiene que entender la posición en la que me encuentro, pero ¿me puedo hacer una foto con usted?

—Lo siento —respondió Kaspárov—. Tiene que entender la posición en la que me encuentro yo.

El director del hotel se sonrojó. Estaba tan avergonzado como asustado.

—Qué diablos —dijo—. Les daremos habitaciones.

Esa noche solo apareció uno de las varias decenas de invitados que habían confirmado su asistencia a la cena. El organizador local, un empresario, dijo que todos habían recibido llamadas amenazadoras avisándoles de que no debían asistir a la cena.

En Daguestán, Kaspárov tenía previsto entregar trofeos a los ganadores de un torneo de ajedrez para niños. Pero cuando llegó nuestro grupo, la única persona que nos esperaba era un periodista opositor local. Nos explicó que el director de la Federación de Ajedrez de Daguestán había recibido una llamada del gobierno regional diciéndole que lo despedirían si Kaspárov asistía al acto, así que los conductores —que resultaron ser todos policías locales— nos habían llevado a un lugar equivocado.

Fuera a donde fuese Kaspárov, siempre lo estaban vigilando. Normalmente eran al menos dos agentes de la policía secreta, fácilmente distinguibles por su comportamiento, su forma de vestir y sus videocámaras estándar. Algunos grababan a Kaspárov, otros se hacían pasar por periodistas —siempre hacían las mismas preguntas y se negaban a identificarse— y unos terceros simplemente lo seguían. Era imposible saber si tan extraordinarias medidas de seguridad, vigilancia y obstrucción en general tenían su origen en Moscú o eran fruto de la iniciativa local. En cualquier caso, servían de estímulo a Kaspárov, al hacerle sentir que el régimen tenía miedo, y cargaban de fuerza sus palabras. Al mismo tiempo, lo marginaban; incluso un genio de fama mundial empieza a parecer ligeramente ridículo si lleva ropa manchada de kétchup, viaja en una furgoneta de alquiler desvencijada y habla una y otra vez en reuniones improvisadas en la calle.

Kaspárov hizo campaña con la tenacidad y perseverancia con que antes jugaba al ajedrez; había participado en algunas de las partidas más largas de la historia y, habiendo permanecido siempre ajeno a la clase dirigente del deporte soviético, sabía qué se sentía cuando le hacían trampas. Aun así, su organización política no consiguió crecer; con un apagón informativo total, su voz, con los años, se volvió cada vez más marginal. Al final, su dinero, su fama y su cabeza demostraron ser impotentes frente al régimen, por mucho miedo que este le tuviese. Una vez que las instituciones de la democracia habían sido desmanteladas, era imposible —era demasiado tarde— organizarse para defenderlas.

9

El reinado del terror

El 23 de noviembre de 2006, un hombre llamado Alexánder Litvinenko murió en un hospital de Londres. Tenía cuarenta y un años; era agente del FSB, y sus últimos días habían sido retransmitidos prácticamente en directo por los medios británicos y por algunos medios rusos. «Hace apenas tres semanas, era un hombre sano y feliz, con la cabeza llena de pelo, que solía salir a correr ocho kilómetros», informaba el *Daily Mail* el 21 de noviembre.[1] El artículo iba acompañado de una fotografía de Litvinenko demacrado y calvo, con una bata de hospital abierta sobre el pecho, que tenía cubierto de electrodos. «Litvinenko apenas puede levantar la cabeza, por lo débiles que tiene los músculos del cuello. Le cuesta hablar y solo puede hacerlo en ráfagas breves y dolorosas.» Un día después de la publicación del artículo, Litvinenko entró en coma. Al día siguiente, finalmente encontraron en su orina trazas del veneno que lo estaba matando: era polonio, una sustancia muy rara y altamente radiactiva. Unas horas después, su corazón se paró por segunda vez en dos días y murió.[2]

Litvinenko había sido el típico delator. En 1998 había ofrecido una rueda de prensa televisada con cuatro colegas de la policía secreta. Declararon que habían recibido órdenes ilegales del FSB, incluida la de matar a Borís Berezovski. La rueda de prensa había sido organizada por el propio Berezovski, a quien Litvinenko había conocido a raíz de otro intento de asesinato sin relación con este, en 1994, que el agente había investigado. Ambos valoraban su relación y parecían depositar en el otro esperanzas desmesuradas. Berezovski pensaba que conocer a un hombre honesto del FSB le proporcionaba protección, y Litvinenko confiaba en que el influyente multimillonario le ayudaría a cambiar lo que funcionaba mal en el sistema. Litvinenko pertenecía al cuerpo desde los dieciocho años. Era uno de los tenientes coroneles más jóvenes de la historia de la policía secreta rusa; estaba entregado por completo al sistema que lo había creado, pero pertenecía a esa rara estirpe de personas que son incapaces de aceptar las imperfecciones del sistema —de cualquier sistema— y que hacen oídos sordos a los argumentos de quienes aceptan las cosas tal como son.

Vladímir Putin había sido nombrado director del FSB en agosto de 1998, entre acusaciones de corrupción contra los antiguos jefes. «Cuando lo nombraron, le pregunté a Sasha quién era —me dijo años después Marina, la viuda de Litvinenko—. Me dijo que había quien afirmaba que nunca había pisado la calle. Quería decir que lo miraban con desdén, porque no había ido ascendiendo en la jerarquía.» Pero Berezovski organizó una reunión entre su protegido, el director de la policía secreta, y su amigo el delator. Era un período en el que Putin creía que su entorno de trabajo era tan hostil que celebraba sus reuniones con Berezovski en el hueco de un ascensor en desuso en el edificio de la sede del FSB. Berezovski quería que ambos se viesen como aliados. Litvinenko llegó a la reunión con gráficas que, en su opinión, demostraban las conexiones indebidas entre los departamentos del FSB y las rutas que seguían tanto las órdenes ilegales como el dinero. También le habló a Putin sobre la orden de asesinar a Berezovski, que tanto el delator como el oligarca daban por supuesto que Putin no conocía. Según relató después Litvinenko a su mujer, nada de esto pareció interesar a Putin; la reunión duró apenas diez minutos. Volvió a casa abatido y preocupado por el futuro. Y, como es habitual en hombres como él, decidió actuar.

Su siguiente paso fue la rueda de prensa sobre las actividades ilegales del FSB. Además de la orden de asesinar a Berezovski, Litvinenko afirmó que había recibido la orden de raptar y propinar una paliza a un importante empresario. Putin respondió con un comunicado televisado en el que ponía en duda el carácter de Litvinenko, diciendo que había incumplido su obligación de pagar una pensión alimenticia a su primera mujer (su segunda esposa afirmó que ella misma hacía los pagos cada mes y que tenía recibos para demostrarlo).

Tres meses más tarde, Litvinenko fue arrestado por uso excesivo de la fuerza con un sospechoso tres años antes. El caso no se sostenía, y en noviembre de 1999 un tribunal militar lo declaró inocente. Sin embargo, no se le permitió abandonar la sala; entraron agentes del FSB y lo volvieron a detener bajo otras acusaciones. Ese caso fue desestimado sin juicio, pero enseguida se inició un tercero. Pese a todo, un juez militar lo dejó en libertad bajo fianza a la espera de juicio; cuando Litvinenko supo que las sesiones se celebrarían en una pequeña ciudad a unos cien kilómetros de Moscú, donde era poco probable que los periodistas y los observadores independientes se aventurasen, decidió salir de Rusia.

En septiembre de 2000 le dijo a Marina que iba a una ciudad del sur de Rusia a visitar a sus ancianos padres. La llamó casi un mes después y le ordenó que se fuese de vacaciones. «Le contesté: "No es buen momento" —me dijo Marina—. Tolia, nuestro hijo, había empezado sus clases de música; ¿por qué teníamos que irnos de vacaciones? Respondió: "Pero siempre has querido irte de vacaciones. Tienes que hacerlo ahora". Y me di cuenta de que… A veces había algo en su voz que me decía que debía desconectar mi cabeza y hacerle caso.» Contrató un viaje de dos semanas a España y se fue con su hijo de seis años. Tras las dos semanas, Litvinenko le pidió que fuese al aeropuerto de Málaga a medianoche. Llegó, asustada y desconcertada, y se encontró con un conocido que los llevó, a ella y a Tolia, a Turquía, en un avión privado que probablemente era propiedad de Berezovski. Alexánder la esperaba en Antalya, una región turística turca.

«Era como en las películas —dijo—. No nos lo podíamos creer.» Excepto que nadie había escrito cómo escaparían. El empleado de Berezovski que había acompañado a Marina desde Málaga se tenía que ir. Tras dos días celebrando el reencuentro en un hotel turístico de Antalya, Alexánder y Marina empezaron a darse cuenta de que eran fugitivos sin un lugar a donde ir. Berezovski había prometido apoyar económicamente a la familia, pero no sabía cómo ayudarlos logísticamente, así que llamó a su amigo Álex Goldfarb a Nueva York y le pidió que fuese a Turquía para encargarse del asunto. Goldfarb aceptó, aunque su participación en la huida de Litvinenko le costaría su trabajo con George Soros. Llevó a Litvinenko a la embajada estadounidense en Ankara, donde se le entrevistó y se le rechazó educadamente; había sido agente de la policía secreta pero no espía, y a Estados Unidos no le interesaba su información. No obstante, al acudir a la embajada, Litvinenko se había dejado ver ante los agentes rusos que, como él mismo sabía, vigilaban el edificio. Aterrorizado, necesitaba una solución con más urgencia que nunca.

Goldfarb finalmente pergeñó un plan ingenioso: los cuatro compraron billetes con escala en Londres, donde los Litvinenko se entregarían a las autoridades en el propio aeropuerto. Así lo hicieron y acabaron en la capital británica, con los gastos del alquiler y de la manutención de Tolia corriendo por cuenta de Berezovski.

Tras unos meses desocupado, Litvinenko empezó a escribir. Junto con el historiador ruso-estadounidense Yuri Felshtinski, a quien había conocido cuando este había trabajado brevemente para el equipo de comunicación de Berezovski en Moscú, escribieron un libro sobre las explosiones en los bloques de viviendas ocurridas en 1999. Litvinenko aprovechó su experiencia profesional para analizar las pruebas que ya habían sido revisadas en la televisión rusa, señalando numerosas incoherencias en la versión oficial del FSB acerca de la explosión frustrada en Riazán. Felshtinski y él también revisaron las pruebas descubiertas por los reporteros de la *Novaya Gazeta*, un semanario moscovita especializado en periodismo de investigación. Los periodistas habían encontrado a dos reclutas que se habían colado en un almacén de las fuerzas aéreas en Riazán en el otoño de 1999 en busca de azúcar para endulzar el té. Encontraron lo que esperaban: docenas de sacos de cincuenta kilos con la etiqueta «Azúcar». Pero la sustancia que sacaron de los sacos dio al té un sabor tan extraño que informaron de todo el incidente, incluida su entrada en el almacén y el robo del material, a su superior. Este hizo que analizasen la sustancia, que resultó ser hexógeno, el explosivo. Litvinenko y Felshtinski encontraron asimismo pruebas de que el almacén de las fuerzas aéreas lo utilizaba también el FSB, que, según creían, había guardado allí explosivos.[3]

Poco a poco, fueron apareciendo otras pruebas.[4] Un diputado de la oposición, Yuli Ribákov —uno de los dos hombres que se negaron a ponerse en pie cuando sonó el himno soviético-ruso—, le proporcionó a Litvinenko la transcripción de la sesión de la Duma del 13 de septiembre. El presidente de la cámara había interrumpido la sesión para anunciar: «Acabamos de ser informados de que un edificio residencial en Volgodonsk voló por los aires esta pasada noche». En realidad, el edificio en Volgodonsk no estallaría hasta tres días después; parece que el agente del FSB infiltrado en la oficina del presidente de la cámara —a quien Litvinenko pudo más tarde identificar— le había pasado la nota equivocada en el momento equivocado, pero que había sabido con antelación del futuro atentado.

Otro delator, Mijaíl Trepashkin, un antiguo agente del KGB que había acompañado a Litvinenko durante la famosa rueda de prensa de 1999, se unió a la investigación. Fue capaz de trazar conexiones entre el FSB y los edificios de viviendas de Moscú, identificando al empresario cuyo nombre se había utilizado para alquilar ambos edificios, al agente del FSB que había engañado al empresario e incluso a dos de los hombres contratados para organizar los atentados. Lo más chocante fue que Trepashkin descubrió pruebas de que el retrato robot de un sospechoso había sido cambiado por otro. Habían arrestado a dos hombres y Trepashkin, que tenía formación jurídica, pensaba representar a los dos supervivientes en las audiencias ante el tribunal, utilizando ese foro para presentar sus pruebas. Pero, justo una semana antes de las sesiones, lo detuvieron por tenencia ilícita de un arma; iba a pasar cinco años en la cárcel. Las vistas se declararon cerradas al público y los dos sospechosos fueron condenados a cadena perpetua, pero nunca salió a la luz la historia de quiénes eran y por qué habían cometido esos crímenes.

La noche del 23 de octubre de 2002, una pareja de amigos pasaron por mi casa a tomar algo; yo tenía dos niños, de uno y cuatro años, y pasaba la mayoría de las noches en casa. Mis amigos, uno de ellos productor de televisión, propusieron que encendiésemos el televisor para mirar un programa de entrevistas nuevo que yo aún no había visto. Acababa de empezar cuando lo interrumpió el anuncio de una noticia de última hora. Había estallado una crisis con rehenes en un teatro de Moscú. En esa época, yo dirigía una pequeña página web independiente de análisis político, polit.ru. En los tres días siguientes dormí un total de tres horas; mis reporteros hacían turnos a las puertas del teatro y yo iba publicando sus informaciones en la web.

El secuestro empezó poco después de las nueve de la noche. El musical que se representaba esa noche incluía una escena en la que un avión real de la época de la Segunda Guerra Mundial aparecía sobre el escenario. Fue en ese momento cuando hombres enmascarados con metralletas surgieron en el escenario y por los laterales de la sala; durante unos instantes, muchos creyeron que todo formaba parte del espectáculo. Había unas ochocientas personas en la sala esa noche; a excepción de unos pocos niños y ciudadanos extranjeros a los que los secuestradores liberaron enseguida —y algunos actores, muchos de ellos también niños, que lograron escapar a través de la ventana de un camerino—, pasarían las siguientes cincuenta y ocho horas allí, cada vez más agotados, deshidratados, aterrorizados y, al final, desesperados. Aunque se les ordenó que entregasen sus teléfonos móviles a los terroristas, varios de ellos consiguieron llamar a la principal radio de noticias en distintos momentos de la crisis, de forma que, a lo largo del asedio, una ciudad helada de miedo y ansiedad pudo oír voces que provenían del interior del teatro.

Alrededor de las siete de la mañana del tercer día del secuestro, varios funcionarios gubernamentales entraron en la sala de reuniones de una universidad cercana donde los familiares de los rehenes habían pasado la mayor parte de los últimos tres días. «Estaban muy contentos y emocionados —recordaba después uno de los familiares—. Se acercaron al micrófono. Se hizo el silencio en la habitación. Pronunciaron estas dulces palabras: "La operación se ha desarrollado sin incidentes". Dijeron que todos los terroristas habían muerto y que no había víctimas entre los rehenes. La sala prorrumpió en aplausos y gritos de alegría. Todo el mundo agradecía a las autoridades que hubiesen salvado a sus seres queridos.»[5] Todo en esta declaración triunfal era mentira.

El cerco al teatro de Moscú es al mismo tiempo una de las operaciones de rescate ejecutadas con más éxito y más absurdamente chapuceras de la historia. A lo largo del asedio, los terroristas, que parecían estar desorganizados y desorientados, continuaron negociando con prácticamente todo el que llegaba y siguieron liberando paulatinamente a algunos de los rehenes. Un grupo variopinto de doctores, políticos y periodistas pudieron entrar y salir del edificio para negociar mejores condiciones para los rehenes. Sus familiares, que deseaban desesperadamente una solución pacífica, se congregaron el segundo día del secuestro y redactaron una petición que remitieron con más de 250 firmas:

> Estimado presidente:
> Somos los hijos, familiares y amigos de los rehenes que se encuentran dentro del teatro. Apelamos a su razón y su compasión. Sabemos que el edificio está lleno de explosivos y que el uso de la fuerza llevará a que el teatro vuele por los aires. Estamos convencidos de que no hay concesión demasiado grande cuando están en juego las vidas de setecientas personas. Le pedimos que no deje que mueran. ¡Continúe negociando! ¡Acepte algunas de sus exigencias! Si nuestros seres queridos mueren, dejaremos de creer que nuestro Estado es fuerte y que su gobierno es real. ¡No permita que seamos huérfanos![6]

Cuatro horas más tarde, uno de los reporteros llamó para decir que habían evacuado un hospital situado justo al lado del teatro. Yo deduje que el ejército estaba empezando el asalto al edificio y que estaban haciendo sitio a las posibles víctimas.

A las cinco y media de la mañana del sábado, el tercer día del secuestro, dos de los rehenes llamaron a Eco Moskvi, la principal radio de noticias y tertulias de la ciudad. «No sé qué está pasando —sollozaba una al teléfono—. Hay gas. Todo el mundo está sentado en la sala. Os pedimos, por favor… no queremos ser otro *Kursk*.» Incapaz de seguir hablando, le pasó el teléfono a su amiga, que dijo: «Parece que van a empezar a utilizar la fuerza. Por favor, no nos abandonéis si hay alguna posibilidad, os lo rogamos». Era descorazonadoramente evidente que ni los rehenes ni sus seres queridos confiaban en que las fuerzas armadas rusas los salvarían. La referencia al *Kursk* lo dejó claro: no creían que el gobierno tuviese algún respeto por la vida humana.

En realidad, el plan de rescate era brillante: las fuerzas especiales utilizaron pasajes subterráneos para llenar la sala con un gas que dormiría a todos los que estuviesen en el interior, evitando así que los terroristas detonasen los explosivos distribuidos por todas partes; al parecer, había mujeres vestidas de negro con chalecos cargados de explosivos colocadas en distintos puntos de la sala. Una vez dormidos, los terroristas podrían ser detenidos y los rehenes, liberados por tropas que surgirían de esos mismos pasajes subterráneos o bien entrarían en el edificio por las puertas principales.

Nada salió como estaba planeado. Los terroristas tardaron varios minutos en dormirse. No estaba claro por qué no activaron los explosivos, cosa que suscitó especulaciones sobre si había realmente o no. Los rehenes, faltos de sueño y gravemente deshidratados —al menos en parte porque las dos unidades de las fuerzas especiales desplegadas alrededor del teatro no conseguían ponerse de acuerdo para permitir que entrase un cargamento de agua y zumo que los terroristas habían aceptado—, se durmieron rápidamente y requirieron ayuda médica para despertar. En lugar de recibirla inmediatamente, se les trasladó fuera del edificio y se les depositó en los escalones de entrada, muchos de ellos tumbados boca arriba y no de lado, como debía haberse hecho. Muchas personas murieron asfixiadas por su propio vómito, sin recuperar jamás la conciencia, en los escalones del edificio. A continuación, se cargó en autobuses tanto a los fallecidos como a quienes solo estaban inconscientes, y de nuevo se les colocó sentados; en los autobuses muchos más murieron asfixiados cuando la cabeza se les cayó hacia atrás. En lugar de llevarlos al hospital de al lado, se trasladó a los rehenes, la mayoría en autobús, a hospitales del centro de Moscú, donde los doctores se vieron impotentes para ayudarles porque las autoridades policiales se negaron a decirles qué compuesto químico se había utilizado en el teatro. Varios de los rehenes entraron en coma y murieron en el hospital, algunos incluso una semana después de que terminase el asalto. En total, murieron 129 personas.

El gobierno celebró su victoria. Las fotografías de los terroristas, todos ellos ejecutados sumariamente mientras dormían por las tropas rusas, se exhibieron continuamente en televisión: hombres y mujeres desplomados en las sillas del teatro o sobre las mesas, con heridas de bala claramente visibles en sus cabezas. Cuando escribí un artículo sobre la falta de respeto por la vida humana que había mostrado el gobierno el cantar victoria tras 129 muertes innecesarias, recibí varias amenazas de muerte; el triunfo sobre el terrorismo no debía ponerse en tela de juicio. Pasaron meses antes de que algunos activistas por los derechos humanos se atraviesen a poner de manifiesto que Rusia había violado varias convenciones internacionales y sus propias leyes al utilizar gas y hacer uso de la fuerza cuando los terroristas seguían dispuestos a negociar. Pocos rusos llegaron a saber nunca que los terroristas, liderados por un joven de veinticinco años que nunca había salido de Chechenia, habían planteado exigencias cuya satisfacción habría sido casi irrisoriamente fácil, posiblemente garantizando así la liberación de todos los rehenes. Querían que el presidente Putin declarase en público que deseaba poner fin a la guerra en Chechenia y que demostrase su buena voluntad ordenando la retirada de las tropas de uno cualquiera de los distritos de la república separatista.

Pero, por muy asumibles que pareciesen sus demandas, los terroristas estaban exigiendo que Putin se comportase de una forma que iba contra su naturaleza. El niño que nunca podía dejar de pelear —que parecía calmarse pero siempre volvía a enfurecerse— era ahora el presidente que había prometido «acabar con ellos dondequiera que estuviesen», y preferiría sin duda sacrificar a 129 de sus conciudadanos antes que decir en público que quería la paz. Y no lo hizo.

Apenas dos semanas después del secuestro, Putin estaba en Bruselas, en una cumbre entre la Unión Europea y Rusia dedicada principalmente a discutir la amenaza del terrorismo islámico internacional. En una rueda de prensa tras las reuniones, un reportero del periódico francés *Le Monde* le hizo una pregunta sobre el uso de artillería pesada contra civiles en Chechenia. Putin, aparentemente tranquilo e incluso esbozando una sonrisa, dijo: «Si está usted dispuesto a convertirse en un seguidor radical del islam y a que le hagan la circuncisión, le invito a que venga a Moscú. Somos un país de muchas confesiones. Tenemos especialistas en el asunto. Le recomendaría que le realizasen la operación de forma que nunca vuelva a crecer nada ahí». El intérprete no se atrevió a traducir la respuesta de Putin en su totalidad, y ni siquiera apareció en la edición del día siguiente del *New York Times*; el periódico tradujo pudorosamente la última frase como: «Es usted bienvenido; en Moscú se tolera todo y a todos».[7] Pero el vídeo de su diatriba[8] contra el periodista seguía siendo popular en RuTube* nueve años después de que Putin profiriese su amenaza, y ponía de manifiesto su completa incapacidad para fingir siquiera que tenía una solución pacífica para el conflicto de Chechenia.

Aléxander Litvinenko vivía entonces en una casa adosada en una calle estrecha del norte de Londres, enfrente de Ájmed Zákaev, un antiguo actor de Grozni, la capital chechena, que se había convertido a finales de los años noventa en el rostro inteligente y seductor de una Chechenia independiente. Había sido un miembro clave del gobierno checheno tras el alto el fuego y representante de Chechenia en Occidente. En 2000 resultó herido y abandonó Chechenia para recibir tratamiento médico, y acabó solicitando asilo político en Gran Bretaña. Vivía en el norte de Londres con un salario que recibía de su antiguo interlocutor en las negociaciones, Borís Berezovski; al igual que Litvinenko, que había pasado gran parte de la segunda mitad de los años noventa en Chechenia, junto a las tropas rusas. Los camaradas de Zákaev que aún vivían lo consideraban el primer ministro de Chechenia en el exilio.

Juntos, Litvinenko y Zákaev revisaron documentos y grabaciones en vídeo del cerco al teatro y descubrieron algo desconcertante: uno de los terroristas no había sido asesinado; de hecho, parecía que había abandonado el edificio poco antes de que lo asaltasen las tropas rusas. Lo identificaron como Janpash Terkibaev,[9] un antiguo periodista que, según creían, llevaba mucho tiempo trabajando para la policía secreta rusa. El 31 de marzo de 2003, Zákaev vio a Terkibaev

---

* Página web rusa de visionado de vídeos. *(N. del T.)*

en Estrasburgo, adonde ambos habían viajado para asistir a una reunión del Parlamento europeo como representantes del pueblo checheno (Terkibaev con la aprobación de Moscú; Zákaev no). A principios de abril, Litvinenko contactó con Serguéi Yushénkov, el coronel liberal con quien Marina Salye había estado colaborando antes de huir de Moscú, que ahora estaba participando en la investigación parlamentaria sobre el asalto al teatro, y le dio toda la información que había recopilado sobre Terkibaev.[10] Dos semanas después, Yushénkov fue asesinado a tiros en Moscú, a plena luz del día. Litvinenko estaba seguro de que había sido consecuencia directa de su investigación sobre el asedio al teatro.

Pero Yushénkov ya había entregado los documentos que había recibido de Litvinenko a otra persona. Anna Politkóvskaya era una periodista de cuarenta y pocos años que había pasado la mayor parte de su vida profesional en una oscuridad relativa, escribiendo artículos excesivamente documentados y algo confusos sobre todo tipo de males sociales. Durante la segunda guerra de Chechenia, se reveló como una reportera de una valentía temeraria que pasaba semanas enteras en Chechenia, aparentemente ajena a las restricciones impuestas por los militares rusos, documentando las denuncias de abusos y crímenes de guerra. En un par de años se había convertido probablemente en la rusa en quien más confiaban los chechenos. De pelo gris, con gafas y madre de dos hijos mayores, no tenía ningún aspecto de periodista de investigación o reportera de guerra, lo que probablemente contribuyó en más de una ocasión a su seguridad personal. Durante el asalto al teatro, le permitieron entrar en el edificio para intentar negociar con los terroristas y al parecer fue clave para conseguir que aceptasen que les enviasen agua y zumo.

Politkóvskaya encontró a Terkibaev, a quien dijo haber reconocido por haberlo visto dentro del teatro, y lo entrevistó. Resultó ser pretencioso hasta bordear el ridículo, y no le costó mucho lograr que se ufanase de haber estado dentro del teatro durante el asalto, de haber conducido a los terroristas hasta allí, de haber conseguido que atravesasen en furgonetas cargadas de explosivos varios controles militares en Chechenia y de la policía al llegar a Moscú, y de haber tenido en sus manos un detallado plano del teatro, algo de lo que carecieron tanto los terroristas como las tropas federales. ¿Para quién trabajaba? Para Moscú, dijo.[11]

Politkóvskaya sacó conclusiones de la reunión, pero con prudencia. Terkibaev mentía mucho, eso estaba claro. También estaban los hechos: sin duda había formado parte de los secuestradores, seguía vivo y se movía con libertad, incluso como miembro de delegaciones oficiales en el extranjero. Parecía que cuando aseguraba trabajar para alguno de los servicios secretos no estaba mintiendo. Y le dijo otra cosa importante a Politkóvskaya: la razón por la que los terroristas no habían hecho estallar los explosivos, incluso cuando notaron como la sala se llenaba de gas —preludio inequívoco de un ataque al edificio—, era que no había. Las mujeres situadas en las filas de asientos del teatro, vigilando a los rehenes y con un dedo sobre el botón, llevaban chalecos con dinamita falsos. Si esto era cierto —y había muchas razones para pensar que así era—, todos los que murieron en el asedio lo hicieron en vano. Y, teniendo en cuenta que Janpash Terkibaev había salido del edificio antes de que lo asaltasen las fuerzas especiales, el Kremlin probablemente también lo sabía.

El 3 de julio de 2003 murió un segundo miembro del comité que investigaba los atentados de 1999 en los bloques de viviendas. Yuri Shchekóchijin, un intrépido político liberal y periodista de investigación —era director adjunto en la *Novaya Gazeta* y, como jefe de su equipo de investigación, el superior inmediato de Politkóvskaya—, había sido ingresado dos semanas antes con síntomas misteriosos; se había estado quejando de una sensación de quemazón por todo el cuerpo y había estado vomitando. Una semana después estaba en coma, se le había despegado la piel de todo el cuerpo y había perdido todo el pelo. Murió por un fallo multiorgánico provocado por una toxina desconocida.[12] Los médicos del hospital mejor equipado de Moscú, que le habían diagnosticado un «síndrome alérgico», habían sido incapaces de ralentizar su deterioro o aplacar su dolor de forma significativa.

Shchekóchijin había estado trabajando en tantas investigaciones que sus amigos y colegas —que, con muy pocas excepciones, pensaban que había sido asesinado—, no sabían decir cuál de sus misiones suicidas fue la que lo condujo finalmente a la muerte. Zákaev estaba convencido de que Shchekóchijin había sido asesinado para evitar que publicase la información que había acumulado sobre el asalto al teatro; en particular, pruebas de que algunas de las mujeres terroristas eran criminales convictos, que, en teoría, estaban todavía cumpliendo condenas en prisiones rusas en el momento del asalto. Dicho de otro modo: probablemente, alguien con poderes extralegales se había asegurado de que eran excarceladas, y esto, una vez más, apuntaba a una posible participación de la policía secreta en la organización de esta acción terrorista.[13]

El 1 de septiembre de 2004, en cuanto llegaron las noticias del asedio a la escuela de Beslán, Politkóvskaya, naturalmente, salió disparada hacia el aeropuerto camino de Osetia del Norte. Lo mismo hicieron muchos otros periodistas, incluido el otro reportero famoso en Chechenia, Andréi Babitski, el hombre que había sido secuestrado por tropas rusas en los primeros días del reinado de Putin. Babitski fue detenido en el aeropuerto de Moscú, supuestamente porque se sospechaba que llevaba explosivos; no los encontraron y fue puesto en libertad, pero nunca llegó a Beslán. Politkóvskaya trató de embarcar en tres vuelos consecutivos, todos ellos cancelados antes de que pudiese hacerlo, y finalmente consiguió plaza en un vuelo a Rostov, la ciudad más grande de la Rusia meridional, a unos seiscientos kilómetros de Beslán; pensaba recorrer el resto del trayecto en un coche de alquiler. Su plan era actuar no solo como reportera sino, hasta donde pudiese, como negociadora, como había hecho dos años antes, durante el asedio al teatro.[14] Antes de salir de Moscú, había mantenido una larga conversación con Zákaev en Londres, a quien instó a movilizar a todos los líderes chechenos para que intentaran hablar con los terroristas y negociar la liberación de los niños. Sugirió que los líderes rebeldes debían salir de sus escondites para asumir esta labor, sin poner condiciones. Zákaev estaba de acuerdo.

Siempre cauta —por aquel entonces, Politkóvskaya era objeto de continuas amenazas de muerte y había visto como su jefe, Yuri

Shchekóchijin, moría envenenado—, Politkóvskaya llevó consigo su propia comida al avión y solo pidió una taza de té. A los diez minutos había perdido la conciencia. Cuando el avión aterrizó, estaba en coma. Que pudiese salir de él fue, en opinión de los médicos que la trataron en Rostov, un milagro. Los médicos de Moscú, adonde fue trasladada dos días después, determinaron que había sido envenenada con una toxina desconocida que le había provocado graves daños en los riñones, el hígado y el sistema endocrino.

En resumen, Politkóvskaya, que tardó meses en recuperarse y nunca recobró la salud por completo, no pudo cubrir e investigar la tragedia de Beslán. Otros asumieron esta tarea. Entre estos investigadores estaba Marina Litvínovich, la antigua asesora de imagen de Putin. Había dejado su puesto como consultora política al servicio del Kremlin tras el asalto al teatro, no tanto porque no estuviese de acuerdo con la gestión del FSB sino porque había sido excluida del equipo de crisis. Flirteó con la oposición política en el mismo momento en que esta dejó de existir, pasó después a trabajar para el oligarca Mijaíl Jodorkovski, que enseguida fue arrestado, y se había dirigido a Beslán buscando la manera de sacar provecho de sus considerables habilidades y contactos.

«Tenía miedo de ir —me dijo—. Nunca había estado en el Cáucaso.» Le daba demasiada vergüenza decirme qué era exactamente lo que había esperado encontrar, pero parecía el producto de diez años de propaganda de guerra, que ella misma había ayudado a crear; lo último que esperaba encontrar tan cerca de Chechenia era gente como ella. «Fuimos de familia en familia, de casa en casa donde la gente había perdido a sus hijos, y, adondequiera que fuéramos, nos servían un vaso de vodka "en su memoria". Todo el mundo lloraba sin parar, y yo lloré hasta quedarme sin lágrimas en Beslán. Simplemente, me contaban sus historias, lloraban y pedían ayuda. Para entonces, parecía que todo el mundo en Rusia se había olvidado de Beslán, así que le pedían ayuda a cualquiera que fuese por allí. No especificaban qué tipo de ayuda, y en un principio yo tampoco lo sabía. Les decía cosas banales, como que tenían que organizarse. Era extraño decírselo a mujeres que se habían pasado la vida construyendo sus hogares y que, si habían trabajado fuera de casa, lo habían hecho quizá en los negocios familiares. Empecé a pasar tiempo allí, trabajando en varios asuntos. Creamos una organización y empezamos a recopilar las historias de testigos oculares. Y entonces empezó el juicio.»

Como en el asalto al teatro, la mayoría de los secuestradores habían sido ejecutados sumariamente por las tropas rusas. Según la versión oficial, había un único superviviente, que esta vez sí fue juzgado. Las sesiones del juicio durarían dos años, y los testimonios del hombre y, aún más importante, de los testigos presenciales, constituyeron un relato irrefutable de la gestión y posible participación del gobierno ruso en la crisis de los rehenes. El juicio, celebrado en la pequeña Beslán y presenciado casi únicamente por habitantes de la población abatidos por el dolor, habría permanecido en una completa oscuridad de no ser por una pequeña acción de Litvínovich: se aseguró de que cada sesión se grababa en audio y de que la transcripción se publicaba en una página web que llamó «La verdad sobre Beslán».

A partir de los testimonios ante el tribunal, Litvínovich logró reconstruir lo que había sucedido en el colegio hora a hora y, el último día, prácticamente minuto a minuto. Descubrió que hubo dos equipos de rescate con objetivos contradictorios: uno local, dirigido por el gobernador de Osetia del Norte, Alexánder Dzasójov (su título oficial era presidente de Osetia del Norte), y otro dirigido por el FSB desde Moscú. En las primeras horas del asedio, los secuestradores habían publicado una nota con su número de teléfono móvil y una exigencia: nombraban a cinco personas, incluido Dzasójov, para que entrasen y negociasen con ellos. Dzasójov trató de entrar en el colegio, pero se lo impidieron tropas dependientes del FSB. En cambio, consiguió que entrase en el edificio el antiguo presidente de la vecina Ingusetia, Ruslan Aushev, que logró sacar a veintiséis rehenes, todos ellos mujeres con niños pequeños. También salió con una lista de exigencias dirigida a Vladímir Putin: querían la independencia de Chechenia, la retirada de las tropas y el fin de las acciones militares. El segundo día del asalto, Dzasójov contactó con Zákaev en Londres, que consiguió que el presidente de la autoproclamada república chechena, Aslán Masjádov, aceptase ir a Beslán a negociar con los terroristas (un acuerdo que Politkóvskaya ya había gestionado, pero que Dzasójov tuvo que lograr de nuevo).

Todo indicaba que los terroristas tenían la intención de negociar; en casi todos los países, esto habría significado que el asedio se habría prolongado tanto tiempo como hubiese sido necesario, mientras cupiese la posibilidad de salvar a alguno de los rehenes. Pero, al igual que en la crisis del teatro, Moscú no quiso esperar a agotar la vía de las negociaciones; de hecho, parece que el momento del comienzo de la acción militar se eligió para impedir una reunión entre los terroristas y Masjádov, que ofrecía buenas posibilidades de alcanzar una solución pacífica.

A la una del mediodía del 3 de septiembre, apenas minutos después de que personal del Ministerio de Emergencias hubiese entrado en el edificio para recoger los cuerpos de varios hombres asesinados por los terroristas al principio del secuestro —algo que había negociado Aushev—, dos explosiones sacudieron el edificio. Para entonces, la mayoría de los rehenes llevaban más de dos días apiñados en el gimnasio de la escuela. Estaban deshidratados —muchos habían empezado a beber su propia orina— y aterrorizados. Sabían que el gimnasio estaba minado —los explosivos estaban a la vista— y que dos de los terroristas hacían guardia con los pies sobre unos pedales con los que activarlos.

Pero las dos explosiones, con apenas segundos de diferencia, provenían de fuera del edificio. Litvínovich pudo determinar que ambas fueron provocadas por disparos de lanzagranadas de las tropas rusas efectuados directamente contra el gimnasio superpoblado. «Era como si algo hubiese entrado volando, una bola de fuego gigante», testificó uno de los antiguos rehenes. Como la mayoría de los adultos en el gimnasio, era una madre que estaba allí con su hijo. «Levanté la vista —dijo otro antiguo rehén—, y vi que donde antes estaba la puerta del patio ahora había un enorme agujero en el techo, que estaba ardiendo muy rápido.»

«Cuando recuperé el conocimiento, tenía cuerpos encima», testificó uno de los antiguos rehenes. «Todo estaba ardiendo —dijo otro—. Estaba encima de varios cadáveres. También había cadáveres sentados en los bancos.» Un tercero testificó: «Alcé los ojos y vi que a mi niña le faltaba la cabeza y que un brazo y un pie estaban completamente destrozados.»

Los rehenes habían pasado dos días en el infierno, y ahora ese infierno se estaba volviendo del revés. Los terroristas parecían aterrorizados y ahora intentaban salvar las vidas de los rehenes. Condujeron a los que se podían mover por sí mismos a la cafetería del colegio, que estaba más protegida del fuego. Instaron a quienes seguían en el gimnasio a que se acercasen a las ventanas para que las tropas rusas viesen que la sala estaba llena de rehenes, que estaban disparando contra mujeres y niños. Los soldados rusos siguieron usando tanques, lanzagranadas y lanzallamas, apuntando primero al gimnasio y después también a la cafetería, a quemarropa. Los terroristas intentaron varias veces trasladar a las mujeres y a los niños a habitaciones que estuviesen resguardadas del fuego. En el exterior, la policía local intentaba sin éxito convencer a las tropas rusas de que dejasen de disparar. En total murieron 312 personas, incluidos diez agentes que no pertenecían al Ministerio de Emergencias que perecieron bajo el fuego mientras intentaban salvar a los rehenes.[15]

Con motivo del segundo aniversario de la tragedia de Beslán, en septiembre de 2006, Litvínovich publicó un folleto con sus averiguaciones. Politkóvskaya, que estaba incapacitada, escribió poco sobre Beslán, pero su contribución fue sorprendente: se hizo con un documento policial que demostraba que un hombre detenido cuatro horas antes de la toma de rehenes había avisado del plan a la policía. Se le había hecho caso omiso: ni siquiera se elevó el nivel de seguridad de la escuela ese día del Conocimiento.[16]

¿Cómo interpretar todo eso? Había quien estaba convencido de que el secuestro de Beslán había sido planeado y ejecutado por la policía secreta de principio a fin, al igual que las explosiones en los bloques de viviendas. El hecho de que Putin propusiese cancelar las elecciones a gobernadores solo diez días después de la tragedia, y de que lo presentase como una respuesta al terrorismo, otorga credibilidad a la historia. Zákaev, por ejemplo, estaba seguro de que el FSB había organizado que un grupo de rebeldes chechenos asaltase la oficina del gobernador —para darle a Putin la excusa de imponer el control federal directo sobre las administraciones regionales—, pero que algo había salido mal y los terroristas habían acabado en el colegio.

Yo creo que la realidad es más compleja. Parece prácticamente fuera de toda duda que los atentados en los bloques de pisos fueron obra de la policía secreta, a pesar de no haber tenido la oportunidad de examinar todas las pruebas, disponibles o no. Los secuestros del teatro y de Beslán, en mi opinión, más que operaciones bien planificadas parecen el resultado de una serie de decisiones equivocadas, alianzas contra natura y planes frustrados. Parece demostrado que varios agentes del FSB mantuvieron vínculos duraderos con terroristas o posibles terroristas chechenos. Al menos algunos de estos vínculos incluían el intercambio de servicios por dinero. Es evidente que alguien —probablemente de la policía, pero posiblemente también de la policía secreta— tuvo que ayudar a los terroristas en sus desplazamientos por Rusia. Por último, hay muchos indicios de que el gobierno de Putin no tomó decisiones para evitar los ataques terroristas ni para solucionar las crisis de forma pacífica una vez que ocurrieron; es más, el presidente, constantemente y cada vez en mayor medida, basó su reputación no solo en su determinación de «eliminarlos» independientemente de las circunstancias, sino también en la supuesta falta de compasión de los terroristas.

¿Llevó esto a una serie de planes detallados para fortalecer la posición de Putin en un país que respondía mejor a la política del miedo? No necesariamente, o no del todo. Creo que, desde un buen principio, los organizadores de los secuestros del teatro y del colegio y quienes los hicieron posibles tenían motivaciones distintas: al menos algunos de los rebeldes chechenos querían atemorizar a los rusos para que fuesen conscientes de la pesadilla que era su guerra; a otros de los que colaboraron en la ejecución de los ataques por parte rusa los movía, muy probablemente, solo el beneficio económico; unos terceros, en ambos bandos, estaban cobrándose venganzas personales, y aún había otros que participaban en ambiciosos planes políticos, que podían llegar hasta lo más alto o no. Una cosa es segura: una vez que se produjeron los secuestros, las fuerzas de asalto gubernamentales que actuaban bajo la supervisión directa de Putin hicieron todo lo posible por que las crisis terminasen de la forma más espantosa posible; para justificar la prolongación de la guerra en Chechenia, más ataques contra la prensa y contra la oposición en Rusia, y, por último, para acallar cualquier posible crítica de Occidente, que, tras el 11-S, se vio obligado a reconocer a Putin como un camarada en la lucha contra el terrorismo islámico. Hay una razón por la que las tropas rusas tanto en Moscú como en Beslán actuaron de una forma que parecía garantizar el máximo derramamiento de sangre: buscaban aterrorizar y horrorizar. Es el modus operandi de los terroristas, y en este sentido puede decirse sin lugar a duda que Putin y los terroristas estaban actuando conjuntamente.

El 20 de marzo de 2006, Marina Litvínovich salió del trabajo poco después de las nueve de la noche. Trabajaba entonces para Garri Kaspárov, el campeón de ajedrez convertido en político. Mantenían una presencia discreta en el centro de Moscú, trabajando tras una puerta sin distintivos, detrás de la cual hacían guardia dos de los ocho guardaespaldas permanentes de Kaspárov. Este, junto con sus guardaespaldas, salía en un todoterreno, mientras que el resto del escaso personal se dispersaba en coche, a pie o en metro, cada uno por su lado. Marina, que vivía cerca, solía irse andando.

Casi una hora después de haber salido de la oficina, Litvínovich abrió los ojos y descubrió que estaba tendida sobre el toldo de una bodega y que alguien intentaba averiguar si estaba bien. No lo estaba: la habían dejado inconsciente mediante uno o varios golpes en la cabeza. Le habían propinado una buena paliza, estaba llena de moratones y le habían saltado dos de los dientes frontales. Tenía el bolso al lado, con su ordenador portátil, su teléfono móvil y su dinero aún dentro, intactos.

Pasó tres o cuatro horas en urgencias esa noche y otras tantas en la comisaría al día siguiente. Los policías se mostraron sorprendentemente atentos, pero insistían en que no la habían golpeado. ¿Quizá la joven de treinta y un años simplemente se había desmayado en plena calle y había caído al suelo de tal forma que se había provocado moratones por todo el cuerpo? Se quejó de que tenía un gran cardenal en una de las piernas, que, según le habían dicho los médicos, probablemente era el resultado de un golpe con una porra de goma. ¿Quizá la había atropellado un coche, entonces? Litvínovich señaló que su ropa estaba tan limpia que seguía llevando los mismos pantalones y el mismo abrigo al día siguiente, por lo que claramente no era eso lo que había pasado. Además, este era uno de los varios indicios de que la habían atacado profesionales; tenían que haberla sujetado mientras la golpeaban y, después, haberla dejado con cuidado sobre el toldo donde se despertó.

El ataque era un mensaje. La pulcra ejecución y el hecho de que no hubiesen tocado sus objetos de valor lo ponían de manifiesto. Otro joven asesor político, un antiguo colega de Litvínovich que había hecho una carrera brillante trabajando para Putin, expresó claramente el mensaje en su blog: «Las mujeres no deberían dedicarse a este trabajo ... Marina decidió participar en la guerra, y nadie dijo nunca que en esta guerra se respetarían las reglas».[17] Dicho de otra forma, esto es lo que les pasaría a quienes se enfrentasen al Kremlin.

El sábado 7 de octubre de 2006, Anna Politkóvskaya volvía a su casa en un gran edificio de pisos en el centro de Moscú cuando la asesinaron a tiros en el ascensor.

¿Quién pudo haberlo hecho? Cualquiera. Politkóvskaya podía ser muy desagradable: junto a su personalidad extremadamente empática parecía existir otra que tendía a arremeter a la más mínima provocación. Este era un rasgo peligroso para una periodista cuyas fuentes incluían un buen número de hombres armados y acostumbrados a la violencia, pero no a que una mujer les respondiese. Podía ser dura con sus fuentes, como lo fue con Janpash Terkibaev, a quien retrató como un engreído y un estúpido cuando él intentó causarle una buena impresión. Tomaba partido, algo peligroso en tiempos de guerra entre clanes. Pero, sobre todo, era famosa por sus críticas al régimen de Putin. Alexánder Litvinenko estaba seguro de que esto había sido lo que la mató. «Anna Politkóvskaya fue asesinada por Putin» era el título del obituario que publicó ese día. «A veces no estábamos de acuerdo y discutíamos —escribió sobre su relación con Politkóvskaya—. Pero sí estábamos completamente de acuerdo en una cosa: los dos pensábamos que Putin es un criminal de guerra, culpable del genocidio del pueblo checheno, y que debería ser juzgado por un tribunal libre e independiente. Anna sabía que Putin podría matarla por pensar así, y por eso lo despreciaba.»[18]

El día en que murió Politkóvskaya, Putin cumplía cincuenta y cuatro años. Los periodistas enseguida calificaron el asesinato de regalo de cumpleaños. Putin no dijo nada sobre su muerte. Al día siguiente mandó felicitaciones de cumpleaños a un patinador artístico que cumplía sesenta años y a un actor que cumplía setenta, pero no pronunció ni una sola palabra sobre una muerte que había sacudido a la capital del país. Tres días después del asesinato, se encontraba en Dresde, la ciudad que tiempo atrás fue su hogar, para un encuentro con la canciller alemana Angela Merkel. Al salir del coche, se topó con una manifestación de unas treinta personas con carteles que ponían ASESINO y LOS ASESINOS YA NO SON BIENVENIDOS AQUÍ.[19] En la rueda de prensa tras su reunión con Merkel, los periodistas —y, al parecer, la propia canciller— le obligaron por fin a hablar públicamente sobre la muerte de Politkóvskaya. De nuevo, Putin dejó claro que, cuando se le forzaba a hablar en público sobre algún asunto de trascendencia emocional, no sabía comportarse. Parecía que echaba bilis por la boca al hablar: «Esa periodista era en efecto una crítica implacable del actual gobierno ruso —dijo—. Pero creo que los periodistas saben, y desde luego, los expertos son conscientes de ello, que su influencia política en el país era extremadamente insignificante. Era conocida en los círculos periodísticos, entre los activistas pro derechos humanos y en Occidente, pero su influencia en la política rusa era mínima. El asesinato de una persona así, el asesinato a sangre fría de una mujer, de una madre, es en sí mismo un ataque contra nuestro país. Este asesinato hace mucho más daño a Rusia y a su gobierno actual, y al actual gobierno checheno, que cualquiera de sus artículos».[20]

Tenía razón: Politkóvskaya era más conocida en los países de Europa occidental como Francia y Alemania, donde sus libros habían sido traducidos y habían tenido una amplia difusión, que en

Rusia, donde estaba desde hacía tiempo en la lista negra de la televisión (en tiempos había aparecido regularmente en diversas tertulias), donde el periódico para el que trabajaba era considerado marginal y donde, y esto es lo más importante, sus artículos de investigación, que habrían resultado explosivos si Rusia fuese aún una democracia más o menos funcional, simplemente pasaban inadvertidos. El gobierno nunca reaccionó a su entrevista con Janpash Terkibaev o a su reportaje sobre cómo la policía había ignorado los avisos en Beslán. Ni siquiera había sido despedido algún policía de bajo rango; no sucedió nada, como si nadie hubiese dicho nada o nadie lo hubiese oído. Y su asesinato, que puso a Putin en la tesitura de tener que demostrar su inocencia, sin duda les hizo más daño a él y a su gobierno que el que Politkóvskaya le había hecho en vida.

Fue una declaración tan espantosamente articulada y mostró tan a las claras la idea que tenía Putin de los periodistas, que me inclino por pensar que estaba siendo sincero.

El 1 de noviembre de 2006, solo tres semanas después del asesinato de Politkóvskaya, Alexánder Litvinenko cayó enfermo. Siempre temiendo ser envenenado, enseguida se bebió cuatro litros de agua, para tratar de eliminar de su organismo lo que fuese que tenía. Pero no sirvió; horas más tarde, estaba vomitando violentamente. También sufría terribles dolores: era como si se hubiese quemado la garganta, el esófago y el estómago; comer o beber era imposible, y cuando vomitaba el dolor se agudizaba. Tras tres días sin que los síntomas remitiesen, fue hospitalizado.

Litvinenko les dijo inmediatamente a los médicos que podían haberlo envenenado agentes del gobierno ruso. Como respuesta obtuvo una visita al psiquiatra, así que decidió callarse su teoría. Los médicos le dijeron a su mujer, Marina, que buscaban alguna bacteria rara como causante de los graves síntomas de Litvinenko. Durante un tiempo creyó lo que le decían y esperó pacientemente a que su marido mejorase. Pero tras tres días de suplicio se dio cuenta de que Alexánder había empeorado considerablemente. También vio que la bata que llevaba estaba llena de pelo. «Le acaricié la cabeza —me dijo más tarde—. Llevaba puesto un guante de goma y el pelo se le quedó pegado al guante. Dije: "Sasha, ¿qué es esto?". Me contestó: "No lo sé. Parece que se me está cayendo el pelo". Fue entonces cuando, de pie junto a su cama, empecé a gritar: "¿No tienen vergüenza?". Hasta entonces había intentado ser paciente, pero fue entonces cuando me di cuenta de que ya no podía más. Su médico vino enseguida y le dije: "¿Ve lo que está pasando? ¿Me lo puede explicar?". Llamaron a alguien de oncología o a algún otro especialista y empezaron a discutir entre ellos. El oncólogo dijo: "Lo voy a trasladar a mi planta, porque parece como si hubiese recibido radioterapia".Y lo hizo, pero no encontraron nada.»

Pasó otra semana hasta que los médicos de Litvinenko, la prensa británica y la policía londinense asumieron que lo habían envenenado. En su orina se habían encontrado rastros de talio, un metal pesado utilizado históricamente como veneno para ratas, pero prohibido desde hacía tiempo en Occidente. El descubrimiento dio esperanzas a Litvinenko, a su mujer y a sus amigos; empezaría a recibir un antídoto y se recuperaría. «Creí que quedaría incapacitado, estaba preparada para eso —me dijo Marina—, pero no imaginé que moriría. Pensaba en los tratamientos que tendría que recibir.» El descubrimiento también proporcionó a los medios británicos un motivo para difundir la historia del «espía ruso», como insistían en llamarlo, que estaba muriendo en un hospital de Londres, y a Scotland Yard una razón para empezar a interrogarlo. El antiguo delator, debilitado, incapaz de tragar —durante toda su estancia en el hospital recibió todos los alimentos por vía intravenosa— y que debía superar un dolor extremo para hablar, proporcionó unas veinte horas de testimonio durante sus últimos días. Pero el diagnóstico también dio que pensar a un famoso toxicólogo al que consultó Goldfarb; los síntomas de Litvinenko no parecían realmente los de un envenenamiento por talio.

Un día o dos antes de entrar en coma, Litvinenko dictó un comunicado que quería que se difundiese en caso de fallecer. Álex Goldfarb lo transcribió. Empezaba con tres párrafos en los que expresaba su gratitud a los médicos, a Gran Bretaña y a Marina, y continuaba así:

Tumbado aquí, puedo sentir claramente la presencia del ángel de la muerte. Todavía es posible que consiga escapar de él, pero me temo que mis pies no son tan rápidos como antes. Creo que ha llegado el momento de decirle unas pocas palabras al responsable de mi situación actual.

Quizá consiga hacer que me calle, pero ese silencio tendrá un precio para usted. Ha demostrado ser exactamente el bárbaro sin escrúpulos que sus críticos más implacables decían que es.

Ha demostrado que no tiene respeto por la vida humana, por la libertad o por otros valores civilizados.

Ha demostrado que no merece ostentar su cargo, ni la confianza de gente civilizada.

Puede que consiga hacer callar a un hombre, pero el rumor de las protestas en todo el mundo reverberará en sus oídos, señor Putin, hasta el final de su vida. Que Dios le perdone lo que ha hecho, no solo a mí sino a mi querida Rusia y a su pueblo.[21]

Los médicos finalmente identificaron la causa del envenenamiento de Litvinenko unas pocas horas antes de que muriese. Era polonio, una sustancia muy radiactiva que solo se encuentra en pequeñas cantidades en la naturaleza, pero que se puede fabricar artificialmente. Los familiares y allegados conocieron la causa de boca de la policía poco después de que Aleхánder Litvinenko hubiese fallecido.

Cinco años después de haber conocido a Litvinenko y haberle ayudado a escapar, Goldfarb decidió escribir un libro sobre él, con Marina Litvinenko, su viuda, como coautora. En menos de un año, se publicaría en varios idiomas; su título en español es *Muerte de un disidente: el envenenamiento de Alexánder Litvinenko y el regreso del KGB*. Goldfarb, científico, activista político durante muchos años y escéptico por naturaleza, logró reconstruir la historia del asesinato de Litvinenko de forma aún más convincente porque él nunca se había creído realmente lo que consideraba las teorías conspirativas de Litvinenko y Politkóvskaya. Pero su propia teoría haría palidecer a ambas.

Cuando se produjeron los dos asesinatos, la política de Rusia hacia Chechenia estaba sufriendo una transformación. Sin admitir la derrota o sin siquiera negociar abiertamente —para Putin cualquiera de las dos opciones habría sido humillante—, Rusia estaba retirando sus tropas de Chechenia y dando margen de maniobra y unas ayudas económicas extraordinarias al joven líder checheno, Ramzán Kadírov, elegido a dedo a cambio de lealtad y la ilusión de la paz y la victoria. Para otros señores de la guerra chechenos, tanto grandes como pequeños, esto significaba el final del juego; Kadírov era implacable tanto con sus enemigos como con sus rivales. Basándose en abundantes pruebas circunstanciales y en varias importantes entrevistas extraoficiales, Goldfarb llegó a la conclusión de que uno de esos señores de la guerra había ordenado asesinar a Politkóvskaya y había intentado simular que lo había ordenado Kadírov, para así desacreditarlo ante el gobierno ruso. Politkóvskaya había criticado mucho y muy públicamente a Kadírov, llegando a insultarlo, pero Goldfarb pensaba que los verdaderos responsables de su muerte eran chechenos de un clan rival.

Entonces, pensaba Goldfarb, Putin se encontró en la situación de tener que probar que no había sido él, sintiendo que le habían tendido una trampa. Salvo que, gracias en parte a sus asesores, no pensó que fuese Kadírov quien se la había tendido, sino los partidarios de Berezovski en Londres. De estos, el más visible era el traicionero agente del FSB Litvinenko, que de hecho estaba acusando a Putin del asesinato. Por eso ordenó que lo matasen.[22]

La teoría de Goldfarb es lógicamente impecable: cada uno tiene sus motivos y dispone de medios. Pero a mí me resulta demasiado intrincada o, quizá, demasiado específica. El asesinato de Alexánder Litvinenko fue sin duda obra del gobierno ruso, con autorización al más alto nivel; el polonio 210 que lo mató solo se fabrica en Rusia. Su producción y exportación están estrictamente controladas por las autoridades nucleares federales, y la extracción de la dosis necesaria de la cadena de producción requiere una intervención del más alto nivel en uno de los primeros pasos de esa cadena. La autorización para una intervención así debía provenir del despacho del presidente. En otras palabras, Vladímir Putin ordenó la muerte de Alexánder Litvinenko.

Una vez que se identificó el veneno, a la policía británica le resultó fácil identificar a los sospechosos del asesinato: el polonio, aunque es inocuo salvo si se ingiere, deja un rastro radiactivo allí por donde pasa. Esto permitió a la policía identificar a las personas que lo habían transportado a Londres y el lugar y el momento exactos en que tuvo lugar el envenenamiento. Los dos hombres identificados eran Andréi Lugovoi, antiguo director de seguridad del socio de Berezovski, que había fundado una lucrativa empresa de seguridad privada en Moscú, y su socio, Dimitri Kovtun. Por razones que la policía británica no aclara, han identificado a Lugovoi como sospechoso del asesinato y a Kovtun como testigo. Rusia ha rechazado varias solicitudes de extradición para Lugovoi; más aún, se ha convertido en parlamentario lo que le otorga inmunidad judicial, incluso frente a solicitudes de extradición. Gran Bretaña, por su parte, ha tratado el caso como un asunto puramente penal y no ha ejercido presiones políticas para conseguir la extradición de Lugovoi.

No hay otro asesinato en la larga lista de muertes de periodistas y políticos cuya historia sea tan clara y obvia. Es posible que Anna Politkóvskaya fuese víctima de las luchas de poder en Chechenia. Puede que Yuri Shchekóchijin fuese asesinado por algún empresario o político cuyos trapos sucios había aireado. Es posible que la muerte de Serguéi Yushénkov fuese, como afirmó más tarde la policía, ordenada por un rival político. Puede que Anatoli Sóbchak muriese de un ataque al corazón. Pero si todas estas posibilidades, por separado, parecen poco probables, juntas resultan casi absurdas. La verdad sencilla y evidente es que la Rusia de Putin es un país donde muchos rivales políticos y críticos destacados son asesinados y que, al menos en algunos casos, las órdenes provienen directamente del despacho del presidente.

10

Codicia insaciable

Al escribir ahora sobre los primeros años de Putin como presidente, me llama la atención con qué rapidez y decisión actuó. Incluso cuando estaba cubriendo la historia en tiempo real, me parecía que estaba ocurriendo a velocidad de vértigo. Putin cambió el país muy deprisa, los cambios fueron profundos, y arraigaron con facilidad. Parecía que estaba invirtiendo en un instante la evolución histórica de Rusia. Y durante un tiempo insoportablemente largo, pareció que nadie se daba cuenta.

O casi nadie. Después de las elecciones parlamentarias de diciembre de 2003, en las que el partido Rusia Unida de Putin obtuvo casi la mitad de los escaños y el resto se los repartieron entre el Partido Comunista, el absurdista-nacionalista e insultantemente mal llamado Partido Democrático Liberal y un nuevo partido ultranacionalista llamado Rodina («Madre Patria»), mientras todos los demás liberales y demócratas, perdían sus escaños, la Organización para la Seguridad y Cooperación en Europa (OSCE) informó de lo siguiente: «Las elecciones ... no cumplieron muchos requisitos de la OSCE y del Consejo de Europa, lo que pone en tela de juicio la disposición de Rusia a avanzar hacia los criterios europeos para unas elecciones democráticas».[1] El *New York Times* daba una información completamente diferente, pues publicó un editorial condescendiente pero aprobador titulado «Los rusos avanzan poco a poco hacia la democracia».[2] En su información del día de las elecciones, el periódico neoyorquino no mencionaba las críticas de los observadores internacionales, pero al día siguiente publicó un artículo sobre dichas críticas; el *Washington Post* y el *Boston Globe* omitieron por completo las críticas en sus reportajes. El *Los Angeles Times* fue aún más lejos: en un amplio reportaje, se las ingenió para tergiversar la conclusión de la OSCE, de manera que parecía decir lo contrario de lo que afirmaba. El periódico citaba a un funcionario de la OSCE que señalaba que la votación «estuvo bien organizada y no hemos observado irregularidades de relevancia». Además, el rotativo celebraba el control de Putin sobre el Parlamento ruso, ahora incuestionable, como una oportunidad para que el presidente «impulsase reformas adicionales, incluida la depuración de la arraigada corrupción».[3]

Fuera de Estados Unidos, la prensa fue más crítica. Un día antes de las elecciones, el *National Post* canadiense publicó un reportaje que resumía toda la situación en su titular: «Racistas, asesinos y delincuentes optan a la Duma. Elecciones parlamentarias. Dos décadas después de la decadente era de Yeltsin, la corrupción asola Rusia».[4] Un mes antes de las elecciones, *The Economist* anunció en un editorial la muerte de la democracia en Rusia, y después de las elecciones publicó un informe especial que describía el nuevo Parlamento como «la pesadilla de un demócrata» y hacía hincapié en la creciente influencia de los ultranacionalistas.[5]

Pero los medios más influyentes del mundo, que tenían con diferencia la mayor cantidad de corresponsales en Moscú, se quedaron dormidos al volante. ¿Por qué? En parte, porque la política estadounidense tenía preferencia. En el otoño de 2000, cuando Putin estaba nacionalizando la televisión, los medios norteamericanos estaban completamente centrados en el inminente enfrentamiento electoral entre Bush y Gore. Yo me incorporé por entonces a la plantilla de *U.S. News & World Report*, y durante los primeros meses no hice prácticamente nada; la revista no tenía espacio para Rusia.

Cuando la historia de sus elecciones se terminó por fin, los medios norteamericanos tuvieron que ocuparse de las consecuencias de la burbuja de las empresas «punto-com», que iniciaron una oleada de recortes y ajustes presupuestarios que iba a durar más de una década. Muchos medios redujeron su cobertura de los asuntos internacionales, incluidos los de Rusia y a veces empezando por ellos. Se convirtió en una historia que se autoperpetuaba: después de haberle contado a su público —y llegar a creérselo— que Rusia estaba entrando sin problemas en un período de estabilidad política y económica, los periodistas estadounidenses consideraron que la historia de Rusia había llegado a su fin, redujeron los recursos para informar de ella, y así eliminaron su capacidad para informar sobre el país. La ABC, que tenía varias docenas de empleados ocupando todo un edificio en el centro de Moscú, cerró del todo sus oficinas. En otros medios, los recortes no fueron tan radicales, pero sí igual de drásticos; plantillas enteras fueron sustituidas por periodistas independientes a tiempo parcial. Solo unos pocos periódicos —el *New York Times*, el *Wall Street Journal* y el *Los Angeles Times*— mantuvieron corresponsalías en toda regla con periodistas a tiempo completo y personal auxiliar.

En junio de 2001, George W. Bush se reunió por primera vez con Putin, y, según la famosa expresión, «miró al hombre a los ojos» y «fue capaz de percibir un atisbo de su alma». Los optimistas informes de la prensa apenas se fijaron en el hecho de que Putin no solo era mucho menos entusiasta acerca de su nuevo amigo, sino que en realidad estaba advirtiendo a Estados Unidos de que el período de hostilidad que comenzó con los bombardeos de la OTAN en Yugoslavia en 1999 no había terminado, ni mucho menos.[6] Entonces ocurrió el 11-S, y de pronto la guerra que Rusia libraba en Chechenia se reinterpretó como parte de la lucha del mundo occidental contra el terrorismo fundamentalista islámico; algo que contradecía todas las evidencias existentes, que incluían, entre otras cosas, la anulación por Putin de un acuerdo alcanzado en tiempos de Yeltsin, según el cual Rusia iba a dejar de vender armas a Irán,[7] y la venta de armas a los estados árabes a un ritmo de varios miles de millones de dólares al año.[8] Además, por circunstancias geográficas, los medios estadounidenses más importantes empezaron a ver Moscú no ya como la capital de Rusia, sino como un campamento base para periodistas que se dirigían a Afganistán y después a Irak. El hambre de historias bélicas era insaciable, y Rusia quedó relegada al tipo de crónicas que los periodistas hacen de pasada, entre los reportajes verdaderamente importantes. Sus despachos desde Rusia eran artículos que solo podían servir para reforzar la versión existente, elaborada por las personas que habían creado la imagen de Putin como un joven y enérgico reformista liberal.

El hecho de que no hubiera mucho de qué informar sobre esta faceta particular no parecía preocupar a la mayoría de los periodistas y directores de medios norteamericanos. Glosaron la nacionalización de los medios, describieron como «poner orden en el caos» el nombramiento de delegados federales para supervisar a los gobernadores electos, hicieron caso omiso de los retrocesos en la reforma judicial, y decidieron centrarse cada vez más en cuestiones económicas. A diferencia de Yeltsin, que siempre parecía dar dos pasos adelante y uno atrás en las reformas económicas en su eterno intento de apaciguar a la oposición, Putin llenó de liberales confesos las ramas económicas de su equipo y de su gabinete. Su primer ministro era el anterior ministro de Finanzas, un *apparatchik* curtido en la tradición burocrática soviética, pero sinceramente empeñado en continuar por el camino de las reformas implantadas en los años noventa, y que, muy convenientemente para Putin, se centró en esta tarea y excluyó cualquier otro asunto de gobierno. Ya antes de convertirse en presidente en ejercicio —cuando todavía solo era el sucesor ungido—, Putin había formado un *think tank* o laboratorio de ideas encargado de elaborar un plan para el desarrollo económico de Rusia, y nombró para dirigirlo a un economista liberal que antes había trabajado para Sóbchak.[9] Después de las elecciones, el director del laboratorio de ideas se convirtió en ministro de Desarrollo Económico, un cargo creado especialmente para él.

Aún más significativo fue que Putin designara a Andréi Illariónov como su asesor económico. Fue el primer nombramiento del presidente electo y tenía la intención de ser un gesto resonante. Las opiniones de Illariónov eran bien conocidas: había sido miembro del club de economistas de San Petersburgo en los años ochenta y se había convertido en un perfecto y elocuente neoliberal. En Estados Unidos se le habría considerado un ultraconservador (y, como era de esperar, acabó aceptando un puesto en el Instituto Cato, un *think tank* neoliberal de Washington), pero en Rusia sus opiniones le situaban en el ámbito políticamente progresista del espectro. Illariónov no creía en el calentamiento global, pero sí en el ilimitado potencial autorregulador de los mercados libres. También era conocido por su brillante mente analítica y su carácter quisquilloso, que le había mantenido al margen de la mayoría de los acontecimientos clave de los años noventa. Su nombramiento fue una sorpresa para todos, incluido él mismo.

La tarde del 28 de febrero de 2000, Illariónov estaba trabajando en el abarrotado despacho de un *think tank* que dirigía en Moscú. El Instituto de Análisis Económicos de Illariónov, situado en la Staraya Ploshad (plaza Vieja) de Moscú, frente a las oficinas de la administración presidencial y a menos de un kilómetro del Kremlin, estaba tan alejado del poder como podía estarlo teniendo en cuenta que Illariónov seguía manteniendo un trato casi íntimo con la mayoría de las personas que habían estado relacionadas con la política económica en los últimos años. De vez en cuando, se le pedía que pronunciara una conferencia para los gestores de la política económica —lo había hecho, por ejemplo, en vísperas de la crisis de 1998, advirtiendo del inminente desastre—, pero parecía que sus consejos se percibían como un ejercicio académico. La frustración había sido su estado normal durante años; tenía el respeto de sus poderosos colegas, pero ninguna influencia sobre ellos.

Sin embargo, a las cuatro de la tarde del 28 de febrero, menos de un mes antes de las elecciones presidenciales, su teléfono sonó y se le pidió que se reuniera con Putin aquella misma noche. La reunión duró tres horas. En algún momento del encuentro, un asistente entró en la sala para informar al futuro presidente de que las tropas federales acababan de tomar la ciudad de Shatoi, en Chechenia. «Putin estaba contentísimo —recordaba Illariónov tiempo después—. Gesticulaba emocionado y no paraba de decir: "Les hemos dado una lección, los hemos machacado". Y como yo no tenía nada que perder, le conté todo lo que pensaba de la guerra en Chechenia. Le dije que, a mi juicio, las tropas rusas estaban cometiendo un crimen bajo su mando. Y él no paraba de decir que allí todos eran bandidos, que los iba a borrar del mapa y que su deber era asegurarse de que la Federación Rusa se mantuviera intacta. Las palabras que me dijo en privado fueron exactamente las mismas que siempre decía en público sobre el asunto; era su opinión sincera. Y mi opinión sincera era que aquello era un crimen.» El diálogo se prolongó durante veinte o treinta minutos, acalorándose ambos cada vez más. El nada diplomático Illariónov sabía exactamente cómo terminaban siempre los debates de este tipo: jamás le volverían a invitar y se le cerraría otra vía de posible influencia, porque, como de costumbre, él, con sus apasionados puntos de vista, no encajaba.

Y entonces ocurrió algo extraordinario.[10] Putin se quedó callado un segundo, recompuso su expresión facial, borrando de ella toda pasión, y dijo: «Se acabó. Tú y yo no vamos a discutir sobre Chechenia». Durante las dos horas siguientes, los dos hombres hablaron de economía, o, más bien, Putin dejó que Illariónov le diera una disertación. Al despedirse, Putin sugirió que volvieran a reunirse al día siguiente. Inmediatamente, Illariónov cometió otros dos errores: dijo que no, y explicó la razón de su negativa: se había comprometido a celebrar el aniversario de la llegada de su esposa estadounidense a Rusia, lo cual, dado que ella se había mudado a Moscú en un año bisiesto, solo se podía celebrar cada cuatro años. Pero en lugar de darse por ofendido por la negativa o por el motivo alegado, Putin se limitó a proponer una fecha diferente para el encuentro. Illariónov le dio una nueva clase de economía y dos semanas después de las elecciones, el 12 de abril de 2000, fue nombrado nuevo asesor del presidente.

Illariónov estaba muy entusiasmado. Durante años había pensado que las reformas económicas en Rusia se estaban llevando a cabo de manera equivocada y puede que incluso perjudicial, pero no había tenido la posibilidad de influir en la política. Ahora iba a tener acceso ilimitado al jefe del Estado, que parecía genuinamente interesado en lo que él tenía que decir y nada molesto con su estilo de comunicación. Como la mayoría de la gente, cuando Illariónov descubría en otros cualidades de las que él carecía, tendía a interpretarlas como manifestaciones de alguna especie de capacidad fuera de lo común. Al hablar conmigo once años después de su nombramiento, Illariónov insistió en que Putin era «una persona extraordinaria», y adujo como principal argumento su capacidad para controlar las emociones. A aquellas alturas ya se habían acumulado abundantes pruebas de lo contrario, incluidas varias ocasiones en las que Putin perdió los estribos en público. Pero, siendo por naturaleza incapaz de guardarse sus opiniones para sí mismo, Illariónov seguía impresionado por la capacidad de Putin para «desactivar» la discusión sobre Chechenia e incluso, al parecer, por el frío carácter de Putin. Básicamente, a Illariónov le resultaba difícil imaginar que pudiera ser engañado sistemáticamente, que es precisamente lo que permitió que fuera engañado durante tanto tiempo.

Illariónov y los otros economistas del círculo más próximo a Putin transmitieron una potente señal a la prensa estadounidense con su mera presencia. Pero, en general, parecía que los periodistas norteamericanos se estaban perdiendo la esencia de la historia de Putin porque algunas de sus fuentes más importantes no estaban captando —o estaban omitiendo deliberadamente— la historia. El mundo de los grandes negocios estaba contento con Putin. La economía había estado creciendo a un buen ritmo desde que tocó fondo en 1998, cuando el rublo cayó tan bajo que la producción nacional, a pesar de su ineficiencia, empezó por fin a dar beneficios. A principios de la década de 2000, el precio del petróleo empezó a subir, pero todavía no tanto como para hacer que la industria nacional fuera irrelevante (lo que ocurriría más adelante). Esto estaba empezando a rendir buenos resultados a los inversores que habían entrado en el mercado ruso cuando este tocó fondo.

Una figura clave entre estos inversores fue William Browder, nieto de un dirigente del Partido Comunista de Estados Unidos, casado con una rusa. Browder era un auténtico ideólogo, había venido a Rusia a construir el capitalismo. Creía fervientemente que, al ganar dinero para sus inversores, estaba creando un brillante futuro capitalista para un país al que amaba por tradición familiar.

La estrategia de inversiones de Browder era directa y eficaz. Compraba una pequeña pero importante participación en una gran empresa, como el monopolio del gas o un gigante del petróleo, realizaba una investigación que inevitablemente revelaba corrupción empresarial, y después impulsaba una reforma de la compañía. La corrupción estaba muy extendida y era bastante fácil descubrirla.

La mayoría de las grandes corporaciones eran conglomerados de empresas privatizadas en los últimos tres a cinco años, con gerentes que actuaban en contra, muchas veces abiertamente hostiles a los nuevos propietarios. Los llamados «directores rojos» habían estado robando a sus jefes en la época soviética y no veían ninguna razón para dejar de hacerlo, mientras que algunos de los nuevos propietarios se dedicaban sencillamente a arruinar y saquear su propiedad. Las revelaciones de Browder se toparon con distintos niveles de resistencia, pero en la mayoría de los casos podía efectuar al menos algunos cambios. Como resultado de ello, el valor de las acciones, que invariablemente se habían adquirido a precios mínimos, crecía exponencialmente.

La nueva administración se interesó activamente por las investigaciones de Browder. Sus agentes fueron convocados con frecuencia al Kremlin, donde sus presentaciones en PowerPoint nunca dejaban de causar impresión. Browder estaba seguro de que iba lanzado. Cada vez que conseguía provocar otra decisión judicial o de los organismos supervisores que obligaba a otra empresa rusa a prestar un poco más de atención a la ley, una oleada de alegría recorría las oficinas del ostentosamente llamado Fondo Hermitage. «El espíritu de cuerpo no se parecía al de ningún otro organismo que hayan tenido ustedes —me contó melancólicamente años después—, porque es muy raro que se pueda ganar dinero y hacer el bien al mismo tiempo.»[11] En su momento de apogeo, el fondo, que había empezado con inversiones por valor de 25 millones de dólares, tenía 4.500 millones invertidos en la economía rusa, lo que lo convertía en el mayor inversor extranjero en el país. Tal era la confianza de Browder en su estrategia y en el país que, incluso cuando se detuvo al hombre más rico de Rusia —en especial cuando se detuvo al hombre más rico de Rusia—, Browder expresó su alegría; para él, aquello indicaba que el nuevo presidente no se detendría ante nada para imponer la ley y el orden.

El hombre más rico de Rusia estaba de gira. Mijaíl Jodorkovski, nacido en 1963, compartía un rasgo de carácter con Illariónov y Browder, algo que hacía que los tres hombres fueran muy diferentes de Putin y muy vulnerables a él: su conducta estaba impulsada por ideas. Los padres de Jodorkovski, dos ingenieros de Moscú que se pasaron todas sus carreras trabajando en una fábrica de instrumentos de medición, habían decidido ocultarle a su único hijo su escepticismo político. El suyo era un dilema corriente: decir lo que pensabas de la Unión Soviética y arriesgarte a hacer sufrir a tu hijo con la constante necesidad de un doble pensamiento y un doble discurso, o procurar criar un conformista satisfecho. Sin embargo, los resultados de sus esfuerzos superaron con mucho sus expectativas: consiguieron criar un ferviente comunista y patriota soviético, un miembro de una especie que parecía extinguida. Después de licenciarse en ingeniería química, Mijaíl Jodorkovski optó por trabajar en el comité del Komsomol. No tenía una agenda oculta, pero en la segunda mitad de los años ochenta esta decisión profesional le colocó en buena situación para aprovechar las oportunidades semioficiales y muchas veces extralegales de involucrarse en negocios. Con poco más de veinticinco años, Jodorkovski había probado suerte en el comercio, importando ordenadores personales a la Unión Soviética, y, lo que es más importante, en las finanzas, ideando maneras de sacarle dinero al gigantesco sistema soviético de economía planificada sin pagos al contado.[12] Actuó como asesor económico del primer gobierno de Yeltsin, cuando Rusia todavía formaba parte de la URSS. Durante el fallido golpe de Estado de agosto de 1991, estuvo en las barricadas delante de la Casa Blanca rusa, ayudando físicamente a defender a su gobierno.

En otras palabras, a principios de los años noventa, el antiguo funcionario del Komsomol estaba completamente transformado. Él y su amigo y socio en los negocios, un ingeniero de software llamado Leonid Nevzlin, redactaron un manifiesto capitalista del tamaño de un libro, titulado *El hombre con un rublo*. «Lenin se proponía aniquilar a los ricos y la riqueza misma, y creó un régimen que prohibía la posibilidad misma de hacerse rico —escribieron, denunciando la ideología que en otro tiempo Jodorkovski había prometido defender—. A los que querían ganar más dinero se los equiparaba con delincuentes comunes. ¡Ya es hora de dejar de vivir siguiendo a Lenin! Nuestro faro de guía es el Beneficio, adquirido de manera estrictamente legal. Nuestro señor es Su Majestad el Dinero, porque solo Él puede conducirnos a la riqueza como norma de vida. Es hora de abandonar la utopía y entregarte al Negocio, que te hará rico.»[13] Para cuando se publicó este libro en 1992, Jodorkovski tenía su propio banco y, como otros nuevos empresarios, estaba comprando bonos de privatización, con la intención de tomar el control de varias empresas que antes eran propiedad del Estado.

En 1995-1996, el gobierno ruso pidió créditos a los hombres más ricos del país, reforzando sus participaciones de control en las empresas más grandes de Rusia, que, según el acuerdo, pasarían a sus manos cuando el gobierno, como era de prever, no pagara los créditos. Como consecuencia, Jodorkovski se hizo con la propiedad de Yukos, una corporación petrolera recién creada, cuyas reservas estaban entre las más grandes del mundo.

Su siguiente cambio de postura tuvo lugar en 1998. La crisis financiera de aquel año hizo quebrar el banco de Jodorkovski. La compañía petrolera pasaba graves apuros: el precio del petróleo en el mercado mundial era de ocho dólares el barril, pero el anticuado equipo de Yukos hacía subir el coste de producción de un barril a 12 dólares. La empresa no tenía efectivo para pagar a sus cientos de miles de empleados. «Iba a nuestros pozos de petróleo —escribió Jodorkovski más de diez años después— y la gente ni siquiera me gritaba. No se ponían en huelga, comprendían lo que pasaba. Era solo que estaban desmayados de hambre. Sobre todo la gente joven con hijos pequeños que no tenía huerto propio. Y los hospitales... antes de aquello, comprábamos medicamentos, enviábamos a la gente a que la trataran en otra parte si era necesario, pero ahora no teníamos dinero. Pero lo peor de todo eran sus expresiones de comprensión. La gente decía simplemente: "Nunca habíamos esperado nada bueno. Te agradecemos que hayas venido aquí a hablar con nosotros. Tendremos paciencia".»[14]

A los treinta y siete años, uno de los hombres más ricos de Rusia descubrió el concepto de la responsabilidad social. De hecho, es probable que pensara que lo había inventado él. Resultaba que el capitalismo no solo podía hacer a la gente rica y feliz, sino también pobre, hambrienta, desgraciada e impotente. Así pues, Jodorkovski decidió construir una sociedad civil en Rusia. «Hasta aquel momento —escribió—, yo veía los negocios como un juego. Era un juego en el que querías ganar, pero también existía la posibilidad de perder. Era un juego en el que cientos de miles de personas iban a trabajar por la mañana para jugar conmigo. Y por la tarde volvían a sus vidas, que no tenían nada que ver conmigo.»¹⁵ Era un objetivo enormemente ambicioso, pero, para uno de los pocos hombres que sentían que habían creado una economía de mercado partiendo de la nada, no era absurdamente ambicioso.

Jodorkovski creó una fundación y la llamó Otkrytaya Rossiya («Rusia Abierta»). Financió cibercafés en las provincias, para que la gente aprendiera y hablaran unos con otros. Financió formación para periodistas en todo el país, y concedió becas a los reporteros de televisión con más talento para que fueran a estudiar a Moscú durante un mes. Financió un internado para niños discapacitados, y después de la tragedia de Beslán, varias docenas de supervivientes fueron a estudiar allí. Al poco tiempo, se estaba introduciendo en campos que las fundaciones y los gobiernos occidentales estaban abandonando; al fin y al cabo, ahora Rusia estaba considerada una democracia estable. Había quien decía que estaba financiando más de la mitad de las organizaciones no gubernamentales de Rusia; otros afirmaban que financiaba el 80 por ciento. En 2003, Yukos se comprometió a donar 100 millones de dólares en diez años a la Universidad de Humanidades del Estado Ruso, la mejor universidad de letras del país. Era la primera vez que una empresa privada de Rusia aportaba una cantidad de dinero significativa a una institución educativa.

A Jodorkovski le preocupaba también la idea de transformar su empresa en una corporación gestionada correctamente y dirigida de manera transparente. Contrató a McKinsey & Company, el gigante global de la consultoría de empresas, para reformar la estructura de gestión, y a PricewaterhouseCoopers, otro gigante mundial, para que creara una estructura contable a partir de la nada. «Antes de que interviniera Pricewaterhouse, todos los contables de Yukos sabían que lo único que tenían que hacer era dar una patada en el suelo y robar un poquito cada vez —me contó un ex abogado fiscalista de Jodorkovski—. Había que enseñárselo todo.»¹⁶ Sus socios refunfuñaron —los esfuerzos de Jodorkovski les parecían mal orientados—, pero él estaba decidido a transformar Yukos en la primera multinacional rusa. Con este fin, contrató a una empresa de relaciones públicas de Washington D.C. «Concertamos cinco entrevistas en Nueva York y nos pasábamos el día yendo de una entrevista a otra —recordaba el consultor que trabajó con él—. No hay muchos directivos que le dediquen tiempo a eso. Conseguimos una portada de *Fortune*. Él era la imagen de lo que la gente esperaba que ocurriera en Rusia.»[17] La capitalización de Yukos creció exponencialmente, debido solo en parte a la subida del precio del petróleo, en parte a los nuevos y modernizados sistemas de perforación y refinamiento, que redujeron drásticamente el coste de producción, y en parte a la nueva transparencia. Jodorkovski era el hombre más rico de Rusia y llevaba camino de convertirse en el más rico del mundo.

El 2 de julio de 2003, Platon Lebédev, presidente de la junta de la empresa matriz de Yukos, el Grupo Menatep, fue detenido. Varias semanas después, el jefe de seguridad de Yukos, un ex agente del KGB, estaba entre rejas. El propio Jodorkovski, según le dijeron quienes estaban informados y los que simplemente seguían la lógica obvia de los acontecimientos, sería detenido pronto. Alguien incluso le escribió una lista de cosas que tenía que hacer para evitar ser detenido; el documento, encargado por uno de sus expertos en relaciones públicas, nunca llegó a manos de Jodorkovski porque otro de sus encargados de publicidad lo rompió indignado. En cualquier caso, lo que tenía que hacer Jodorkovski era obvio: huir del país. Fue lo que hizo su socio y coautor de *El hombre con un rublo*, Leonid Nevzlin, que se marchó a Israel. Jodorkovski se fue a Estados Unidos, pero al poco tiempo regresó… y salió de gira.

Había una charla que Jodorkovski llevaba pronunciando más de un año a esas alturas. Yo la había escuchado una vez cuando se dirigió a un grupo de jóvenes escritores, reunidos a petición suya.[18] El tema de la conferencia era que Rusia debía incorporarse al mundo moderno: dejar de gestionar sus empresas como feudos medievales en el mejor de los casos y como cárceles en el peor; transformar su economía en un sistema basado en la exportación de conocimientos y experiencia, en lugar de petróleo y gas, y valorar a sus ciudadanos inteligentes y cultos —como nosotros, los escritores—, y pagarles bien. Jodorkovski no era un gran orador público; tendía a estar rígido, y su voz era blanda e incongruentemente aguda para un hombre de su estatura, su aspecto y su riqueza. Pero tenía de su parte la fuerza de convicción y el peso de su reputación; en general, la gente deseaba saber lo que él quería decirles.

Así que, en lugar de marcharse del país o arrodillarse ante Putin —porque este era precisamente el consejo que figuraba en el papel rasgado—, Jodorkovski decidió crear su propio circuito de conferencias. Contrató a Marina Litvínovich, la ex asesora de imagen de Putin, para que le ayudara a hablar en público. Ella le dijo que tenía el vicio de seguir ridiculizando una idea incluso después de que el público se hubiera puesto de su parte, y que esto le hacía perder ritmo. Jodorkovski, unos cuantos ayudantes y ocho guardaespaldas vivieron varios meses en un jet alquilado. Recorrió el país hablando a estudiantes, trabajadores e incluso reclutas del ejército en una ocasión (aunque aquel evento parece que fue un error de los organizadores). Litvínovich se sentaba en la primera fila con un letrero en el que estaba escrita la palabra «Ritmo». Cada vez que el hombre más rico de Rusia se extendía demasiado, ella levantaba el letrero para que él lo viera.

Durante el fin de semana del 18 de octubre de 2003, el equipo de Jodorkovski estaba en Sarátov, una ciudad a orillas del río Volga. Nevaba y, cosa extraña para aquella época del año, la nieve cuajaba en el suelo. Por alguna razón que nadie entendió bien o que al menos nadie explicó, todo el grupo salió a pasear y estuvo vagando por la vasta extensión blanca. Después volvieron al hotel, Jodorkovski les dio bruscamente las buenas noches a todos y desapareció, y el resto del grupo no tardó en estar completamente borracho. A la mañana siguiente, Jodorkovski le dijo a Litvínovich que volviera a Moscú; llevaba semanas sin ver a su hijo de tres años y él podía arreglárselas sin ella en el siguiente destino.[19]

Las llamadas telefónicas llegaron en las oscuras horas previas al amanecer del 25 de octubre: Jodorkovski había sido detenido en el aeropuerto de Novosibirsk a las ocho de la mañana, las cinco en Moscú. «Así que por eso me envió a casa», pensó Litvínovich. Anton Drel, el abogado personal de Jodorkovski, recibió un mensaje críptico a través de una tercera persona: «El señor Jodorkovski pidió que fuera usted informado de que ha sido detenido. Dijo que usted sabría qué hacer». «Típico de Jodorkovski», pensó Drel, que no tenía ni idea de qué hacer. Hacia el final de la mañana, recibió otra llamada telefónica. «Soy Mijaíl Jodorkovski. ¿Te vendría bien venir ahora mismo al despacho del fiscal general?», pidió con su característica formalidad; ya lo habían trasladado a Moscú. Varias horas después, Jodorkovski fue acusado de seis delitos, entre ellos los de fraude y evasión de impuestos.

Dieciocho meses después, Jodorkovski sería declarado culpable, no de seis, sino de siete cargos, y condenado a nueve años en una colonia penitenciaria. Mucho antes de cumplir la sentencia, se le acusó de un nuevo conjunto de delitos y se le condenó de nuevo, esta vez a catorce años entre rejas. Lebédev, el que fue presidente de su junta directiva, fue juzgado junto con Jodorkovski en las dos ocasiones. Otros altos cargos de Yukos, incluidos el jefe de seguridad, abogados y diversos directivos, no solo de Yukos sino también de varias empresas subsidiarias, se enfrentaron a otros cargos y sufrieron condenas igualmente duras; otros, docenas de ellos, huyeron del país. Con el paso del tiempo, hasta Amnistía Internacional, al principio claramente reacia a asumir el caso de un multimillonario, declararía a Jodorkovski y Lebédev presos de conciencia. A partir de cierto punto, nadie —al parecer, ni siquiera sus carceleros— dudaba de que su encarcelamiento era injusto, pero, ocho años después de su detención, nadie estaba muy seguro de qué había hecho exactamente Jodorkovski, que le había costado su libertad y su fortuna.

El propio Jodorkovski y muchos de sus colaboradores creían que estaba siendo castigado por hablar en público de corrupción. En febrero de 2003, Putin había reunido a los hombres de negocios más ricos de Rusia para una conversación que, extrañamente, estuvo abierta a los medios. Jodorkovski había llegado con una presentación en PowerPoint que consistía en ocho diapositivas que contenían datos que todos los presentes conocían con seguridad, y con la misma seguridad intentaban fingir que no conocían. La sexta diapositiva se titulaba «La corrupción cuesta a la economía rusa más de 30.000 millones de dólares al año», y citaba cuatro estudios diferentes que habían llegado más o menos a la misma cifra. La octava diapositiva se titulaba «La forja de una nueva generación» y contenía un gráfico que comparaba tres instituciones de enseñanza superior diferentes: una que formaba gestores de la industria petrolera, otra que formaba inspectores de hacienda y una tercera para funcionarios civiles. La competencia para entrar en esta última facultad llegaba a casi once personas por plaza, los aspirantes a inspectores de hacienda tenían que competir con otras cuatro personas, y los futuros directivos de la industria del petróleo solo tenían que competir con menos de dos personas, a pesar de que los salarios iniciales oficiales de la industria petrolera eran dos o tres veces más altos que los del sector gubernamental.[20] Estas, indicó Jodorkovski, eran solo las cifras oficiales; los estudiantes de enseñanza media hacían sus planes de carrera contando con los ingresos de la corrupción.

Durante su presentación, Jodorkovski habló también de la reciente fusión del gigante del petróleo Rosneft, propiedad del Estado, con una empresa más pequeña de propiedad privada. «Todo el mundo piensa que el acuerdo tenía, digamos, una cara oculta —dijo Jodorkovski, aludiendo al precio exorbitantemente alto que Rosneft había pagado—. El presidente de Rosneft está aquí. Tal vez quiera hacer algún comentario.»[21] El presidente de Rosneft declinó hacer comentarios, lo cual se parecía mucho a una embarazosa confesión pública de culpa.

La persona que respondió a Jodorkovski fue el mismo Putin. Tenía en la cara la misma sonrisa afectada que un par de meses antes, cuando en una rueda de prensa había sugerido que se castrara a un periodista francés;[22] era la expresión facial que indicaba que estaba teniendo dificultades para contener su ira. «Algunas empresas, incluida Yukos, tienen reservas extraordinarias. La pregunta es: ¿cómo se hizo la empresa con ellas? —preguntó, moviéndose en el asiento para elevar el hombro derecho en un gesto que le hacía parecer más grande y exhibiendo una sonrisa asesina que dejaba claro que aquello era una amenaza, no una pregunta—. Y tu empresa tiene sus propios problemas con los impuestos. Para conseguir su liderazgo,

Yukos encontró una manera de arreglarlo todo y resolver todos sus problemas con el Estado. ¿No será esa la razón de que haya tanta competencia para entrar en la academia de hacienda?» En otras palabras, Putin acusaba a Jodorkovski de haber sobornado a los inspectores de hacienda y le amenazaba con una expropiación de la empresa.

Había también un sector de la opinión que pensaba que la razón de los problemas de Jodorkovski era política: se había entrometido demasiado. Hizo donaciones a partidos políticos, entre otros a los comunistas. Inmediatamente después de la detención de Lebédev en julio, Jodorkovski le pidió al primer ministro, Kasiánov, con el que mantenía una relación distante pero cordial, que averiguara lo que había ocurrido. «Tuve que intentarlo tres o cuatro veces —me contó Kasiánov—. Putin siempre decía que la oficina del fiscal sabía lo que se hacía. Pero al final me dijo que Yukos había estado financiando partidos políticos, no solo los [pequeños partidos liberales] que Putin le había autorizado a financiar, sino también los comunistas, a los que no le iba a permitir financiar.»[23] Ocho años después, Nevzlin, el socio de Yukos que huyó del país, sostenía que las donaciones de la empresa al Partido Comunista habían sido «por supuesto» autorizadas por el Kremlin.[24] Algunas personas del círculo de Jodorkovski llamaban a esta situación de financiación de partidos «la doble traición», creyendo que Jodorkovski había sido engañado por alguien lo bastante próximo a Putin para decirle a Jodorkovski —mintiendo— que su donación de fondos a los comunistas estaba autorizada. Todas estas discusiones estaban teniendo lugar en vísperas de las elecciones parlamentarias de diciembre de 2003, las que, según el *New York Times*, demostraron que Rusia «avanzaba poco a poco hacia la democracia».

Un tercer conjunto de observadores tenía la más sencilla de todas las explicaciones sobre la suerte de Jodorkovski. «No fue a la cárcel por evasión de impuestos ni por robar petróleo, por amor de Dios —me dijo Illariónov siete años y medio después de la detención—. Fue a la cárcel porque era, y sigue siendo, un ser humano independiente. Porque se negó a doblegarse. Porque siguió siendo un hombre libre. Este Estado castiga a la gente por ser independiente.»[25]

Pero en octubre de 2003, cuando se conoció la noticia de la detención, su carácter siniestro y absurdo no era obvio para todos, ni mucho menos. William Browder, por ejemplo, aplaudió la detención. En una declaración publicada en el diario en lengua inglesa *The Moscow Times* y distribuida a los inversores, escribió: «Deberíamos ... apoyar plenamente [a Putin] en su tarea de recuperar el control del país de manos de los oligarcas».[26]

El 13 de noviembre de 2005, Browder regresó a Moscú procedente de Londres. Llevaba nueve años viviendo en Rusia y, aunque no hablaba ruso, se sentía en Moscú como en su casa. Su dinero garantizaba un nivel de confort que solo conocen los muy ricos en los países productores de petróleo; desde la primera vez que aterrizó en Moscú, se movió por una ruta lujosa y exclusiva, que le permitía eludir las formalidades del aeropuerto y ser recogido por su chófer, un ex agente de policía que seguía llevando su placa, lo que le convertía en el rey de las turbulentas calles de Moscú. Pero, esta vez, Browder se vio atascado en el salón VIP del aeropuerto; al parecer, su pasaporte estaba retenido en la aduana. Al cabo de un par de horas, se encontraba en la zona de detención del aeropuerto, una habitación desnuda con sillas de plástico frío, junto a varios detenidos, todos prisioneros de su incierto destino. Quince horas después de llegar, Browder fue introducido en un avión que volaba de regreso a Londres; su visado ruso había sido revocado.

Tenía que tratarse de un enorme malentendido. Browder llamó a los ministros del gobierno y a los funcionarios del Kremlin a los que tanto habían gustado sus presentaciones en PowerPoint. Estuvieron vagos, evasivos, sin comprometerse. Después de varias llamadas telefónicas, empezó a hacerse a la idea de que los problemas de su visado no se iban a resolver pronto. A pesar de su fe en las buenas intenciones de Putin, una cosa que Browder sabía con seguridad era que en Rusia no se puede dejar desatendido ningún negocio. Empezó a trasladar sus operaciones a Londres. Los analistas entraron en acción. El fondo se desprendió de 4.500 millones de dólares de acciones de empresas rusas, sin que, al parecer, nadie se diera cuenta.

A finales del verano de 2006, las empresas rusas del Fondo Hermitage eran cáscaras vacías con una pequeña oficina en Moscú, a la que de vez en cuando acudía una secretaria.

Allí estaba la secretaria, junto con un miembro del personal que había llegado de Londres, cuando veinticinco agentes de la policía fiscal llegaron a la oficina y la pusieron patas arriba. Poco después, el mismo número de agentes, a las órdenes del mismo coronel que había dirigido el primer registro, aparecieron en las oficinas del bufete de abogados del Fondo Hermitage, en busca de sellos y certificados de tres sociedades de control, a través de las cuales gestionaba el fondo sus inversiones. Cuando un abogado alegó que carecían de la orden de registro pertinente, lo llevaron a una sala de juntas y le golpearon.

Cuatro meses después, se le notificó a Browder la incoación de procesos multimillonarios contra sus empresas por un tribunal de San Petersburgo. Puesto sobre aviso por la anulación de su visado e intimidado por los registros de la policía fiscal, ahora estaba sencillamente aterrorizado por una serie de acontecimientos para los que no podía existir una explicación razonable. ¿Qué necesidad tenía la policía fiscal de buscar registros, sellos y certificados de empresas fantasma? ¿Cómo podían emprenderse procesos contra aquellas compañías si sus representantes ni siquiera estaban informados de ningún pleito o vista judicial? Browder pidió a sus abogados de Moscú que investigaran.

No fue un abogado sino un joven contable el que, tras más de un año de indagaciones, reconstruyó por fin una absurda y casi increíble, pero aun así lógica, secuencia de acontecimientos. Serguéi Magnitski descubrió que las tres empresas fantasma se habían reinscrito a nombre de otras personas, todas ellas delincuentes convictos. Después, las empresas habían sido demandadas por otras compañías, que presentaron contratos que supuestamente demostraban que las compañías robadas les debían dinero. Tres tribunales diferentes de tres ciudades rusas celebraron sesiones apresuradas y dictaron sentencias contra las antiguas empresas de Browder, por un valor total de mil millones de dólares, que era la cifra exacta de beneficios que las tres empresas habían declarado el anterior año fiscal. Después, los nuevos propietarios de las empresas presentaron reclamaciones a la autoridad fiscal, solicitando el reembolso de todos los impuestos que habían pagado; parecían estar en su derecho porque, sobre el papel, las empresas ya no tenían beneficios. Los reembolsos, por un total de 230 millones de dólares, se tramitaron en un solo día, en diciembre de 2007; fueron transferidos a los nuevos propietarios de las empresas y desaparecieron del sistema bancario ruso.

Parecía que Magnitski había descubierto un plan de malversación que involucraba a la autoridad fiscal y a los tribunales de por lo menos tres ciudades; si los jueces no hubieran estado involucrados, no habrían dictado y sellado sus sentencias con tanta facilidad y rapidez. Tampoco la autoridad fiscal habría tramitado los reembolsos tan deprisa —o no lo habría hecho en absoluto, teniendo en cuenta que los abogados de Browder habían presentado ya seis recursos diferentes, alegando el robo de sus empresas— si el plan entero no se hubiera orquestado en las altas esferas de la agencia, o muy cerca de ellas.

Browder, que siempre fue un ideólogo, vio una abertura. A esas alturas, ya creía que su expulsión de Rusia había venido de lo más alto; aunque aún no conocía la razón exacta, podía creer que alguien a quien le hubiera pisado los pies pudiera haber conspirado para convencer al presidente, o a alguien muy próximo a él, de que Browder era un indeseable. Pero ahora Browder tenía una oportunidad para salvar a Rusia una vez más. «De ninguna manera el presidente ruso puede permitir que se roben 230 millones de dólares del dinero del país —razonó—. Vamos, que el delito fiscal es demasiado cínico. Si haces algo al respecto, la gente dirá que está traído por los pelos. Esperamos que bajen del cielo equipos de las fuerzas especiales y helicópteros para atrapar a todos los malos.»

Magnitski escribió quince recursos diferentes con la intención de denunciar la malversación e iniciar una investigación. Pero, en lugar de fuerzas especiales bajando del cielo, las investigaciones penales recayeron sobre los abogados que Browder había contratado. Siete abogados de cuatro bufetes diferentes recibieron notificaciones de que se les estaba investigando por varios cargos criminales. A esas alturas, Browder sabía que tenía que ofrecer a todos sus abogados

refugio en Gran Bretaña. «Verás, yo estudié para analista financiero
—me dijo un par de años después, en parte para explicar lo difícil
que había sido el proceso para él y en parte para justificar por qué
tardó tanto en percatarse de toda la gravedad de la situación—. Yo
no era soldado. No se me preparó para poner en peligro la vida de la
gente. Así que fui a cada uno de los abogados y les dije: "Lamento
mucho que esto haya ocurrido. No era mi intención ponerte en
peligro físico y no es mi intención dejarte en peligro, y quiero que
te marches de Rusia a mi costa, vengas a Londres a mi costa y te
quedes en Londres a mi costa". No fue una conversación fácil la que
mantuve con todos aquellos tipos. Todos tenían cuarenta y tantos
años, estaban en la cumbre de su carrera, y algunos de ellos no hablaban ni una palabra de inglés. Y yo les estaba pidiendo que renuncia-
ran a sus vidas, a su profesión, a toda su comunidad, para marcharse
al exilio de buenas a primeras, para protegerse del peligro.»

Seis de los siete abogados aceptaron la oferta de Browder y huyeron a Londres. El único que se negó fue Serguéi Magnitski, el
contable, que con treinta y seis años era el más joven del grupo, lo
cual fue la razón con la que Browder se explicó su negativa. «Serguéi
pertenecía a una generación que creía que Rusia estaba cambiando.
Había una nueva Rusia, puede que una Rusia imperfecta, pero una
que iba a mejor. Los principios fundamentales básicos de la ley y la
justicia existían; esa era su premisa. Me dijo: "No estamos en 1937.
No he hecho nada malo y conozco la ley. No existen motivos jurídicos para que vengan a detenerme".»

El 24 de noviembre de 2008, Serguéi Magnitski fue detenido
en relación con el mismo plan de malversación que estaba intentando denunciar. Igual que su cliente tres años antes, al principio estaba
seguro de que se trataba de un malentendido que pronto se aclararía
con la ayuda de sus abogados. En la primera audiencia judicial, argu-
mentó que debía ser puesto en libertad, entre otras razones, porque
su hijo pequeño estaba enfermo de gripe;[27] era evidente que estaba
seguro de que su problema se resolvería en cuestión de días. Pero no
solo no fue puesto en libertad, sino que las condiciones de su detención empeoraron constantemente, yendo y viniendo entre dos cárceles de Moscú. No se le permitió ver a su esposa ni a su madre. Se

puso enfermo y se le negó repetidamente la atención médica que necesitaba. El 16 de noviembre de 2009, Serguéi Magnitski murió en prisión a los treinta y siete años de edad.

Después de su fallecimiento, la prisión entregó a su familia sus cuadernos de notas, en los que Magnitski había copiado meticulosamente cada recurso, apelación y petición que había escrito; en cuanto se dio cuenta de que su detención no era un malentendido, había librado una feroz batalla unilateral, redactando 450 documentos en sus 358 días de encierro. Había elaborado una enciclopedia de los abusos sufridos. Describió las abarrotadas celdas en las que tuvo que comer y escribir sentado en su camastro. En una de ellas, las ventanas no tenían cristales y la temperatura se acercaba al punto de congelación. En otra, el retrete —o, más bien, el agujero en el suelo que servía como retrete— se desbordaba, inundando el suelo de aguas fecales. Describió cómo se le negaban sistemáticamente comidas calientes y, muchas veces, todo tipo de comida durante días y días. Y, lo peor de todo, cómo se le negó atención médica a pesar de que su dolor abdominal crónico se volvió tan grave que no podía dormir, todo ello sin dejar de escribir cartas documentando sus síntomas y exponiendo sus derechos a recibir atención sanitaria. Murió de peritonitis.

Al final, Browder y el personal de su fondo de inversiones estaban destinados a convertirse en soldados. Pusieron en marcha una campaña sumamente visible, elocuente y efectiva a la que llamaron Justicia para Serguéi Magnitski. Reunieron abundantes pruebas contra las personas relacionadas con el encarcelamiento y tortura de su compañero y contra los implicados en el plan de malversación que él había descubierto. A los pocos meses, había peticiones exigiendo la retirada de los visados y la congelación de las cuentas corrientes de aquellos funcionarios en el Congreso estadounidense, el Parlamento europeo y los parlamentos de los estados miembros de la Unión Europea.

Para entonces, la historia dominante sobre Rusia había cambiado por fin en los medios estadounidenses. Se había necesitado la mayor parte del segundo mandato de Putin para transformar la historia; la «democracia emergente» fue dejando paso a las «tendencias autoritarias», y poco a poco se fue formando una imagen de lo que, a todos los efectos, se había convertido en una tiranía criminal. Allá por 2003, cuando Jodorkovski intentó hablar con Putin de corrupción, la organización de alcance mundial Transparency International clasificaba a Rusia como más corrupta que el 64 por ciento de los países del mundo; en su clasificación anual aparecía como un poco más corrupta que Mozambique y ligeramente menos corrupta que Argelia. En el informe de 2010, la organización presentaba a Rusia como más corrupta que el 86 por ciento del mundo; ahora figuraba entre Papúa Nueva Guinea y Tayikistán.[28]

Por fin, Rusia perdió su buena imagen a los ojos de las empresas y medios internacionales. Browder se pasaba el tiempo criticando al régimen ruso no solo en los parlamentos de todo el mundo sino también en foros como la reunión anual de grandes empresarios en Davos (Suiza). Andréi Illariónov había dimitido de su cargo. «Todo el mundo tenía su punto de ruptura —me explicó—. El mío fue Beslán. Fue entonces cuando comprendí que era un modus operandi. Existía una posibilidad real de salvar vidas, y él [Putin], en cambio, optó por la matanza de personas inocentes, la matanza de los rehenes. Vamos, yo estaba trabajando y podía mirar y escuchar, y lo pude ver todo con claridad y de cerca. Pude ver que, si la situación se mantenía al menos unas pocas horas, se salvarían vidas, todas o casi todas. No habría ataque, y los niños y sus padres y profesores se salvarían. Y si esto era así, solo podía existir una explicación para que atacaran el edificio del colegio cuando lo hicieron. Todo me quedó claro aquel día, 3 de septiembre de 2004.»

Illariónov renunció a su posición de sherpa —representante personal de Putin— en el Grupo de los Ocho. Conseguir la incorporación de Rusia al G8 había sido uno de los principales logros de Illariónov. «Una cosa es ser asesor —explicó—. Ser asesor es ser asesor; es un cargo importante, pero no es lo mismo que representar personalmente a alguien. Y yo le dije a mi jefe que, dadas las circunstancias, ya no podía seguir actuando como su representante personal.»[29]

Seis meses después, Illariónov dimitió también de su puesto de asesor del presidente. «Se había convertido en algo ridículo. Nadie hacía caso de mis consejos sobre economía ni sobre nada. El tren del Estado ruso iba lanzado a toda velocidad por unos raíles completamente diferentes.»[30] Se dedicó a escribir una serie de duros artículos en los que describía estos «raíles diferentes». Rusia, escribió, se había convertido en lo contrario de una economía liberal, en un Estado no libre, belicoso, regido por un grupo cerrado. Igual que Browder, Illariónov se convirtió en un incansable y vociferante crítico del régimen de Putin.

Mijaíl Kasiánov, el primer ministro, también había dejado su cargo. Su punto de inflexión llegó cuando Jodorkovski fue detenido. «Había habido señales antes —me dijo—. Hubo la incautación de la televisión y el manejo de la crisis de los rehenes del teatro; eran señales, pero yo no pensaba que se tratara de un plan. Pensé que eran errores que se podían corregir. Y seguí pensando así hasta el momento en que Lebédev y Jodorkovski fueron detenidos. Fue entonces cuando me di cuenta de que no se trataba de errores accidentales; esta era su política, este era su concepto general de la vida.»

Kasiánov había cumplido concienzudamente la petición de Putin de «no meterse en su terreno», lo que quería decir no meterse en política. Tan concienzudamente, de hecho, que se había cegado voluntariamente para no ver la vida política del país. Por eso, en el verano de 2003, cuando Putin le dijo que el procesamiento de Lebédev y Jodorkovski era un castigo por haber donado fondos al Partido Comunista, Kasiánov quedó escandalizado. «No me podía creer que algo que era legal necesitara un permiso especial del Kremlin.» El enfrentamiento entre Putin y su primer ministro se hizo público con rapidez: Kasiánov criticó abiertamente las detenciones, describiéndolas como una medida extrema e injustificada. Estaba claro que Putin no iba a mantener a aquel primer ministro tan locuaz durante su segundo mandato, pero parece que la paciencia del presidente se agotó antes; en febrero de 2004, un mes antes de las elecciones, destituyó a todo su gabinete.[31]

Después de destituir a Kasiánov, Putin pensaba mantenerlo en un puesto menos público. Le hizo tres ofertas de trabajo, cada una más insistente que la anterior: tenía la opción de presidir el consejo de seguridad o dirigir una nueva empresa bancaria afiliada al Estado, una oferta que Putin hizo dos veces. Cuando Kasiánov dijo finalmente que no, el tono de su ex jefe cambió, de seductor a amenazante. «Yo ya estaba en la puerta cuando me dijo: "Mijaíl Mijailovich, si alguna vez tienes un problema con la policía fiscal, puedes pedir ayuda, pero procura acudir a mí personalmente".» Kasiánov interpretó las palabras de despedida de Putin como una amenaza y a la vez una oferta de mantener una puerta abierta. Como era de esperar, los problemas fiscales comenzaron: la empresa consultora de Kasiánov, que este había creado después de perder su empleo, fue sometida a una auditoría. Kasiánov decidió no pedir ayuda, y el resultado fue que no solo la auditoría se prolongó durante dos años (las dos partes se pusieron por fin de acuerdo en una falta mínima, una caja de papel de escribir registrada indebidamente en los libros), sino también que Kasiánov se convirtió en persona non grata en la política rusa. En los años siguientes a su destitución, intentó presentarse a las elecciones e inscribir un partido político —parece que incluso consiguió reunir el extravagantemente elevado número de firmas requeridas—, pero sus documentos fueron repetidamente rechazados por las autoridades del registro. Sin acceso a la televisión y los periódicos importantes, Kasiánov pasó del ámbito oficial al ostracismo con más rapidez que ningún otro político.

El caso Jodorkovski empezó a ser juzgado a mediados de 2004 y el proceso duró diez meses, a pesar de que casi todas las mociones de la defensa fueron rechazadas, lo que redujo drásticamente el número de testigos e interrogatorios en el Tribunal Basmanni de Moscú. Cuando se acercaba el veredicto, Ígor Shuválov, abogado y destacado ayudante de Putin, declaró: «El caso Yukos es un juicio espectáculo que pretende servir de ejemplo a otras empresas que utilizan diversos sistemas para minimizar su carga fiscal. Si no hubiera sido Yukos, habría sido otra empresa». Hasta los periodistas de Moscú, acostumbrados a escribir acerca de algunos de los políticos más cínicos del planeta, se escandalizaron por la franca utilización de un lenguaje de los tiempos del dictador para decir más o menos exactamente lo que el dictador comunista había querido decir: que los tribunales existían para cumplir la voluntad del jefe del Estado y aplicar el castigo que él consideraba adecuado a quienes él consideraba que debían ser castigados.

En realidad, solo dos de los siete cargos contra Jodorkovski tenían que ver con la presunta evasión de impuestos, y lo que ocurrió en Moscú tuvo más de espectáculo que de juicio. La defensa llamó a pocos testigos, no solo porque el tribunal había rechazado muchas de sus mociones, sino también porque las acusaciones del fiscal parecían tan endebles que difícilmente justificaban una defensa con todas las fuerzas, sobre todo teniendo en cuenta que testificar para la defensa parecía representar un riesgo considerable. Ya habían sido detenidos diez empleados de Yukos, incluidas dos abogadas, y otros nueve evitaron la detención huyendo del país. Muy pronto, esta cifra iba a parecer bajísima, ya que docenas de personas fueron a la cárcel y centenares tuvieron que huir.

Viéndose en medio de un proceso kafkiano, la defensa adoptó un estilo deliberadamente discreto. En su alegato final, Genrij Padva, el principal abogado de Jodorkovski y tal vez el abogado defensor más famoso del país, sonaba más como un maestro de escuela que como un apasionado participante en un enfrentamiento judicial. Durante los tres días de audiencia, Padva leyó sus argumentos, enumerando metódicamente todos los errores de la acusación, con la intención de demostrar que los fiscales no habían presentado ningún documento que demostrara siquiera que los acusados estaban relacionados de algún modo con las empresas citadas en las acusaciones, y mucho menos que eran culpables de algún delito. «Y ni siquiera mencionaré el hecho de que las acusaciones se han presentado basándose en leyes que entraron en vigor años después de que tuvieran lugar esos presuntos hechos», fue uno de los comentarios típicos de Padva. Parece que su tono transmitía que no se hacía ilusiones acerca de su capacidad para convencer a los jueces de nada, pero, con vistas a la historia y a futuras apelaciones en organismos judiciales internacionales, necesitaba que todos sus argumentos quedaran registrados en las actas. Las jueces, tres mujeres gruesas de unos cuarenta años, todas con un reluciente casquete de pelo peinado hacia atrás, estaban inmóviles en sus asientos, con los labios fruncidos en idénticas expresiones de desagrado. Su actitud parecía decir: la decisión está tomada desde hace mucho tiempo, y su insistencia en el procedimiento y en la discusión correcta es una ofensiva pérdida de tiempo para todos.

Jodorkovski y Lebédev fueron condenados a nueve años de prisión cada uno en una colonia penitenciaria; tres meses después, un tribunal de apelación rebajó un año de cada sentencia. Fueron trasladados a colonias diferentes, las dos tan lejanas y de difícil acceso como podía estar una colonia. Para visitar a su cliente, los abogados de Jodorkovski tenían que viajar nueve horas en avión y otras quince en tren.[32] La ley rusa ordenaba recluir a los condenados en prisiones a las que se pudiera viajar con facilidad desde sus casas... de modo que hubo que cambiar retroactivamente la ley para adaptarla al caso Jodorkovski.

Después de su detención y durante seis meses, Jodorkovski intentó dirigir su empresa desde la cárcel. Finalmente, dándose cuenta de que esto era insostenible, trasfirió sus participaciones a Nevzlin, el socio que se había marchado a Israel. Pero la empresa, bombardeada con embargos preventivos y pleitos fiscales, con sus propiedades en Rusia confiscadas por el Estado, se estaba desmoronando. Un año después de la detención de Jodorkovski, la compañía petrolera más grande y próspera de Rusia, que había llegado a pagar el 5 por ciento de todos los impuestos recaudados por el gobierno federal, se enfrentaba a una suspensión de pagos. Su propiedad más atractiva, una empresa llamada Yuganskneftegaz, propietaria de una de las reservas de petróleo más grandes de Europa, se vendía en subasta. El monopolio estatal del gas, ahora dirigido por un antiguo ayudante de Putin en San Petersburgo,[33] parecía dispuesto a ganar la subasta. Para evitarlo, los abogados de Yukos presentaron un expediente de bancarrota en un tribunal de Texas y después pidieron una orden de suspensión de la venta de la empresa; estaba claro que Gazprom, la compañía rusa, no iba a hacer caso a un tribunal estadounidense en este asunto, pero resultaba que se proponía comprar Yuganskneftegaz con fondos prestados por bancos norteamericanos y de Europa occidental. Esta financiación fue suspendida y, durante un breve período de tiempo, pareció que se podría evitar temporalmente la apropiación. Pero entonces surgió de la nada una nueva empresa recién registrada llamada Baikalfinansgrup, que se apuntó a la subasta. Los periodistas se dirigieron de inmediato a su sede oficial en Tver, una población olvidada a unas tres horas de Moscú; resultó ser un pequeño edificio que era utilizado como dirección legal por unas 150 empresas, ninguna de las cuales parecía poseer activos físicos.

Baikalfinansgrup tampoco tenía activos financieros. Según sus documentos de registro, cumplimentados dos semanas antes de la subasta, su capital ascendía a 10.000 rublos (aproximadamente 300 dólares). Pero, curiosamente, la empresa petrolera del Estado, Rosneft —aquella cuyo presidente se había negado a responder a las preguntas de Jodorkovski sobre presunta corrupción un año antes—, prestó a la desconocida compañía más de 9.000 millones de dólares para comprar Yuganskneftegaz; era menos de la mitad del valor estimado de la empresa en aquel momento. La subasta, que tuvo lugar el 19 de diciembre de 2004, duró dos minutos.[34]

En una comparecencia en Alemania dos días después de la subasta, Putin montó en cólera ante la insinuación de que las propiedades de Yukos habían sido adquiridas por una entidad desconocida. «Conozco a los accionistas de la empresa, y son individuos —dijo—. Son individuos que llevan mucho tiempo trabajando en el sector de la energía.» Otros dos días después, Rosneft, la compañía petrolera estatal, compró Baikalfinansgrup, tomando el control de las propiedades de Yukos, pero al mismo tiempo asegurándose de que nunca sería demandada por haberlas comprado en una subasta amañada.[35]

Había pasado poco más de un año desde la detención de Jodorkovski y ya estaba claro que Rusia había cruzado dos líneas. Con el que fuera el hombre más rico del país entre rejas por tiempo indefinido, nadie, ni siquiera los ricos y poderosos, podía permitirse actuar libremente. Y con las propiedades de la mayor empresa privada del país robadas a plena luz del día, Putin había reivindicado su posición de padrino de un clan mafioso que dominaba el país. Como todos los jefes mafiosos, apenas distinguía entre sus propiedades personales, las propiedades de su clan y las propiedades de los que estaban en deuda con su clan. Como todos los jefes mafiosos, amasó riqueza mediante robos descarados, como en el caso de Yukos, recaudando supuestas cuotas y colocando a sus compinches allá donde hubiera dinero o propiedades que absorber. A finales de 2007, al menos un experto en política rusa —alguien que se supone que tenía acceso al Kremlin— calculó que la fortuna de la red personal de Putin ascendía a 40.000 millones de dólares.[36]

La cifra de 40.000 millones no se puede confirmar ni desmentir, pero hubo una historia de la que yo pude informar con detalle, y que arroja luz no solo sobre la magnitud de la fortuna personal de Putin, sino también sobre la mecánica para amasarla. Para contarla necesité toda mi buena suerte como reportera y un hombre muy valiente.

A principios de los años noventa, Serguéi Kolésnikov había sido uno de los centenares de científicos soviéticos convertidos en empresarios rusos. Doctor en biofísica, empezó fabricando equipo médico y después comenzó a importarlo. Durante la administración de Sóbchak, creó una empresa conjunta con el ayuntamiento e hizo buenos negocios equipando a las clínicas y hospitales de San Petersburgo. Cuando Sóbchak perdió las elecciones y el cargo, compró la participación municipal y privatizó la empresa, manteniendo la misma línea de negocio.

En cuanto Putin fue elegido presidente, Kolésnikov recibió la visita de un antiguo socio comercial de sus tiempos de San Petersburgo, que le detalló un plan: varios de los hombres más ricos de Rusia iban a donar grandes sumas de dinero destinadas a comprar equipo médico para las instalaciones rusas. Kolésnikov utilizaría su experiencia para adquirir el equipo al por mayor con importantes descuentos. La diferencia entre el precio de catálogo del equipo, que sería el que se comunicaría al donante, y el dinero gastado en realidad tenía que ser como mínimo del 35 por ciento. Si Kolésnikov conseguía un descuento aún mayor, podía quedarse la diferencia como beneficio. El 35 por ciento tenía que ser depositado en una cuenta bancaria de Europa occidental y se utilizaría más adelante para invertir en la economía rusa.

Kolésnikov no tuvo reparos en acceder al plan. Al igual que Browder, pensaba que podía hacerse rico y al mismo tiempo beneficiar a Rusia: el equipo médico, muy necesario, era un bien incuestionable, y, además, sus nuevos socios iban a invertir grandes sumas de dinero en la economía rusa. Claro que estaban sisando —más de un tercio del dinero donado—, pero lo iban a invertir en Rusia, no para forrarse los bolsillos. Y además, «sabíamos que no era dinero ganado con el sudor de la frente. Esa clase de dinero no se gana honradamente».[37]

El primer donante fue Román Abrámovich, futuro propietario del Chelsea Football Club, que entonces era un oligarca ruso muy discreto. Donó 203 millones de dólares, de los que unos 140 millones se usaron para comprar equipo para la Academia Médica Militar de San Petersburgo (dirigida por un amigo de Putin, el ministro de Sanidad, el que había ayudado a sacar a Sóbchak de la oficina del fiscal y de Rusia), y más de 60 millones se quedaron en una cuenta bancaria europea. A esta donación le siguieron varias más pequeñas. En 2005, en la cuenta bancaria se habían acumulado unos 200 millones de dólares. Kolésnikov y sus dos socios —uno que había empezado con él en San Petersburgo y otro que le había introducido en este negocio— formaron una nueva compañía llamada Rosinvest, subsidiaria de una empresa suiza que hacía negocios a través de una tercera empresa, también suiza, cuya propiedad se medía en participaciones al portador. En otras palabras, quien estuviera en posesión física de los papeles era el propietario legal. Cada uno de los tres hombres se quedó un 2 por ciento de las acciones; el 94 por ciento restante se entregó a Putin.

La recién formada empresa tenía dieciséis proyectos de inversión diferentes, casi todos en producción industrial; se habían elegido bien, ofrecían diversas ventajas fiscales y jurídicas, y produjeron un pingüe beneficio... el 94 por ciento del cual pertenecía a Putin. Y paralelo a esto, había algo que Kolésnikov consideraba un pequeño proyecto personal de Putin, una casa en el mar Negro presupuestada en 16 millones de dólares. «Pero se le fueron añadiendo cosas —me contó Kolésnikov—. Un ascensor a la playa, un embarcadero, una línea aparte de alto voltaje, una conducción de gas privada, tres nuevas carreteras que llevaban directamente al palacio y tres pistas para helicópteros. También estaba cambiando el propio edificio; se le añadió un anfiteatro, un teatro de invierno. Y después había que decorarlo: muebles, obras de arte, vajilla de plata. ¡Todo eso es muy caro!» Kolésnikov viajaba a la costa del mar Negro dos veces al año para supervisar el proyecto; la última vez que estuvo allí, en la primavera de 2009, lo que había empezado como una casa se había convertido en veinte edificios, y el presupuesto total había superado hacía tiempo la marca de los mil millones de dólares.

Algo más había ocurrido pocos meses antes. Como consecuencia de la crisis financiera mundial, el socio de Kolésnikov le informó de que Rosinvest iba a dejar de hacer inversiones; su único propósito era ya terminar el palacio del mar Negro. Kolésnikov, que no había sido precisamente muy riguroso con la legalidad pero que estaba muy orgulloso de su trabajo y sinceramente convencido de que estaba creando riqueza para su país, se sintió profundamente ofendido. Huyó de Rusia llevándose la documentación de la empresa, pagó una fuerte suma de dinero a un bufete de Washington para que revisara los papeles y ratificara su historia, y después salió a la luz con la historia de lo que se llegó a llamar «el palacio de Putin». Pero la historia, aunque atrajo bastante atención cuando yo escribí sobre ella en Rusia, apenas provocó reacción alguna por parte del gobierno; primero, el secretario de prensa de Putin la desestimó como basura, y después, cuando se publicaron copias de algunos contratos de construcción, en la *Novaya Gazeta*, el Kremlin confirmó que el proyecto del mar Negro existía.[38]

Sería justo suponer que el plan del palacio era uno más de los muchos planes similares para exprimirle dinero a Rusia. Pero la pregunta es: ¿cuál es la naturaleza, el principio motivador, de estos planes? En otras palabras, la pregunta es, una vez más, ¿quién es el señor Putin?

Tenemos la historia de Putin, el burócrata que no aceptaba sobornos; una historia fundamental que explica la atracción que Borís Berezovski sentía por él, y que a su vez fue clave para hacer presidente a Putin. La mano derecha de Berezovski, Yuli Dúbov, que llevaba ya tiempo exiliado en Londres, me contó una de las anécdotas más curiosas sobre la rectitud de Putin. En cierta ocasión, a principios de los años noventa, Dúbov estaba teniendo problemas con la documentación del servicio de automóviles que Berezovski estaba montando en San Petersburgo. Necesitaba que Putin hiciera una llamada telefónica para facilitar el proceso, y con este fin quedó para comer con él. Dúbov llegó pronto al ayuntamiento, al igual que Putin, lo cual no era corriente. Mientras los dos esperaban que llegara la hora en que pudieran irse a comer, Dúbov sacó a colación el tema de la llamada telefónica. Putin se encargó inmediatamente del asunto, pero después se negó a ir a comer. «O te ayudo en tus negocios o me invitas a comer», recuerda Dúbov que dijo.[39] Estaba claro que este no era un burócrata que no aceptaba sobornos; era un burócrata cuya identidad se basaba por completo en su incorruptibilidad.

Y está también el Putin bajo cuya custodia se evaporaron contratos por valor de 100 millones de dólares, como documentó Marina Salye. La parte llamativa de esta historia no es el hecho del robo en sí —está suficientemente claro que en aquellos días se cometían robos en situaciones similares en toda Rusia, que fue la razón de que las revelaciones de Salye nunca llegaran muy lejos—, sino que parece que se robaron todos los fondos. Sospecho que si Putin hubiera arañado sólo un 5, un 10, un 20 o incluso un 30 por ciento, no se habría creado un enemigo de por vida, como le ocurrió con Salye, de la misma manera que Kolésnikov no habría emprendido su campaña si el palacio se hubiera quedado simplemente en un proyecto colateral muy caro.

Sin embargo, da la impresión de que Putin no podía resistirse a quedárselo todo. Y yo creo que es así, literalmente. En varias ocasiones, al menos una de ellas bochornosamente pública, Putin ha actuado como una persona aquejada de cleptomanía. En junio de 2005, cuando recibía a un grupo de hombres de negocios norteamericanos en San Petersburgo, Putin se apoderó del anillo de la Super Bowl, de 124 diamantes, del propietario de los Patriots de Nueva Inglaterra, Robert Kraft.[40] Había pedido verlo, lo probó y supuestamente dijo: «Podría matar a alguien con esto», y a continuación se lo guardó en el bolsillo y salió repentinamente de la sala. Tras una oleada de artículos en la prensa estadounidense, Kraft declaró pocos días después que le había regalado el anillo, evitando que una situación incómoda se saliera de control.

En septiembre de 2005 Putin fue huésped especial en el museo Salomon R. Guggenheim de Nueva York.[41] En cierto momento, su anfitrión sacó una pieza que otro invitado ruso había regalado al museo: una reproducción en vidrio de un fusil automático Kaláshnikov lleno de vodka. Este curioso recuerdo cuesta unos 300 dólares en Moscú.[42] Putin le hizo un gesto a uno de sus guardaespaldas, que agarró el kaláshnikov de vidrio y se lo llevó fuera de la sala, dejando sin habla al anfitrión.

La extraordinaria relación de Putin con la riqueza material era ya evidente cuando era estudiante universitario, si no antes. Cuando aceptó el coche que sus padres ganaron en una lotería, aunque el dinero se podría haber empleado para mejorar considerablemente las condiciones de vida de la familia, o cuando gastó casi todo el dinero que había ganado en verano para comprarse un abrigo extravagantemente caro —y a su madre le compró un pastel—, estaba actuando de maneras muy poco normales, que rayaban con lo inaceptable para un joven de su generación y extracción social. La exhibición ostentosa de riqueza habría podido frustrar fácilmente sus planes de hacer carrera en el KGB, y él lo sabía. La historia que contaba el antiguo radical de Alemania Occidental —que Putin exigía regalos cuando estaba en Dresde— completa la imagen. Para ser un hombre que había apostado casi todo su capital social a ajustarse a la norma, era una conducta particularmente notable; parece que no podía contenerse.

Probablemente, la palabra correcta no es la conocida «cleptomanía», que describe un deseo patológico de poseer cosas que no sirven, sino la más exótica «pleonexia», el deseo insaciable de hacerse con lo que por derecho pertenece a otros. Si Putin padece este irreprimible impulso, esto ayudaría a explicar su aparente doble personalidad: compensa su compulsión creando la identidad de un funcionario honrado e incorruptible.

Andréi Illariónov lo descubrió menos de un mes después de convertirse en el consejero económico de Putin: a los pocos días,

Putin firmó un decreto concentrando el 70 por ciento de los fabricantes de alcohol del país en una única compañía y nombrando un cercano socio de San Petersburgo para dirigirla. En aquellos años, el precio del petróleo no había subido todavía y se podría decir que el alcohol era el negocio más lucrativo del país. Como Illariónov descubrió, nadie de los miembros del consejo económico del nuevo presidente había sido consultado o por lo menos informado de la decisión. En pocos meses, Illariónov se acostumbraría a eso. Putin siguió hablando de una política económica en público y con los medios, y siguió escuchando aparentemente a su equipo de confianza de consejeros liberales, mientras tomaba sistemáticamente decisiones que concentraban todos los recursos del país en las manos de sus compinches.[43]

¿Fue esto lo que le pasó a Jodorkovski? ¿Putin lo hizo detener porque quería apoderarse de su compañía y no por razones de rivalidad personal y política? No exactamente. Metió entre rejas a Jodorkovski por la misma razón por la que suprimió las elecciones o hizo matar a Litvinenko: en su continuo intento de convertir el país en una réplica a tamaño gigante del KGB, no puede haber sitio para disidentes, y ni siquiera para actores independientes. Los actores independientes no son convenientes, en parte porque se niegan a aceptar las reglas de la mafia. Solo cuando Jodorkovski estuvo encarcelado, se le presentó la oportunidad de robarle. Al aprovechar esta oportunidad, Putin, como de costumbre, era incapaz de distinguir entre sí mismo y el país que gobernaba. La codicia no es su principal instinto; es simplemente un instinto al que nunca puede resistirse.

11

De vuelta a la Unión Soviética

El 2 de octubre de 2011, Borís Berezovski daba saltos de alegría en su despacho. Yo estaba en Londres cubriendo un juicio que él había propiciado en un intento de recuperar parte de sus activos más de diez años después de convertirse en un exiliado, y me pidió que fuese a su oficina el domingo antes de que empezaran las vistas para revelarme lo que pensaba de la situación política rusa.

«¿Entiendes? —empezó—. El régimen ruso no tiene ni ideología, ni partido ni política, no es más que la fuerza de un solo hombre.» Estaba describiendo a un personaje como el mago de Oz, y resultaba evidente que no sentía ninguna necesidad de aclarar que era él quien lo había creado. «Todo lo que alguien tiene que hacer es desacreditarlo, a él personalmente.» Berezovski incluso tenía un plan, o un par de planes, pero sobre esta parte me hizo jurar que guardaría silencio.

Salí de la reunión sorprendida por su incapacidad para renunciar a mover los hilos en la sombra, aunque tuve que reconocer que su análisis era correcto. Todo el edificio del régimen ruso —que, para el mundo entero, hacía tiempo que había pasado de mostrar «tendencias autoritarias» a desplegar un autoritarismo de pleno derecho que rayaba en la tiranía— se sostenía en un solo hombre, al que Berezovski creía haber elegido para dirigir el país doce años atrás. Eso significaba que el régimen ruso era intrínsecamente vulnerable; la persona o personas que lo derrocasen no tendrían que vencer una ideología arraigada, sino que les bastaría con demostrar que el tirano tenía los pies de barro. También significaba que el momento en que se alcanzaría el punto de inflexión en Rusia era tan difícil de prever como en cualquier otra tiranía; podría tardar meses, años o décadas en llegar, y podría deberse quizá a algún pequeño detalle, muy probablemente a algún error del régimen que pondría súbitamente de manifiesto su vulnerabilidad.

Había visto algo parecido en Yugoslavia once años antes: Slobodan Milošević, que se había mantenido en el poder utilizando el terror, por una parte, y explotando el fervor nacionalista, por otra, convocó elecciones anticipadas, convencido erróneamente de que las ganaría; pero perdió, y se dio cuenta de que iba a perder cuando ya era demasiado tarde para sofocar la creciente oleada de protestas. Y en 2011 hemos visto a los dictadores árabes caer como fichas de dominó, derrocados por multitudes que de pronto perdieron el miedo gracias al poder de la palabra y al ejemplo de los demás. El problema de Rusia, sin embargo, era que un país tan enorme seguía tan atomizado como siempre. En la práctica, las políticas de Putin habían acabado con el espacio público. Internet se había desarrollado en Rusia en los últimos diez años, como en otros países, pero bajo la forma particular de un conjunto de burbujas de información. Los investigadores estadounidenses que trazaron un mapa de las blogosferas del mundo vieron que, al contrario que la blogosfera norteamericana —e incluso la iraní—, que estaba compuesta por un conjunto de círculos entrelazados, la blogosfera rusa estaba formada por círculos discretos, cada uno desconectado de todos los demás.[1] Era la anti-utopía de la era de la información: un número infinito de cámaras de resonancia. Y esto no solo era cierto en internet: el Kremlin veía su propia televisión; las grandes empresas leían sus propios periódicos; los intelectuales leían sus propios blogs. Ninguno de estos grupos era consciente de las realidades del resto, lo cual hacía que una protesta masiva fuese muy improbable.

En las elecciones de 2000, Putin obtuvo casi el 53 por ciento de los votos, mientras que sus diez adversarios consiguieron entre el 1 y el 29 por ciento. Cuando se presentó a la reelección en 2004, logró el 71 por ciento —un resultado característico de un régimen autoritario— y sus cinco oponentes obtuvieron entre el 0,75 y el 14 por ciento cada uno. Cuando el segundo mandato de Putin tocaba a su fin, en 2007, las clases politizadas de Rusia se preguntaban qué sucedería a continuación. ¿Cambiaría Putin la Constitución para poder presentarse a un tercer mandato? ¿Seguiría el ejemplo de Yeltsin y guiaría al país para que votase por un sucesor elegido a dedo? Durante un tiempo, parecía que Putin se inclinaba por el ministro de Defensa, Serguéi Ivánov, antiguo colega suyo en el KGB. Pero en diciembre de ese año Putin mantuvo un encuentro televisado con los líderes de cuatro partidos títere, que manifestaron al unísono su intención de nombrar al viceprimer ministro Dimitri Medvédev como candidato a la presidencia. Se dio la circunstancia de que Medvédev estaba presente en ese evento decisivo y muy bien escenificado. En las elecciones siguientes, en marzo de 2008, Medvédev obtuvo el 70 por ciento de los votos, mientras que sus tres adversarios recibieron entre el 0 y el 17 por ciento. Una vez hubo tomado posesión, nombró a Putin primer ministro.

Al lado de Medvédev, de cuarenta y dos años, Putin parecía carismático. Con apenas metro y medio (su altura exacta es un secreto celosamente guardado, pero han circulado muchos rumores y también fotografías de Medvédev sentado sobre un cojín o subido a un pedestal para llegar al micrófono), también hacía que Putin pareciese alto. Tenía formación de abogado, había trabajado en el ayuntamiento de San Petersburgo y nunca había tenido que liderar un equipo o gestionar algo, y mucho menos un país. Imitaba la forma que tenía Putin de pronunciar las palabras como si fuese un robot, salvo por el detalle de que, en lugar de hacer que cada sílaba sonase como una amenaza, Medvédev parecía un sintetizador de voz. Y, al contrario que Putin, Medvédev no hacía bromas de mal gusto. Eso —y quizá una necesidad desesperada de proyectar sus esperanzas en alguien— fue suficiente para que se ganase las simpatías de los intelectuales rusos.

Por primera vez desde que Putin destruyó los medios de comunicación y acabó con la política rusa, el inquilino del Kremlin se dirigía al público pensante de Rusia. Medvédev habló de lo que a quienes le escribían los discursos se les ocurrió denominar «las cuatro íes»: instituciones, infraestructura, inversión e innovación. Mostrando un iPhone y, una vez que salió al mercado, un iPad, Medvédev parecía tratar de imbuir su denso vocabulario de un espíritu moderno y occidental. Los intelectuales se lo tragaron. Cuando Medvédev conminó a los activistas de los derechos humanos, a los analistas políticos liberales y al resto de la intelectualidad a unirse al recién creado consejo presidencial, todos acudieron, dedicando voluntariamente su tiempo a escribir libros blancos que era evidente que nadie leería. Cuando los periodistas de los medios opositores se atrevían a criticar no solo a Putin sino también a Medvédev, los editores censuraban sus historias.[2] Cuando Medvédev les contó a un grupo de historiadores que, tras mucho tiempo estancado, por fin aprobaría el plan para un museo nacional en honor de las víctimas del terror estalinista, estos dejaron lo que estaban haciendo para dedicarse a redactar planes y propuestas, y hacer el trabajo que debería haber correspondido a los burócratas federales, todo con tal de hacer posible que Medvédev firmase el decreto, cosa que nunca sucedió. Lo que sí hizo fue seguir pronunciando discursos prometiendo combatir la corrupción y modernizar el país, mientras nada cambiaba. Mijaíl Jodorkovski fue a juicio por segunda vez, Serguéi Magnitski murió en prisión y Vladímir Putin no solo se construyó su palacio en el mar Negro, sino que siguió dirigiendo el país.

El papel de Medvédev era casi exclusivamente testimonial, pero, con sus discursos públicos, los dos líderes se dividieron el país y lo conquistaron. Medvédev, con su dicción refinada, sus referencias a la innovación y sus promesas de combatir la corrupción, se dirigía a la minoría, en otros tiempos vociferante, de activistas e intelectuales, a los que logró pacificar. Para la mayoría de los ciudadanos, Putin siguió con sus inolvidables vulgaridades. Tras dos atentados mortales en el metro de Moscú en marzo de 2010, recuperó su promesa de 1999 de «eliminarlos dondequiera que estén», en referencia a los terroristas: «Sabemos que ahora están escondidos —dijo—, pero la tarea de las fuerzas y cuerpos de seguridad consiste en sacarlos de las alcantarillas».[3] En julio de 2009, respondiendo al comentario del presidente Barack Obama, que había dicho que el primer ministro tenía «un pie en la antigua forma de hacer negocios y otro en la nueva», Putin repuso: «Nosotros no nos abrimos de piernas».[4] En julio de 2008, cuando el principal propietario de una fábrica metalúrgica no asistió a una reunión en la que tenía pensado reprenderlo, Putin dijo: «Entiendo que una enfermedad es lo que es, pero le recomendaría a Ígor Vladimírovich [Ziuzin] que se recupere lo antes posible. Si no, tendré que enviar un doctor para que le vea y acabe con el problema de una vez por todas».[5] En agosto de 2010, Putin le dijo a un periodista que los activistas de la oposición que participaban en manifestaciones no autorizadas (por aquel entonces, la mayoría no lo eran) debían esperar que «los golpeasen con palos en la cabeza».[6] Estas frases de matón eran su forma de seguir en compañía buscando popularidad, como también lo eran una serie de fotografías con el torso desnudo mientras descansaba en la región septentrional de Tuvá[7] y, más tarde, la cobertura de su zambullida en el mar Negro,[8] de la que emergió con dos vasijas del siglo VI previamente colocadas allí por arqueólogos.[9] Era una campaña dictatorial, en la que no había oposición ni observadores, pero que sí evidenciaba una cuidadosa orquestación.

Putin hacía campaña para seguir siendo el líder indiscutible del país —un objetivo sorprendentemente fácil, pese a la presencia de un presidente en ejercicio— y, como consecuencia natural de su liderazgo todavía palpable, para convertirse de nuevo en presidente una vez que se agotase el mandato de Medvédev en 2012. De hecho, a los seis meses de acceder a la presidencia, Medvédev propuso —y el Parlamento aprobó— una modificación de la Constitución para ampliar el mandato presidencial a seis años.[10] Aparentemente, el plan era que Medvédev dedicase cuatro años a no hacer nada pero a hablar muy bien, para después ceder el trono a Putin, esta vez para dos mandatos consecutivos de seis años cada uno. Pero, por evidente que fuese el plan, aún persistía la esperanza de que la intención de Medvédev fuese sincera o de que, tras haber sido tratado como presidente durante unos años, naciesen en él ambiciones presidenciales reales; o, sencillamente, de que el sistema que Putin había creado se resquebrajase, como acaban haciendo todos los sistemas cerrados.

La mayor vulnerabilidad del sistema se debía a la pleonexia de Putin y su círculo de confianza, su insaciable deseo de poseer lo que pertenecía por ley a otros, que ejercía una presión cada vez mayor

sobre el régimen desde su interior. Cada año, Rusia caía más bajo en
el índice de percepción de la corrupción que elaboraba la organización de investigación de los derechos civiles Transparency International, llegando al puesto número 154 de 178 en 2011 (referido al
año 2010).[11] En 2011, los activistas a favor de los derechos humanos
estimaron que el 15 por ciento de la población reclusa de Rusia[12]
estaba compuesta por empresarios que habían acabado entre rejas
porque sus competidores, mejor situados, habían utilizado el sistema
judicial para apropiarse de negocios ajenos. A mediados de 2010, un
abogado de treinta y cuatro años llamado Alexéi Navalni recibía decenas de miles de visitas diarias en su blog, donde, rastreando varias
páginas web oficiales para encontrar pruebas ocultas a la vista de
todos, hacía seguimiento de los muchos escándalos de una burocracia que no rendía cuentas ante nadie. En él figuraban la región de
Vorónezh, que publicó un concurso para comprar cinco relojes de
oro por un precio de 15.000 dólares,[13] o la ciudad de Krasnodar, en
el sur de Rusia, que se ofreció a pagar unos 400 millones de dólares
por la documentación técnica de un proyecto de cruce de vías ferro-
viarias.[14] O también las dos camas con sus respectivas mesillas de
noche, todas ellas forradas en oro de 24 quilates, que iba a comprar
el Ministerio del Interior.[15] Navalni les puso el sobrenombre de
«partido de los maleantes y los ladrones» a quienes mandaban en
Rusia, un apodo que se difundió rápidamente. En el otoño de 2010,
la revista que yo dirigía publicó una larga y detallada entrevista con
Navalni y en la entradilla escribí: «De pronto, hemos descubierto un
político de verdad en Rusia».[16] Otras revistas hicieron lo propio y
sacaron a Navalni, rubio y bien parecido, en sus portadas; la oleada
de atención culminó con el perfil que de él publicó el *New Yorker* en
abril de 2011.[17]

El 2 de febrero de 2011, Navalni anunció que iba a ampliar su
campaña unipersonal contra la corrupción e hizo un llamamiento
para que la gente contribuyese a su recién formada organización.
A las tres horas había conseguido sus primeros 5.000 dólares, en donaciones que iban desde los 5 cópecs (menos de un centavo) al equivalente a 500 dólares. En veinticuatro horas había llegado al millón
de rublos (aproximadamente 30.000 dólares), récord histórico de

donaciones por internet para cualquier causa en Rusia.[18] Era una señal evidente de que los rusos estaban hartos de lo que tenían y estaban dispuestos a pagar por el cambio. Pero también estaba claro que un luchador solitario como Navalni no podría conseguirlo solo. Como el campeón de ajedrez Garri Kaspárov ya había aprendido, tener dinero, ser conocido y tener razón no bastaban para que un intruso consiguiese hacer mella en el sistema. Solo alguien que ya estuviese dentro sería capaz de abrir una grieta en el monolito.

Esa persona apareció en escena en mayo de 2011. Para sorpresa de todo el mundo, incluido él mismo, Mijaíl Prójorov, entonces el segundo hombre más rico de Rusia, anunció que entraba en política. La historia de la vida de Prójorov, de cuarenta y seis años, se parecía a la de otros multimillonarios rusos: había empezado a hacer negocios en su último año de universidad, había empezado a ganar dinero a finales de los años ochenta comprando y vendiendo cualquier cosa que cayese en sus manos, y amasó una fortuna en los noventa privatizando con criterio e invirtiendo y reorganizando acertadamente lo que había privatizado. Al contrario que Gusinski, Berezovski y Jodorkovski, se había mantenido lejos del Kremlin durante casi toda su carrera, optando por un perfil de gestor y dejándole la política a su socio.

Entrar en política no fue exactamente idea suya, aunque insistiese en que sí lo era. En nombre del presidente y del primer ministro, le habían pedido que tomase las riendas de un partido político de derecha liberal que hacía aguas. A esas alturas, este comportamiento ya era habitual: cada año de elecciones, el Kremlin escogía un partido de izquierdas y otro de derechas a los que permitía concurrir a las urnas y participar, junto con la Rusia Unida de Putin, en lo que no era más que una farsa electoral. Mientras, a los partidos políticos reales con líderes y programas de verdad se les impedía registrarse recurriendo a las enrevesadas leyes y normas aprobadas a principios de la década de 2000. Por tanto, Prójorov había sido elegido como testaferro de un partido de derechas inerte que resucitaría brevemente para las elecciones legislativas de diciembre de 2011;

se esperaba que siguiese el guion, que hiciese quizá alguna desafortunada declaración típica de rico que serviría para aumentar el apoyo para Putin, como representante del pueblo llano, y que después se hiciese a un lado cuando se lo ordenasen.

Pensé que esta vez quienes manejaban los hilos en el Kremlin habían incurrido en un exceso de confianza y habían cometido un error fatídico. Conocía un poco a Prójorov; durante los últimos tres años había trabajado como directora en una revista en la que él era el inversor principal. Me parecía intrínsecamente incapaz de asumir el papel de figurante. Más aún, estaba buscando activamente un escenario en el que implicarse de lleno. Había logrado todo lo que se había propuesto como empresario en Rusia, le deprimía profundamente el estado del país y había estado valorando la descorazonadora opción de vender todos sus activos y trasladarse a Nueva York, donde ha comprado el equipo de la NBA que acabarán siendo los Brooklyn Nets. Ahora se le ofrecía una alternativa: en lugar de abandonar el país, podía arreglarlo. Se pondría a trabajar y superaría con éxito este nuevo reto, al igual que había dominado la metalurgia y los entresijos de la gestión diaria de una fábrica cuando se hizo con el gigante metalúrgico Norilsk Nickel, que tenía a gala haber reformado por completo, logrando el apoyo de los trabajadores para los numerosos cambios que había implantado. Prójorov era brillante y, con sus más de dos metros de altura, un gigante en sentido literal. Creí que podría derrocar al sistema.

En los meses siguientes, vi como Prójorov sufría una llamativa transformación. Recibió asesoramiento profesional: cambió los anchos trajes azul marino de Brioni por otros de color beis y gris hechos a medida, pasó de responder a las preguntas con monosílabos a hacerlo con frases completas y gramaticalmente correctas, sonando completamente convencido, y aprendió a salpimentar su discurso con adjetivos y adverbios sorprendentes. Y, lo que es más importante, se rodeó de docenas de expertos en política, economía y medios de comunicación que le ayudaron a formarse opiniones matizadas sobre la política rusa y empezaron a conformar una base política. Cubrió las principales ciudades del país de vallas publicitarias con su cara y eslóganes como «Haz planes de futuro». Tenía dinero no solo para comprar todo el espacio publicitario que quisiese, sino para reponer enseguida sus anuncios cuando las autoridades locales de unos cuantos sitios, desconcertadas por su audacia, los retiraban.

Quienquiera que tuviese la idea de utilizar a Prójorov como rostro para la oposición, evidentemente no esperaba que se tomase tan en serio su trabajo. Vladíslav Súrkov, un ayudante de Putin que se había labrado durante años la reputación de ser quien manejaba los hilos en el Kremlin —ocupando el lugar que dejó vacante Berezovski—, empezó a llamar a Prójorov para conversar con él prácticamente a diario. Prójorov, que no estaba acostumbrado a rendir cuentas ante nadie, aceptó sin embargo este ritual, que le resultaba extraño y claramente humillante, y le proporcionaba a Súrkov un informe completo de sus actividades políticas. Súrkov, por su parte, le hacía sugerencias, aconsejándole al menos en una ocasión que expulsase a alguien de las listas del partido. Prójorov ignoró las sugerencias y siguió adelante con lo que consideraba que debía hacer, hasta que el 14 de septiembre de 2011 se vio excluido del congreso de su propio partido. Tampoco pudieron participar en él muchos de los activistas a los que Prójorov había reclutado en los tres meses anteriores, y un grupo completamente diferente de personas eligió a una dirección enteramente distinta. Quienquiera que le hubiese dado el partido a Prójorov había decidido quitárselo.

Resultó doloroso ver a uno de los hombres más ricos y más altos de Rusia completamente perdido, confundido y traicionado. Prójorov ofreció una rueda de prensa para anunciar que su exclusión era ilegal. Convocó un congreso alternativo al día siguiente y habló en él. Prometió conseguir expulsar a Súrkov del Kremlin. Prometió luchar. Prometió que volvería en diez días y expondría en detalle sus planes para una batalla política.

Desde luego, Súrkov —si es que fue realmente él— no era el único que había cometido un grave error de cálculo. Prójorov, viviendo en la burbuja informativa que se había formado durante su experiencia empresarial, y a una distancia prudencial del Kremlin, había ido más allá de sus posibilidades, con consecuencias catastróficas. En los días posteriores al congreso recibió los suficientes mensajes explicándole lo que podría pasarles a él y a sus negocios como para obligarle a desistir de su idea de convertirse en político. Nunca llegó a exponer su plan de batalla; prácticamente desapareció de la escena pública.

Parecía que quien había elegido a Prójorov como rival de Putin había caído en un clásico exceso de confianza, pero también había sabido reaccionar a tiempo.

El 24 de septiembre de 2011, Rusia Unida celebró su propio congreso. Dimitri Medvédev se dirigió a la multitud.

«Creo que debemos apoyar la candidatura de Vladímir Vladímirovich Putin a la presidencia», afirmó. La sala se puso en pie para aplaudir. Cuando por fin se hizo el silencio, Medvédev contó con naturalidad que era algo que Putin y él ya habían acordado cuando Medvédev se convirtió en presidente. Y ahora, cuando era Putin quien volvía a ocupar ese cargo, Medvédev pasaría a ser su primer ministro.[19]

Pocas horas después, la blogosfera rusa se inundó de fotografías retocadas en las que Putin aparecía como una persona mayor y con un parecido llamativo con Leonid Bréznev, el líder soviético que murió tras dieciocho años en el cargo, inmovilista y completamente incoherente. El comentario que circulaba entre los blogueros era que Putin tendría setenta y un años cuando terminase su segundo mandato de seis años.

Terminaba así, a todos los efectos, la transformación de Rusia de vuelta a la Unión Soviética.

Epílogo

Una semana de diciembre

Sábado, 3 de diciembre de 2011

Llevo a mi familia a ver una insípida comedia estadounidense a un caro centro comercial en pleno Moscú. La nieve ha tardado en llegar este año, y parece que la ciudad ha caído en una oscuridad húmeda y permanente. La excesiva iluminación del Anillo de los Jardines, la carretera de circunvalación de ocho carriles que rodea el centro de la ciudad, no consigue alterar esa sensación. Pero me sorprende una enorme estructura iluminada. Podría llamarlo «cartel» o «valla publicitaria», pero ninguna de las dos descripciones haría justicia a la escala del objeto. Se alza sobre un edificio de dos plantas del siglo XVIII y parece más alta que él. Está iluminada desde detrás y también con intensidad por los bordes, como un marco digital de fotos de tamaño King Kong. Dentro del marco, Putin y Medvédev, uno con corbata roja y el otro con corbata azul, miran con decisión cada uno por encima del otro, sobre un pie de foto gigante: RUSIA UNIDA. JUNTOS VENCEREMOS.

Mañana se celebran las elecciones legislativas. Eso hace que hoy sea, legalmente, una «jornada de reflexión», lo que significa que están prohibidas todas las formas de campaña, incluidos los anuncios en el exterior. Me paré en un cruce para tomar una fotografía de la monstruosidad con mi teléfono móvil y subirla a Facebook. En una hora, la imagen acumula diecisiete comentarios; nada parecido a un récord mundial, pero sí una reacción mayor que la que esperaba para un sábado por la noche. Todavía más sorprendente es que quienes comentan no pertenecen a mi grupo de amigos politizados habituales. «¡Cerdos!», escribe un director de marketing. «Pensé que lo habíamos visto todo, pero esto da ganas de vomitar, ¿no?», comenta un antiguo reportero político que dejó el periodismo hace catorce años.

Hace más de doce años que no voto en unas elecciones legislativas, porque las leyes de Putin han hecho que pierdan todo su sentido: los partidos políticos ya no pueden presentarse sin la aprobación del Kremlin, los parlamentarios ya no son elegidos directamente y, además, los funcionarios que las supervisan amañan los resultados.

Pero hace un par de meses, cuando un grupo de conocidos escritores, artistas y activistas políticos liberales animaron a la gente a acudir a las urnas y escribir obscenidades en las papeletas, critiqué la idea en internet porque me parecía una táctica abocada al fracaso. El gobierno había convertido las elecciones en una farsa, pero uno no puede burlarse de un cínico, afirmé. Lo que necesitábamos de verdad era una alternativa a la burla que tuviese sentido, como, quizá, una razón para votar. En el tira y afloja posterior en diversas publicaciones, varias personas aportaron razones reales para acudir a las urnas: primero, para asegurarse de que el Partido de los Maleantes y los Ladrones no votaba en tu lugar; segundo, para votar por alguno de los partidos de casi oposición que figuraban en las papeletas, para que la Rusia Unida de Putin no obtuviese una mayoría constituyente en el Parlamento. Sorprendentemente, estas exhortaciones tan cargadas de tecnicismos circularon como la pólvora en internet.

Mi novia, que había escrito su tesis doctoral sobre las elecciones, tenía por principio votar en todas ellas. Se levantó el otro día y me preguntó:

—¿Lo he soñado, o me dijiste que ibas a votar?

—Sí, voy a votar.

—¿Por qué? —preguntó.

—Me cuesta explicarlo —dije—, pero creo que algo se está moviendo.

Dije esto porque durante los últimos días había mantenido varias conversaciones con amigos que también iban a votar: habíamos estado intentando decidir qué partido elegir. Y miles de personas, incluidos varios de mis amigos, se habían inscrito como voluntarios y habían recibido formación para ejercer de observadores electorales por cuenta propia o como parte de un proyecto llamado Observador

Ciudadano, organizado por un prominente politólogo, Dimitri Oreshkin (que resulta ser también el padre de mi novia). Mañana estarán en los colegios electorales tratando de evitar los intentos de pucherazo. Y la gente habla sobre la fotografía de Putin y Medvédev en mi página en Facebook como si de pronto les interesase a todos.

Domingo, 4 de diciembre

Voy al colegio electoral media hora antes de que cierre, como los expertos me recomendaron, para poder pillar a los tramposos con las manos en la masa si ya han utilizado mi nombre para votar. Pero no, ni yo ni mi abuela, de noventa y un años e inscrita en mi misma dirección, hemos votado. Tampoco detecto ninguna otra violación. Voto sin problemas, tomo una foto, la subo a Facebook por si puede servir para poner de manifiesto incidencias en el recuento de los votos (otra idea de los expertos), y me voy a celebrar el cuadragésimo cumpleaños de un antiguo colega.

Es un grupo variopinto: gente del mundo editorial, periodistas, diseñadores y al menos un acaudalado industrial (mi amigo es de esas personas que parece que conoce a todo el mundo). Y todo el mundo está hablando de las elecciones. Varios treintañeros entran diciendo: «¡He votado por primera vez en mi vida!». Después de un rato, empieza a ser previsible que cualquiera que alcanzase la mayoría de edad después de que Putin llegase al poder pronunciará esa frase a los pocos minutos de entrar por la puerta. Un par de invitados que han actuado como observadores electorales voluntarios nos entretienen con historias de infracciones: jóvenes a los que les pagaban para ocultar bajo su ropa papeletas ya preparadas e introducirlas en la urna junto con las suyas; funcionarios electorales que expulsaban a los observadores cuando empezaba el recuento. (Mañana sabremos que muchos de estos funcionarios sencillamente falseaban los recuentos finales, despreciando por completo las papeletas reales.)

Nada de esto nos sorprende ni a Daria ni a mí.

Lo que sí es nuevo es que estamos hablando de ello en una fiesta, a altas horas de la noche. Y que todos hemos votado. Y también algo más: los observadores electorales nos dicen que entre sus compañeros había una profesora, la mujer de un empresario que llegó en un Range Rover y otras personas que… no son como nosotros. Algo ha cambiado, y no solo para quienes estamos enganchados a las noticias y no nos despegamos de nuestras páginas en Facebook.

—¿Qué creéis que hace falta para que la gente vuelva a salir a las calles? —nos pregunta a quienes estamos en la cocina Vladímir, un joven e inteligente reportero que había seguido la caravana presidencial para el principal diario económico.

—No estoy segura —digo—, pero creo que hay algo en el ambiente.

Lunes, 5 de diciembre

Mientras llevo a los niños al colegio, escucho informaciones sobre recuentos parciales en la radio. Rusia Unida supuestamente ha obtenido casi el 50 por ciento de los votos. Sé que no es una cifra precisa, pero es considerablemente más baja que los resultados igualmente falsificados de las elecciones legislativas anteriores, cuando se supone que obtuvo el 66 por ciento de los votos. Quizá esta vez las cifras reales son tan bajas que incluso los propios funcionarios electorales locales sintieron que no podían estirar tanto la mentira. A lo largo del día también me enteraré de que algunos distritos se habían resistido a los intentos de manipular las cifras. Los quinientos voluntarios de Observador Ciudadano, distribuidos en 170 distritos de Moscú, no habían detectado violaciones importantes de los procedimientos de voto en treinta y seis de ellos. En estos distritos, Rusia Unida terminó segunda, con apenas el 23 por ciento de los votos, por detrás del Partido Comunista.[1] Suponiendo que esta muestra fuese representativa, se podría concluir que el recuento oficial era más del doble que el real. Observador Ciudadano también informa de que el 49 por ciento de los posibles votantes acudió a las urnas, mucho más que en cualesquiera otras elecciones rusas recientes.

Esta noche está prevista una manifestación a la que pienso asistir. No es que quiera: las manifestaciones en Moscú son sombrías o peligrosas, o ambas cosas. Así funciona ahora: quien tenga la intención de convocar cualquier tipo de concentración o manifestación pública debe notificarlo a las autoridades con entre diez y quince días de antelación; el ayuntamiento puede entonces denegarle el permiso u otorgárselo, para una ubicación y un número de participantes concretos. Si se deniega el permiso pero la manifestación se celebra de todas formas, es probable que los participantes sean arrestados y reciban una paliza. Si se otorga el permiso, la policía establece cordones que delimitan el espacio para el número de participantes previsto, con detectores de metales en el perímetro. Los manifestantes tienen que someterse a cacheos, a veces desagradables, y después celebrar la concentración tras el cordón policial, casi literalmente hablando solos. Me desagradan las concentraciones legales incluso más que las ilegales, pero cada varios meses siento que debo ir. Esta era una de esas veces.

Mi amiga Ana me envía un mensaje con una cita del artículo de hoy en el *New York Times* sobre las elecciones rusas. Ana, a la que conocí en Kosovo, pasó varios años en Moscú como corresponsal extranjera, y ahora vive en La Haya. «"La democracia está en acción", dijo Medvédev, con Putin a su lado, en la sede de la campaña de Rusia Unida, donde ambos parecían algo inquietos.» Y añade: «Si no fuese taaan triste, sería bastante gracioso».[2]

«Pues sí —le contesto—. Algo se está moviendo, pero no va a ninguna parte.»

Y asisto a la manifestación. Sigue haciendo una temperatura insólitamente alta para esta época del año en Moscú, lo que significa que el tiempo es frío y desapacible: alrededor de cero grados y lloviendo a cántaros. ¿Quién va a soportar un tiempo así para luchar sin esperanza por la democracia?

Todo el mundo.

Al menos, todo el mundo que yo conozco. Me acerco al parque donde está previsto que se celebre la manifestación con dos amigos, Andréi y Masha, y mientras caminamos la gente se va sumando a nuestro pequeño grupo. Uno de los hermanos pequeños de Andréi, y después otro. Dos de mis antiguos reporteros, los que me llamaban por turnos desde la escena del secuestro en el teatro hace nueve años. Uno de ellos, Anton, es ahora un artista radical y ha pasado bastante tiempo en la cárcel por organizar protestas en forma de gamberradas. El otro, Grisha, ha dejado recientemente su trabajo como redactor jefe tras una disputa por la censura preelectoral: le habían ordenado excluir los artículos críticos de sus resúmenes de prensa de la cobertura de Rusia por parte de los medios extranjeros. Cuando nos acercamos, ni siquiera podíamos distinguir los detectores de metales entre la multitud. Entonces se corre la voz: la zona acordonada está llena y la policía no va a dejar que entre nadie más. Eso significa que hay al menos quinientas personas en el parque, lo que, para lo que suele ser habitual en Moscú hoy en día, es muchísimo.

Recorremos la calle que bordea el parque, mirando por encima de una valla de poca altura. En el parque no hay cientos sino miles de personas. De pronto nos damos cuenta de que estamos en una formación improvisada de diez personas por fila. En la calle están aparcados los autobuses en los que han venido los policías y los vehículos en los que esperan trasladar a los detenidos. «Estamos cortando el tráfico —dice Andréi—. Tendrán que detenernos.» La policía mira con indiferencia como una docena de entre nosotros saltan la valla para unirse a los manifestantes. La lluvia sigue cayendo. Mi pelo está empapado y parece que los pies se me van a caer. Estoy feliz de estar aquí helándome y saludando sin parar a amigos que aparecen desde cualquier parte.

Aquí llega mi amigo el fotógrafo, con quien viajé a zonas de guerra en los años noventa. Allí, por separado, llega su hijo, en primer curso de la universidad, que nació un año después del hundimiento de la Unión Soviética. Y ahora Tatiana, que fue mi directora hace más de quince años. «Ya no puedo, ¿sabes? —me dice—. ¿Recuerdas cuando contábamos el número de personas en una manifestación en los años noventa dividiendo mentalmente la multitud en cuadrantes? Ya no soy capaz de hacerlo.» Yo tampoco: no recuerdo la técnica ni puedo distinguir nada en la multitud compacta, bajo la lluvia, en la oscuridad. Pero estoy segura de que aquí hay más de cinco mil personas —las estimaciones llegarán hasta las diez mil—, y eso la convierte en la mayor manifestación en Rusia desde principios de los años noventa.

Cuando la gente se dispersa, invito al grupo a mi piso, que está muy cerca. Las mujeres aceptan la invitación, pero los hombres dicen que van a unirse a una marcha que se dirige al edificio del Comité Electoral Central. La marcha es claramente ilegal y temo que los arresten. De hecho, habrá unos trescientos detenidos, y violencia. Pero también habrá algo más: alrededor de una hora después, mientras preparo una cena tardía y la gente bebe coñac en mi piso, aún tratando de entrar en calor, Grisha tuitea que Andréi acaba de sacar a sus dos hermanos menores de un vehículo para el transporte de detenidos arrastrándolos del cuello. Otra hora más tarde, seis hombres jóvenes —Grisha, Andréi y sus dos hermanos, y otros dos a los que no conozco— estarán en mi apartamento, desaliñados y satisfechos de sí mismos, de una manera romántica y revolucionaria, embelleciendo la historia del rescate de los detenidos mientras la vuelven a contar una y otra vez.

Pienso: «Esto lo he visto antes». Es el momento en que el miedo se desvanece. Alguien se introduce en un vehículo policial para rescatar a sus hermanos, y los policías antidisturbios se apartan y se lo permiten. Un momento pequeño para un gran cambio.

Los jóvenes comen y se dirigen a las comisarías donde sus amigos con peor suerte están retenidos.

Martes, 6 de diciembre

Al llevar a los niños al colegio, elegí el camino que pasa por delante de la comisaría de policía adonde anoche llevaron a algunos de los detenidos. Veo una pequeña multitud congregada en el exterior; unas cien personas han pasado la noche húmeda y helada aquí, exigiendo —sin éxito— que permitiesen entrar a los abogados en el edificio.

Se ha convocado otra manifestación ilegal para esta noche. Durante todo el día dudo si acudir, y finalmente decido no hacerlo. Ya he participado en protestas ilegales y siempre he logrado escabullirme (una vez tuve que deslizarme entre las piernas de un policía antidisturbios). Pero mi novia está embarazada de siete meses y arriesgarme a quince días de detención administrativa me parece una idea especialmente mala, que es lo que les espera a muchos de los detenidos.

Sigo con mis quehaceres con una sensación extraña. Voy al gimnasio y después a una cafetería, donde me reúno con el director general de la editorial donde empezaré a trabajar la semana que viene. La cafetería no está lejos de la plaza donde tendrá lugar la concentración de esta noche, y por este motivo la señal de mi móvil viene y va; se rumorea que están interrumpiendo el servicio de telefonía móvil. Al ir en coche hacia casa, paso delante de vehículos blindados y autobuses de policía, que ahora parecen ocupar todas las plazas del centro de la ciudad. Según las noticias de la radio, decenas de miles de policías han venido a Moscú desde otras ciudades.

No recuerdo dónde me enteré —a través de un amigo, en Facebook o en la radio—, pero sé que para el sábado está prevista otra manifestación autorizada. Eso hace que las tropas y la interrupción del servicio de telefonía móvil resulten más emocionantes que amenazadores; la manifestación del lunes no fue un golpe de suerte.

No obstante, me preocupa que esta revolución en ciernes no tenga un símbolo unificador ni un lema claro. A las 2.43 de la madrugada, un ejecutivo publicitario llamado Arsen Revázov escribe una entrada en Facebook:

LA REVOLUCIÓN NEVADA, O VUELTA A EMPEZAR

Cuando varios millones de personas se pongan lazos blancos en el brazo o en sus coches, bolsos o solapas, si es que alguna vez sucede, será imposible amañar o falsificar nada en absoluto. Porque estará a la vista de todo el mundo y todos lo sabrán.

Nevará. Toda la ciudad se cubrirá de un manto blanco. Los ciudadanos llevarán lazos blancos. Primero serán el 10 por ciento de la población, luego el 30, el 50, el 75 por ciento. Cuando superen el 30 por ciento, todos dejarán de tener miedo. Y de pronto, por eso mismo, todos —o casi todos— querrán y respetarán a todos los demás.

Tenemos que mantenerlo vivo hasta marzo. Entonces será Dios quien decida. Estoy seguro de que si varios millones de personas se ponen lazos blancos (o incluso servilletas de papel) en nuestra ciudad, todo irá a mejor rápidamente y sin violencia.

En pocas horas, casi mil personas habían marcado «Me gusta» en la entrada y más de setecientas la habían compartido. Además, un par de horas antes se había lanzado otra propuesta independiente para utilizar el lazo blanco. La revolución ya tenía su símbolo.

Otras trescientas personas habían sido arrestadas en la manifestación ilegal. Un amigo crea un grupo en Facebook para coordinar los esfuerzos para ayudar a los detenidos. Me uno a él, junto con varios cientos de personas más. Mañana los detenidos recibirán suministros regulares de comida, cortesía de la cafetería donde hoy tuve mi reunión, y la gente les comprará o donará sacos de dormir y mantas, sin los cuales tendrían que sentarse en duros bancos o permanecer de pie. El grupo se llama AYUDA-Revolución, y a las tres de la madrugada me llena de orgullo que me nombren su administradora.

Miércoles, 7 de diciembre

Anoche, antes de acostarme, el número de personas que habían pulsado sobre «Asistiré» en la página en Facebook de la manifestación del próximo sábado se acercaba a las tres mil. Esta mañana ya supera las cinco mil. El ex presidente Mijaíl Gorbachov, de ochenta años, ha pedido que se repita la votación.[3] En una entrada en el blog de opinión del *International Herald Tribune*, en el que suelo escribir, describo la protesta del lunes y trato de plasmar en palabras la sensación ya innegable de que Rusia ha llegado a un punto de inflexión.

El problema del régimen soviético —y del creado por Vladímir Putin a su imagen y semejanza— es que son sistemas cerrados cuya destrucción es impredecible. No existe una relación causa-efecto evidente entre las protestas callejeras y la caída final del régimen porque no existen los mecanismos que obliguen al gobierno a rendir cuentas ante el pueblo.[4]

Ni siquiera el precedente reciente más obvio, la Revolución Naranja de Ucrania en 2004, sirve como modelo: en ese caso, el enfrentamiento entre los manifestantes en las calles y el gobierno que había amañado unas elecciones se resolvió en el Tribunal Supremo, que ordenó un nuevo recuento y la repetición de las elecciones. Pero en Rusia no existe un sistema judicial independiente del ejecutivo. Y, lo que es peor, no servirían ni un recuento ni una nueva votación, porque las leyes electorales hace tiempo que fueron manipuladas para que solo pudieran participar en las elecciones los partidos que el Kremlin permitiese.

Por eso, la gente que se manifiesta contra el fraude electoral está de hecho exigiendo el desmantelamiento del sistema en su conjunto. Y eso, a falta de otros referentes, nos remite a la caída de la Unión Soviética.

Ese proceso duró cinco años y discurrió siguiendo un ritmo de dos pasos hacia delante y uno hacia atrás. Se permitieron las protestas y después se prohibieron, para más tarde volver a permitirlas. Se liberó a los disidentes pero, a continuación, la policía registró sus apartamentos. La censura se levantó y se volvió a imponer una y otra vez. En el momento álgido de la oleada de protestas, cientos de miles de personas inundaron las calles, desafiando no solo a la policía sino también a los tanques, y aun así resultó imposible saber si sus acciones tuvieron consecuencias directas porque, al igual que ahora, la gente carecía de mecanismos para exigir responsabilidades al gobierno.

Pero una cosa está clara al volver la vista atrás: una vez que se inició el proceso, el régimen tenía los días contados. Cuanto más aire caliente bombeaba en la burbuja dentro de la que vivía, más vulnerable se volvía a la creciente presión exterior.

Eso es exactamente lo que está ocurriendo ahora. Puede que tarde meses o quizá unos pocos años, pero la burbuja de Putin estallará.

¿Qué sucederá a continuación? El Kremlin parece convulso. Ayer, decenas de miles de jóvenes llegaron desde fuera de la ciudad en autobuses fletados por Rusia Unida para celebrar la victoria. Les proporcionaron chaquetas de colores llamativos y tambores, de los que se deshicieron sin miramientos tras el acontecimiento. Los blogs se llenaron de imágenes de los tambores abollados, manchados y empapados, amontonándose en las aceras. Eran una metáfora perfecta del régimen: mucho ruido y mucha pompa, y después un vergonzoso abandono bajo la lluvia helada y oscura. ¿Qué otras opciones tiene el gobierno? La mayoría de los detenidos el lunes y el martes aún siguen en los calabozos de la policía y ya han desbordado la capacidad de las instalaciones y de los juzgados; parece completamente imposible que se produzcan detenciones masivas en la manifestación del sábado. La violencia sí que es posible, pero parece poco probable, porque sospecho que Putin aún no se ha dado cuenta de lo desesperada que es su situación. Lo más probable es que intente aplacar a los manifestantes dándoles esperanzas de que hará cambios. Vladíslav Súrkov, la persona que movía los hilos en el Kremlin, ya había propuesto que se crease un nuevo partido para dar cabida a las «comunidades urbanas indignadas».[5] Parece que no son conscientes de que todo el país está indignado con ellos, y por eso probablemente creen que para rebajar la tensión bastará con permitir que participe en las elecciones presidenciales de marzo un candidato opositor de paja elegido a dedo por ellos. Las protestas deben continuar hasta que Putin y su círculo de confianza se den cuenta de que son una minoría muy reducida y muy mal vista, y entonces se comportarán como animales acorralados. ¿Qué les queda aún en su limitado repertorio? ¿Un atentado terrorista que permita a Putin declarar el estado de emergencia? Una decisión como esa no salvaría su régimen, pero sí que podría retrasar su caída un año o dos.

Por la noche, voy a una reunión de Rus' Sidiashchaia («Rusia Entre Rejas»), una organización creada hace dos meses por Olga Románova, una antigua escritora de libros empresariales que se dedica a tiempo completo a defender los derechos de los presos tras la detención y posterior condena de su marido a ocho años de cárcel por fraude. Tras intentar, sin éxito, conseguir su liberación mediante sobornos, Románova lanzó su propia investigación y encontró pruebas de que su marido había sido condenado sobre la base de documentos falsificados (que, según cree, presentó el antiguo socio de su marido, quien hasta el año pasado también fue senador). Románova llegó al Tribunal Supremo, que revocó la sentencia, y cuando el Tribunal Municipal de Moscú ignoró esa decisión, llegó de nuevo al Tribunal Supremo, y de nuevo consiguió que revocasen la sentencia. Después viajó hasta una lejana penitenciaría para recoger a su marido, que llevaba entonces más de tres años entre rejas. El vídeo del reencuentro adquirió dimensiones virales al instante.

Rus' Sidiashchaia se reúne en una cafetería del centro de la ciudad, de esas en que hombres y mujeres jóvenes meditabundos eligen entre dieciocho variedades de té excelentes antes de pasar a unas pocas variedades de vino mediocre. Pero estas reuniones de los miércoles por la noche son en su mayoría de mujeres que tienen aspecto de trabajar como contables o cuadros intermedios. Salvo porque se dedican a tiempo completo a sacar de la cárcel a sus maridos, «presos empresariales». Comparto mesa con Svetlana Bajmina, una antigua abogada de nivel medio en Yukos que pasó cuatro años y medio en prisión, una mujer joven y con gafas, que me cuenta que su marido ha sido condenado por un supuesto fraude.

«¡Y aquí está Irek Murtazin!», grita Románova, una mujer corpulenta de cuarenta y cinco años con el pelo teñido de rojo. Entra un hombre menudo que ronda los cincuenta. Es un antiguo ejecutivo de televisión de Tartaristán, despedido en octubre de 2002 por su cobertura del secuestro en el teatro. Se convirtió en un bloguero conocido y en 2009 fue detenido por difamar supuestamente al presidente de Tartaristán. Lo condenaron a veintiún meses de prisión por difamación y, según la sentencia, por «incitar al odio contra un grupo social determinado»,[6] refiriéndose a los funcionarios del gobierno.

«Tengo una noticia buena y otra mala —dice Murtazin—. La mala es que un juez de Tartaristán que atropelló y mató a un joven cuando conducía borracho el verano pasado ha sido absuelto.»

La sala deja escapar un suspiro colectivo; esta mala noticia tiene poco de noticia, dado lo habitual que es la participación de funcionarios del Estado en este tipo de accidentes, y también sus absoluciones.

«La buena —dice Murtazin— es que casi la mitad de los jueces de paz a los que están asignando los casos de los detenidos en las protestas del lunes y el martes no han ido a trabajar alegando estar enfermos. Eso supone ochenta jueces con gripe.»

Eso sí que es una noticia. Y resulta que, como los calabozos están desbordados, están poniendo en libertad a algunos de los detenidos, a los que se les indica informalmente que deben presentar-se ante el tribunal en una fecha posterior. Sin embargo, Alexéi Na-valni, el activista contra la corrupción, compareció hoy ante el juez y fue condenado a quince días por haber liderado la marcha ilegal del lunes.

Una de las mujeres de la reunión reparte lazos blancos para to-dos. En menos de veinticuatro horas el símbolo de la revolución se ha vuelto oficial.

Cuando llego a casa, el número de personas que han marcado «Asistiré» en la página de la manifestación del sábado en Facebook supera las diez mil.

Jueves, 8 de diciembre

Más de veinte mil usuarios de Facebook tienen pensado asistir a la manifestación del sábado.

Hablo con una persona que mantiene un contacto diario con miembros de la administración presidencial y del gobierno federal. «Están histéricos —me dice—. Nadie sabe qué hacer, toman deci-siones en función del estado de ánimo con el que se levantan. Ayer, Medvédev quería interrumpir la emisión de [el canal independiente de televisión por cable] Dozhd. Nos costó mucho detenerle.» Den-tro de unos pocos días tendré conocimiento de que las operadoras de cable recibieron llamadas ordenándoles que le cortasen el acceso a Dozhd, pero decidieron resistirse a la petición, alegando obligacio-nes contractuales. Nadie estaba más sorprendido que el propietario y director de Dozhd. Entretanto, el presidente Medvédev ha dejado de seguir a Dozhd en su cuenta de Twitter.

Los operarios municipales han empezado a toda prisa a realizar algún tipo de obras en la plaza de la Revolución, donde está previsto que tenga lugar la protesta del sábado; un ejemplo clásico de último recurso para tratar de ahuyentar a los manifestantes.

Viernes, 9 de diciembre

Estoy nerviosa. Mientras llevo a los niños al colegio, escucho la radio y me inquieto, aun cuando el presentador informa de que se espera a más de veinticinco mil personas el sábado. Es como ese momento al principio de una relación amorosa en que se siguen diciendo las mismas palabras que el día anterior, pero de alguna forma se nota que la pasión ha bajado un punto. Dejo a los niños y vuelvo a casa a dormir.

Sin embargo, cuando me despierto un par de horas más tarde, la revolución continúa y las pasiones están en su sitio. Lo preocupante ahora es que, aunque la manifestación del sábado es técnicamente legal, la solicitud original de los organizadores —registrada hace diez días— especificaba trescientos participantes. En otra época, habrían detenido a quienes sobrepasaban ese número. Pero resultará imposible arrestar a miles, o decenas de miles, de personas, y eso puede traducirse en violencia policial.

Dos de los organizadores —un político de carrera y el director de una revista— van al ayuntamiento de Moscú a negociar. A media tarde, el director, Serguéi Parjomenko, publica el resultado de las negociaciones en su página en Facebook: el ayuntamiento ha ofrecido una nueva ubicación para la manifestación de mañana, ha concedido permiso a los organizadores para reunir hasta treinta mil personas y ha ampliado la duración de la protesta de dos a cuatro horas. Poco después también acepta permitir a todos los que acudan por error a la plaza de la Revolución que se desplacen sin impedimentos a la nueva ubicación, a media hora de distancia a pie. La única mala noticia es que, en lugar de celebrarse en un sitio de nombre tan apropiado como plaza de la Revolución, la manifestación tendrá lugar en la plaza Bolotnaia (Pantanosa). Un amigo, el importante poeta y comentarista político Lev Rubinshtein, enseguida lo califica de «desafío lingüístico».

Grígori Chjartíshvili, un autor de *best-sellers* muy querido en el país, que publica novelas de detectives bajo el pseudónimo de Borís Akunin, escribe en su blog:

No podía quedarme sentado

¿Por qué todo en este país tiene que ser así? Hasta la sociedad civil tiene que despertarse en el momento más inoportuno para el escritor.

Me retiré a la campiña francesa para disfrutar de una temporada de paz y escribir mi próxima novela. Pero ahora no me puedo concentrar. Supongo que volveré a casa. Eso significa conducir quinientos kilómetros y después tener la suerte de encontrar vuelo.

Espero conseguirlo y llegar a presenciar el momento histórico con mis propios ojos y no a través de YouTube.

Pero la razón por la que estoy escribiendo esta entrada es que me han pedido que avise a todos los que aún no lo saben: LA MANIFESTACIÓN SE CELEBRARÁ EN LA PLAZA BOLOTNAIA (y no en la plaza de la Revolución).[7]

Por la noche, en las reuniones de padres de alumnos con los profesores, me di cuenta de que muchos otros padres llevaban lazos blancos.

Al acostar a mi hija, me pregunta si puede ir conmigo a la manifestación de mañana.

—No, lo siento. No creo que sea buena idea llevar a niños.

—Pero esta manifestación es legal, ¿verdad?

Sabe que, si no, me podrían detener. Le aseguro que lo es y que nada malo me va a suceder.

—Probablemente vaya a muchas protestas en los próximos meses —le digo—, y probablemente no podré llevarte. Pero sí te llevaré a la última, cuando estemos de celebración.

—¿Quieres decir cuando ya no esté Putin?

Coge aliento, como si le costase hacerse a la idea. Tiene diez años; nació después de que Putin llegase al poder y ha oído conversaciones sobre él durante toda su vida. Cuando mis hijos eran pequeños, se imaginaban a Putin como una especie de villano de andar por casa, el hombre del saco que vendría y te llevaría con él si no te portabas bien en la mesa. Conseguí quitarles esa idea y, cuando han ido haciéndose mayores, he intentado que tengan una visión razonablemente matizada de la política, pero creo que he olvidado decirles que nadie manda para siempre.

Sábado, 10 de diciembre

De vuelta de nuestra dacha, donde los niños y Daria se quedarán mientras yo estoy en la manifestación, escucho la radio y me embarga la inquietud. ¿Qué más da que treinta y cinco mil personas hayan dicho en Facebook que irán a la manifestación? Sé de gente que ha recibido siete mil confirmaciones de asistencia a una fiesta en la que no apareció ningún invitado real. Al fin y al cabo, es fin de semana; a la gente le dará pereza, querrán quedarse durmiendo o en sus dachas y supondrán que otros irán a la protesta.

Cuando me voy acercando a la plaza Bolotnaia, veo a gente que camina hacia ella desde todos lados: en grupos, por parejas, solos; jóvenes, ancianos y de mediana edad. Gente con lazos blancos, bufandas blancas, gorros blancos e incluso pantalones blancos, llevando globos blancos y claveles blancos. Aún no ha nevado, así que el blanco que llevan tiene que compensarlo.

Me reúno con un grupo de amigos, incluidos Andréi y dos de sus hermanos. En los detectores de metales, la policía se comporta con calma y educación. Dentro, recorremos la plaza, buscando caras conocidas. En la protesta del lunes, sabía que todo el mundo estaba allí porque podía verlos a todos; hoy sé que todos están aquí porque la multitud me impide verlos. Ni siquiera podemos mandar mensajes de móvil, porque las redes inalámbricas de Moscú están saturadas.

Miramos boquiabiertos las pancartas caseras que la gente ha traído. Una muestra un gráfico de los resultados oficiales según el Comité Electoral Central, sobre el que se superpone una curva acampanada que cuenta una historia distinta: muestra cómo sería una distribución normal del apoyo a Rusia Unida. «No os creemos, creemos a Gauss», pone en el cartel, en referencia a Carl Friedrich Gauss, el matemático que inventó la curva de campana.

«Yo no voté a estos gilipollas —proclama otra pancarta que porta un joven con barba rojiza—. Voté a los otros gilipollas. Exijo un recuento.»

«¡Hay tanta gente aquí! —grita un chico muy joven en su teléfono móvil—. ¡Y todos son normales! He oído como un millón de chistes, ¡y todos tenían gracia!»

Si durante años has sentido que tus opiniones solo las compartía un reducido grupo de tus amigos más cercanos, estar rodeado de decenas de miles de personas que piensan como tú es realmente como escuchar a la vez un millón de chistes graciosos.

A cierta distancia hay un escenario. No puedo verlo y me cuesta oír a quienes intervienen. Una de mis amigas recuerda un truco de principios de los años noventa, cuando la gente llevaba radios portátiles a las concentraciones y las usaba para escuchar a los que hablaban; así pues, enciende la radio de su móvil (puede que el servicio de telefonía móvil esté saturado, pero en esta plaza hay acceso inalámbrico gratuito a internet) y nos retransmite los mejores momentos de los discursos. Miramos a nuestro alrededor y de vez en cuando nos sumamos a los cánticos: «¡Nuevas elecciones!». «¡Libertad!». «¡Rusia sin Putin!».

Entre los oradores se encuentran Borís Akunin (llegó a tiempo del sur de Francia), un presentador de televisión muy querido que lleva mucho tiempo en la lista negra y activistas diversos. El padre de Daria habla sobre fraude electoral. Ninguno de los que se hacen pasar por políticos de la oposición —«los otros gilipollas»— está aquí. Aún no han recibido el mensaje de que el poder se ha alejado del Kremlin. Navalni sigue en la cárcel, así que un periodista lee su discurso a los manifestantes. Y Mijaíl Prójorov, el multimillonario que canceló su carrera política hace dos meses, sigue callado. El lunes anunciará que se presenta como candidato a la presidencia, pero para entonces ya será demasiado tarde para ganarse la confianza de la multitud revolucionaria; enseguida se le tachará de infiltrado de Putin.

Llevo ropa interior térmica, dos chaquetas y botas de nieve; no hay forma alguna de vestirse para estar parado a la intemperie en el invierno ruso. Después de un par de horas, mis amigos y yo decidimos retirarnos. Aún sigue llegando gente. Mientras nos alejamos de la manifestación, me paro en un puente peatonal para contemplar la multitud. Hay muchas más de treinta y cinco mil personas; las estimaciones posteriores suben hasta las ciento cincuenta mil.

Ocupamos una mesa grande en un restaurante que, como todos los del barrio, está lleno de manifestantes que piden ponche para intentar calentarse. Amigos y desconocidos van comunicando a gritos las últimas noticias de una mesa a otra. Andréi es el primero en leer un par de líneas de la página web de una emisora de radio: «La manifestación está llegando a su fin. Un representante de la policía ha subido al escenario y ha dicho: "Hoy hemos actuado como la policía de un país democrático. Gracias". Se oyen aplausos». En nuestra mesa se hace el silencio durante un momento. «Esto es genial —empezamos a decir todos, mirándonos con incredulidad—. Es genial.» ¿Cuánto tiempo hace que ninguno de nosotros hemos podido decir, sin dudarlo, «es genial» sobre algo que suceda en nuestra ciudad?

Dejo a mis amigos en el restaurante y vuelvo a la dacha con mi familia. Atravieso con el coche el Gran Puente de Piedra —el mayor de los puentes sobre el río Moscova— justo cuando la policía abandona la plaza Bolotnaia. Hay cientos y cientos de agentes, avanzando por la acera en filas de cuatro o cinco, cubriendo toda la longitud del puente. Por primera vez desde que tengo memoria, no siento un nudo en el estómago mientras contemplo a la policía con su uniforme antidisturbios. Estoy parada detrás de un camión naranja con quitanieves. Aún no ha nevado, así que no tengo muy claro qué hace el camión en la calle, pero veo que lleva un globo blanco atado en una esquina de la pala.

Hoy se han celebrado manifestaciones en noventa y nueve ciudades rusas y frente a los consulados y embajadas de Rusia en más de cuarenta países de todo el mundo.[8]

Por la noche, el secretario de prensa de Putin, Dimitri Peskov, les dice a los periodistas que el gobierno no tiene comentarios que hacer sobre la manifestación y promete mantenerles informados si en algún momento tiene algo que decir al respecto.[9]

Unos minutos después, NTV, la cadena de televisión que le fue arrebatada a Vladímir Gusinski hace diez años y que después fue destripada, emite un excelente reportaje sobre la protesta. Lo veo en internet —hace años que en casa no tengo un televisor que funcione— y reconozco algo que he observado en otros países cuando he cubierto sus revoluciones. Llega un día en que enciendes el televisor y los mismos simios que ayer mismo vertían propaganda sobre ti, sentados en los mismos estudios y con los mismos decorados, empiezan a utilizar un lenguaje humano. No obstante, en este caso concreto este momento hace que mi cabeza se dispare todavía más, porque aún puedo recordar a estos periodistas antes de que se convirtiesen en monos, cuando dejaron de hablar como seres humanos hace unos doce años.

Mientras me acerco a nuestra dacha, empieza a nevar. Cuando llegue la mañana, todo el campo estará cubierto de un manto blanco.

Agradecimientos

Quiero dar las gracias a Cullen Murphy, que fue quien me sugirió que escribiese un artículo sobre Vladímir Putin para *Vanity Fair*, y a mi agente, Elyse Cheney, que se dio cuenta de que lo que acabé escribiendo podía convertirse en un libro. Mi editora, Rebecca Saletan, ha hecho que la obra sea inconmensurablemente mejor de lo que lo habría sido sin ella. Muchas otras personas me ayudaron en el camino, y espero poder agradecérselo pronto por escrito sin que ese reconocimiento sea susceptible de suponerles ningún perjuicio. Sabéis quiénes sois y espero que sepáis cuán agradecida me siento. No obstante, hay dos personas a quienes no puedo dejar de mencionar: mi amiga y colega Ilia Kolmanovski, cuyas investigaciones e ideas resultaron cruciales en las primeras etapas de este proyecto, y mi compañera, Daria Oréshkina, que me ha hecho más feliz y productiva de lo que nunca lo había sido.

Notas

Prólogo

1. El texto completo de la ley está disponible en: http://www.shpik.
info/statya1.html. Consultado el 14 de julio de 2010.

2. Marina Katys, «Polozhitelny itog: Interview s deputatom Gosu-
darstvennoy Dumy, sopredsedatelem federalnoy partii Demokraticheskaya
Rossiya Galinoy Starovoitovoy», *Professional*, 1 de julio de 1998, en http://
www.starovoitova.ru/rus/main.php?i=5&s=29. Consultado el 14 de julio
de 2010.

3. Decisión del Tribunal Constitucional que cita el decreto y revoca
sus disposiciones principales. http://www.panorama.ru/ks/d9209.shtml.
Consultado el 14 de julio de 2010.

4. De hecho, la prohibición de las protestas se produjo en dos pasos: el
gabinete publicó la prohibición y, a continuación, Gorbachov firmó un
decreto que creaba un cuerpo especial de policía para hacer cumplirla.
Ambos fueron declarados inconstitucionales por el gobierno ruso, cuya
autoridad Gorbachov a su vez no reconocía. http://iv.garant.ru/SES-
SION/PILOT/main.htm. Consultado el 15 de julio de 2010.

5. Andrei Tsyganov, «Seleznev dobilsya izvineniya za statyu Sta-
rovoitovoi», *Kommersant*, 14 de mayo de 1999. http://www.kommer-
sant.ru/doc-rss.aspx?DocsID=218273. Consultado el 15 de julio de
2010.

1. *El presidente accidental*

1. Andrei Shleifer y Daniel Treisman, «A Normal Country: Russia
After Communism», *Journal of Economic Perspectives*, vol. 19, n.° 1 (invierno

285

de 2005), pp. 151-174. http://www.economics.harvard.edu/faculty/shleifer/files/normal_jep.pdf. Consultado el 30 de abril de 2011.

2. David Hoffman, *The Oligarchs: Wealth and Power in the New Russia*, PublicAffairs, Nueva York, 2002. [Hay trad. cast.: *Los oligarcas: poder y dinero en la nueva Rusia*, Grijalbo Mondadori, Barcelona, 2003.]

3. Entrevista del autor con Berezovski, realizada en junio de 2008.

4. Volodia, Vova, Volod'ka y Vovka son todos diminutivos de Vladímir, en orden creciente de familiaridad.

5. Hoffman.

6. De hecho, no está claro que Berezovski fuese realmente el propietario del 25 por ciento de Sibneft y del 49 por ciento de ORT, la compañía del Canal Uno; a la fecha de publicación de este libro, un tribunal londinense lo está tratando de determinar. Lo que nadie niega es que era el único director de la empresa de televisión y que obtenía importantes ingresos de la compañía petrolera.

7. Natalia Guevorkian, Natalia Timakova y Andréi Kolesnikov, *Ot pervogo litsa: Razgovorys Vladimir Putinym*, http://archive.kremlin.ru/articles/bookchapter1.shtml. Consultado el 7 de febrero de 2011.

8. La Constitución rusa le permitía a Yeltsin forzar tres votaciones sobre la candidatura a primer ministro y después disolver el Parlamento.

9. Blog de Tatiana Yumásheva (Dyachenko), entrada de 6 de febrero de 2010. http://t-yumasheva.livejournal.com/13320.html#cutid1. Consultado el 23 de abril de 2011.

2. *La guerra electoral*

1. El número de víctimas es el que figura en la sentencia del Tribunal Municipal de Moscú en el caso de A. O. Dekushev y Y. I. Krimshamjalov. http://terror1999.narod.ru/sud/delokd/prigovor.html. Consultado el 5 de mayo de 2011.

2. Discurso del miembro de la Duma Serguéi Yushénkov en el Kennan Institute de Washington, D. C., el 24 de abril de 2002. http://terror99.ru/commission/kennan.htm. Consultado el 5 de mayo de 2011.

3. Aparición televisiva de Putin el 24 de septiembre de 1999. http://www.youtube.com/watch?v=A_PdYRZSW-I. Consultado el 5 de mayo de 2011.

4. Circular no publicada que me filtró el equipo de Berezovski en noviembre de 1999.

5. Entrevista con Marina Litvínovich, 1 de julio de 2008.

6. Discurso de Borís Yeltsin, 31 de diciembre de 1999. Texto: http://stra.teg.ru/library/national/16/0. Consultado el 6 de mayo de 2011. Vídeo: http://www.youtube.com/watch?v=yvSpiFvPUP4&feature=related. Consultado el 6 de mayo de 2011.

7. Discurso de Vladímir Putin, 31 de diciembre de 1999. Texto: http://stra.teg.ru/library/national/16/2/print. Consultado el 6 de mayo de 2011. Vídeo: http://www.youtube.com/watch?v=i4LLxY4RPwk. Consultado el 6 de mayo de 2011.

8. Entrevista con Natalia Guevorkian, junio de 2008.

9. Pável Gutióntov, «Zauryadnoye delo». http://www.ruj.ru/authors/gut/100303_4.htm. Consultado el 8 de mayo de 2011.

10. Transcripción de un boletín de noticias de la cadena NTV del 9 de febrero de 2000. http://www.library.cjes.ru/online/?a=con&b_id=426&c_id=4539. Consultado el 7 de mayo de 2011.

11. Andréi Babitski, *Na voine*, transcripciones de grabaciones en ruso del manuscrito de un libro escrito para una editorial francesa. http://somnenie.narod.ru/ab/ab6.html. Consultado el 7 de mayo de 2011.

12. Transcripción de la rueda de prensa de Andréi Babitski del 1 de marzo de 2000. http://archive.svoboda.org/archive/hr/2000/ll.030100-3.asp. Consultado el 8 de mayo de 2011.

13. Óleg Pánfilov, *Istoriya Andreia Babitskogo*, cap. 3. http://www.library.cjes.ru/online/?a=con&b_id=426&c_id=4539. Consultado el 8 de mayo de 2011.

14. Pánfilov, *Istoriya Andreia Babitskogo*.

15. Preguntas frecuentes de la Broadcasting Board of Governors. http://www.bbg.gov/about/faq/#q6. Consultado el 8 de mayo de 2011.

16. Informe del Congressional Research Service, «Chechnya Conflict: Recent Developments», actualizado el 3 de mayo de 2000. http://www.fas.org/man/crs/RL30389.pdf. Consultado el 8 de mayo de 2011.

17. Entrevista con Natalia Guevorkian, junio de 2008.

18. Para la cronología de los acontecimientos en Riazán, he seguido principalmente a Alexánder Litvinenko y Yuri Felshtinski, *FSB vsryvayet Rossiyu*, 2.ª ed., Liberty Publishing, Nueva York, 2004, pp. 65-108, que combina muchas informaciones de prensa con investigación propia, y *Ryazanski Sahar: Nezavisimoye rassledovaniye s Nikolayem Nikolayevym*, el programa de televisión de la NTV emitido el 24 de marzo de 2000. http://video.yandex.ru/users/provorot1/view/54/. Consultado el 8 de mayo de 2011.

19. «13 sentyabrya v Rossii—den' traura po pogibshim ot vzryvov», un

artículo sin firma en Gazeta.ru, 10 de septiembre de 1999. http://gazeta.lenta.
ru/daynews/10-09-1999/10mourn.htm. Consultado el 8 de mayo de 2011.

20. ITAR-TASS, según lo citan Litvinenko y Felshtinski, *FSB vsryvayet Rossiyu*.

21. *Ryazansky sahar*.

3. *Autobiografía de un matón*

1. Michael Jones, *Leningrad: State of Siege*, Basic Books, Nueva York,
2008. [Hay trad. cast.: *El sitio de Leningrado (1941-1944)*, Crítica, Barcelona,
2008.]

2. Ales' Adámovich y Daniil Granin, *Blokadnaya kniga*. http://lib.rus.
ec/b/212340/read. Consultado el 7 de febrero de 2011.

3. Harrison Salisbury, *The 900 Days: The Siege of Leningrad*, Da Capo
Press, Nueva York, 2003, pp. vii-viii.

4. Óleg Blotski, *Vladimir Putin: Istoriya zhizni*, Mezhdunarodniye Ot-
nosheniya, Moscú, p. 24.

5. Natalia Guevorkian, Natalia Timakova y Andréi Kolesnikov, *Ot pervogo litsa: Razgovory s Vladimirov Putinym*. http://archive.kremlin.ru/arti-
cles/bookchapter1.shtml. Consultado el 7 de febrero de 2011.

6. Yuri Poliákov, Valentina Zhitomirskaia y Natalia Aralovets, «'Demo-
graficheskoye ekho' voyny», publicado en la revista electrónica *Skepsis*.
http://scepsis.ru/library/id_1260.html. Consultado el 7 de febrero de
2011.

7. Irina Bobrova, «Kto pridumal Putiny gruzinskiye korni?», *Moskovs-
ki Komsomolets*, 13 de junio de 2006. http://www.compromat.ru/
page_18786.htm. Consultado el 7 de febrero de 2011.

8. Entrevista con Natalia Guevorkian, junio de 2008.

9. Víktor Borisenko, amigo de la infancia, citado en Blotski, *Vladimir
Putin: Istoriya zhizni*, pp. 72 y 89.

10. Guevorkian *et al.*, *Ot pervogo litsa: Razgovory s Vladimirov Putinym*.

11. Yevgueni Putin, citado en Blotski, p. 46.

12. Víktor Borisenko, citado en Blotski, pp. 68-69.

13. Víktor Borisenko, citado en Blotski, p. 68.

14. Víktor Borisenko, citado en Blotski, p. 67.

15. Guevorkian *et al.*

16. Profesora Vera Gurevich, citada en *ibid*.

17. Grigori Geilikman, citado en Blotski, p. 160.

18. Nikolái Aléjov, citado en Blotski, p. 161.

19. Serguéi Roldullin, citado en Guevorkian *et al.*

20. Ibidem.

21. Blotski, p. 259.

22. «S vyslannymi iz SshA razvedchikami vstretilsya Vladimir Putin», 25 de julio de 2010. http://lenta.ru/news/2010/07/25/spies/. Consultado el 25 de febrero de 2011.

23. Blotski, p. 199.

24. Y. Pópov, «Diversanty Stalina». http://militera.lib.ru/h/popov_au2/01.html. Consultado el 25 de febrero de 2011.

25. Guevorkian *et al.*

26. *Ibid.*

27. Blotski, pp. 199-200.

28. Guevorkian *et al.*

29. Blotski, p. 155.

30. http://www.ref.by/refs/1/31164/1.html. Mijaíl Blinkin, «Avtomobil' v gorode: Osobennosti natsionalnogo puti». http://www.intelros. ru/pdf/arc/02_2010/42-45%20Blinkin.pdf. Consultado el 27 de octubre de 2011.

31. Guevorkian *et al.*

32. *Ibid.*

33. Guevorkian *et al.*; Blotski, pp. 226-227.

34. Guevorkian *et al.*

35. Blotski, p. 287.

36. *Ibid.*, pp. 287-288.

37. Serguéi Roldullin, citado en Guevorkian *et al.*

38. Guevorkian *et al.*

39. Serguéi Zajárov, «Brachnost' v Rossii: Istoriya is sovremennost'», *Demoskop Weekly*, 16-29 de octubre de 2006, pp. 261-262. http://www. demoscope.ru/weekly/2006/0261/tema02.php. Consultado el 7 de febrero de 2011.

40. Guevorkian *et al.*

41. *Ibid.*

42. *Ibid.*

43. Vadim Bakatin, *Izbavleniye ot KGB*, Novosti, Moscú, 1992, pp. 45-46.

44. Bakatin, pp. 32-33.

45. Fílipp Bobkov, *KGB i vlast*, Veteran MP, Moscú, 1995.

46. Guevorkian *et al.*

47. Vladímir Usól'tsev, *Sosluzhivets*, Eksmo, Moscú, 2004, p. 186.

48. *Ibid*.

49. Bobkov.

50. Guevorkian *et al*.

51. *Ibid*.

52. Ludmila Putina, citada en *ibid*.

53. *Ibid*.

54. Entrevista con Serguéi Bezrúkov, antiguo agente del KGB en Berlín, en Düsseldorf, el 17 de agosto de 2011.

55. Usól'tsev; entrevista con Bezrúkov.

56. Usól'tsev, p. 36.

57. *Ibid*., p. 30.

58. Entrevista con Bezrúkov.

59. El hombre solicitó que su nombre no apareciese impreso; entrevistado en Baviera el 18 de agosto de 2011.

60. Usól'tsev, p. 62.

61. Usól'tsev; Bezrúkov.

62. Entrevista con Bezrúkov.

63. Bobkov.

64. O. N. Ausberg y A. D. Margolis, ed., *Obshchestvennaya zhizn, Leningradav god perestroiki, 1985-1991: Sbornik materialov*, Serebryanyvek, San Petersburgo, 2009, p. 192.

65. Elizabeth A. Ten Dyke, *Dresden and the Paradoxes of Memory in History*, Routledge, Nueva York, 2001.

66. Guevorkian *et al*.

67. Ludmila Putina, citada en *ibid*.

68. Serguéi Roldugin, citado en Guevorkian *et al*.

4. *El que ha sido espía...*

1. O. N. Ansberg y A. F. Margolis, eds., *Obshchestvennaya zhizn' Leningrada v gody perestroika, 1985-1991; Sbornik materialov*, Serebryany Vek, San Petersburgo, 2009, p. 502.

2. Serguéi Vasíliev, memorias publicadas en el *Obvodny Times*, vol. 4, n.º 22 (abril de 2007), p. 8, citado en *Obshchestvennaya zhizn'*, p. 447.

3. Alexánder Vinníkov, citado en *Obshchestvennaya zhizn'*, p. 449.

4. Yelena Zelinskaya, «Vremya ne zhdet», *Merkuriy*, vol. 3 (1987), citado en *Obshchestvennaya zhizn'*, pp. 41-42.

5. Vasíliev, citado en *Obshchestvennaya zhizn'*, p. 447.

6. *Ibid.*, pp. 47 y 76.

7. *Ibid.*, pp. 51, 52, 54 y 74.

8. *Ibid.*, p. 632.

9. *Ibid.*, p. 633

10. *Ibid.*, p. 112.

11. La primera reunión del Frente Popular tuvo lugar en Leningrado en agosto de 1988, y a ella asistieron representantes de veinte organizaciones de diferentes ciudades rusas, y doce más de otras repúblicas soviéticas.

12. *Obshchestvennaya zhizn'*, p. 119.

13. Andréi Boltyanski, entrevistado en 2008, *ibid.*, p. 434.

14. Petr Shelish, entrevistado en 2008, *ibid*, p. 884 de la versión online.

15. Thomas de Waal, *Black Garden: Armenia and Azerbaijan Through Peace and War*, New York University Press, Nueva York, 2004.

16. *Obshchestvennaya zhizn'*, p. 115.

17. Alexánder Vinníkov, memorias, *ibid*, p. 450.

18. *Obshchestvennaya zhizn'*, p. 126.

19. Artículo 70 del Código Penal de la RSFSR. http://www.memo.ru/history/diss/links/st70.htm. Consultado el 17 de enero de 2011.

20. *Obshchestvennaya zhizn'*, p. 127.

21. Entrevista con Natalia Serova, *ibid.*, p. 621.

22. http://pravo.levonevsky.org/baza/soviet/sssr1440.htm. Consultado el 17 de enero de 2011.

23. Octavilla publicada por el comité Elección-89; reproducida en *Obshchestvennaya zhizn'*, pp. 139-140.

24. Anatoli Sóbchak, *Zhila-Byla Kommunisticheskaya partiya*, pp. 45-48, citado en *ibid.*, p. 623.

25. Yuri Afanásiev, entrevistado por Yevgueni Kisélev en la radio Eco Moskvi en 2008. http://echo.msk.ru/programs/all/548798-echo/. Consultado el 18 de enero de 2011.

26. Alexánder Nikishin, «Pokhorony akademika A. D. Sakharova», *Znamya*, n.º 5 (1990), pp. 178-188.

27. «A. D. Sakharov», *Voskreseniye*, vol. 33, n.º 65. http://piter.anarhist.org/fevral 12.htm. Consultado el 18 de enero de 2011.

28. Alexánder Vinníkov, memorias, *Obshchestvennaya zhizn'*, p. 453.

29. Marina Salye, entrevista de 2008, *ibid.*, pp. 615-616.

30. *Ibid.*

31. Ígor Kucherenko, memorias, *ibid.*, p. 556.

32. Alexánder Vinníkov, memorias, *ibid.*, solo en versión online, pp. 568-569.

33. Víktor Voronkov, entrevista de 2008, *ibid.*, p. 463.

34. Nikolái Girenko, memorias, *ibid.*, p. 463.

35. Víktor Veniamínov, memorias, en *Avtobiografiya Petersburgskogo gorsoveta*, p. 620, citado en *ibid.*, p. 449.

36. Bella Kurkova, memorias, *ibid.*, p. 552.

37. Salye, entrevista con la autora, 14 de marzo de 2010.

38. Vladímir Gelman, entrevista, en *Obshchestvennaya zhizn'*, p. 471.

39. Dmitri Gubin, «Interview predsedatelya Lenosveta A. A. Sóbchaka», *Ogonyok*, n.º 28 (1990), citado en *Obshchestvennaya zhizn'*, p. 269.

40. Alexánder Vinníkov, memorias, en *Obshchestvennaya zhizn'*, pp. 453-454.

41. Entrevista con Salye; Vinníkov, memorias, en *Obshchestvennaya zhizn'*, pp. 453-454.

42. Bakatin, p. 138.

43. *Ibid.*, pp. 36-37.

44. Guevorkian *et al.*

45. *Ibid.*

46. Anatoli Sóbchak, entrevista en *Lieraturnaya Gazeta*, febrero de 2000, pp. 23-29, citado en *Anatoly Sóbchak: Kakim on byl*, Gamma Press, Moscú, 2007, p. 20.

47. Entrevista con Bezrúkov, Düsseldorf, 17 de agosto de 2011.

48. Guevorkian *et al.*

49. Komitet Konstitutsionnogo Nadzora SSSR, 1989-1991, http://www.panorama.ru/ks/iz8991.shtml. Consultado el 8 de marzo de 2011.

50. Bakatin, p. 135.

51. *Ibid.*

52. Guevorkian *et al.*

53. *Ibid.*

5. *Un golpe y una cruzada*

1. «Playing the Communal Card: Communal Violence and Human Rights», informe de Human Rights Watch. http://www.hrw.org/legacy/reports/1995/communal/. Consultado el 26 de enero de 2011.

2. *Leningradskaya Pravda*, 28 de noviembre de 1990, citado en *Obshchestvennaya zhizn'*, p. 299.

3. Vladímir Monájov, entrevista, *ibid.*, p. 574.

4. Yuli Rybákov, entrevista, *ibid.*, p. 610.

5. Vladímir Belyakov, memorias, *ibid.*, pp. 425-426.

6. Salye, entrevista con la autora, 14 de marzo de 2010.

7. Alexánder Konanijin. http://www.snob.rugo-to-comment/ 305858. Consultado el 10 de marzo de 2011.

8. «Obrashcheniye k sovetskomu narodu», en Y. Kazarin y B.Yakovlev, *Smert' zagovora: Belaya kniga*, Novosti, Moscú, 1992, pp. 12-16.

9. Kazarin y Yakovlev, Smert'zagovora, p. 7.

10. Ígor Artmiev, memorias, en *Obshchestvennaya zhizn'*, pp. 407-408.

11. Alexánder Vinníkov, memorias, *ibid.*, pp. 454-455.

12. Ígor Artémiev, memorias, *ibid.*, p. 408.

13. Entrevista con Salye, 14 de marzo de 2010.

14. Bakatin, p. 21.

15. A. Golvkin y A. Chérnov, entrevista con Anatoli Sóbchak, *Moskovskiye Novosti*, 26 de agosto de 1991, citado en *Obshchestvennaya zhizn'*, p. 627.

16. Sóbchak, memorias, en *Obshchestvennaya zhizn'*, p. 627.

17. Kazarin y Yakovlev, p. 131.

18. G. Pópov, «Zayavleniye mera goroda Moskvy», en Karazin y Ya-kovlev, pp. 68-69.

19. Center Labyrinth, biografía de Lúzhkov. http://www.anticom-promat.org/luzhkov/luzhkbio.html. Consultado el 13 de marzo de 2011.

20. Yuli Rybákov, entrevista, en *Obshchestvennaya zhizn'*, p. 612.

21. B.Yeltsin, I. Siláyev y R. Jasbulátov, «K grazhdanam Rossii», en Karazin y Yakovlev, p. 42.

22. Vyacheslav Shcherbakov, entrevista, en *Obshchestvennaya zhizn'*, p. 681.

23. Shcherbakov, *ibid.*; entrevista de la autora con Salye, 14 de marzo de 2010 texto del decreto tal como lo dictó Rutskoi y tal como lo leyó Sóbchak, aportado por Salye.

24. Elena Zelinskaya, entrevista, en *Obshchestvennaya zhizn'*, p. 505.

25. Salye, entrevista con la autora, 14 de marzo de 2010.

26. Shcherbakov, en *Obshchestvennaya zhizn'*, p. 683.

27. Guevorkian *et al.*

28. Roginski, entrevista con la autora, Moscú, 20 de junio de 2008.

29. Carta de Marina Salye al director del comité anticorrupción de la Federación Rusa, Yuri Boldyrev, con fecha del 25 de marzo de 1992, no publicada.

30. Carta de Yuri Boldyrev a Petr Aven, con fecha del 13 de marzo de 1992, documento #105-177/n.

31. Irene Commeaut, entrevista, París, junio de 2010.

32. Entrevista de Ilya Kolmanovski con Alexánder Margolis, San Petersburgo, junio de 2008.

33. Marina Yentaltseva, citada en Guevorkian *et al.*

34. Guevorkian *et al.*

35. *Otchet rabochey deputatskoy gruppy Komiteta po mexhdunarodnym I vneshnim svyazyam, postoyannykh kommisiy po prodovolstviyu, torgovle I sfere bytovykh uslug Sankt-Peterburgskogo gorodskogo Soveta narodnykh deputatov po voprosu kvotirovaniya I litsenzirovaniya eksporta I importa tovarov na territorii Sankt-Peterburga*, con una resolución del 8 de mayo de 1992, #88; Marina Salye, «Putin-prezident korrumpirovnnoy oligarkhii!», facilitado por la Fundación Glasnost de Moscú, 18 de marzo de 2000.

36. Guevorkian *et al.*

37. Salye, «Putin-prezident».

38. «Analiz normativnykh dokumentov, izdavayemmykh merom I vitse-merom S. Peterburga», con fecha del 15 de enero de 1992, lleva la anotación: «Entregado a B. Yeltsin el 15 de enero de 1992».

39. Véase, por ejemplo, «Rasporyazheniye mera Sankt-Peterburga o predostavlenil zhilosy ploshchadi Kurkovoy B. A.», 8 de diciembre de 1992, # 1107-R, y «Rasporyazheniye mera Sankt-Peterburga o predostavlenil zhilosy ploshchadi Stepashinu S. V.», 16 de diciembre de 1992, #1147-R.

40. Entrevista con Salye, 4 de marzo de 2010.

41. *Ibid.*

42. http://1993.sovnarkom.ru/TEXT/SPRAVCHN/VSOVET/vsovet1.htm. Consultado el 2 de abril de 2011.

43. Besik Pipia, «Lensovetu stuknulo 10 let», *Nezavisimaya Gazeta*, 5 de abril de 2000. http://www.ng.ru/politics/2000-04-0513-lensovet.html. Consultado el 2 de abril de 2011.

44. Entrevista de la autora con Marina Salye, 14 de marzo de 2010.

45. «Pokhmelkin, Yushenkov, Gologlev I Rybakov vyshli iz SPS», reportaje sin firma, Newsru.com. http://www.newsru.com/russia/14jan2002/sps.html. Consultado el 8 de mayo de 2011.

46. «V Moskve ubit deputat Gosdumy Sergei Yushenkov», reportaje sin firma, Newsru.com. http://www.newsru.com/russia/17apr2003/killed.html. Consultado el 8 de mayo de 2011.

47. Masha Gessen, «Pamyati Sergeya Yushenkova», Polit.ru, 18 de abril de 2003. http://www.polit.ru/world/2003/04/18/615774.html. Consultado el 8 de mayo de 2011.

6. El fin de un reformista

1. Guevorkian *et al.*
2. Vladímir Chúrov, *ibid.*
3. Anatoli Sóbchak, *Dyuzhina nozhey v spinu,* Vagrius/Petro-News, Moscú, 1999, p. 72.
4. Informe original para Masha Gessen, «Printsip Pitera», *Itogi,* 5 de septiembre de 2000.
5. Alexánder Bogdánov, entrevista, en *Obshchestvennaya zhizn'*, pp. 431-432.
6. Entrevista de Radio Liberty con Boldyrev, 9 de marzo de 2010. http://www.svobodanews/ru/articleprintview/1978453.html. Consultado el 1 de diciembre de 2011.
7. Entrevista de Ilya Kolmanovski con Anna Sharogradskaya, 1 de junio de 2008.
8. Sóbchak, *Dyuzhina,* pp. 73-78.
9. Boris Vishnevski, «Kto I zachem kanoniziruyet Sóbchaka?», Radio Svoboda, 25 de febrero de 2010. http://www.svobodanews.ru/content/article/1968322.html. Consultado el 27 de octubre de 2011.
10. «Lyudi on horoshiye, no kvartimy vopros ih isportil...», *Na strazhe Rodiny,* 14 de agosto de 1996; Brian Whitmore, «Is a Probe of City Graft a Tool of City Hall?», *St. Petersburg Times,* 9 de abril de 1998.
11. Guevorkian *et al.*
12. *Ibid.*; Borís Vishnevski, *K demokratii I obratno.* http://www.yabloko.ru/Publ/Book/Freedom/freedom_054.html. Consultado el 10 de abril de 2011.
13. Julie Corwin, «Russia: U.S. Academics Charge Putin with Plagiarizing Thesis», página web de la RFERL, 27 de marzo de 2006. http://www.rferl.org/content/article/1067113.html. Consultado el 10 de abril de 2011.
14. Peter Reddaway, «Some Notes on the Possible Murder of Sóbchak, the Political Career and Persecution of Marina Salye, and some Related Cases», trabajo inédito.
15. Reddaway.
16. Entrevista de la autora con Natalia Rozhdestvenskaya.
17. Arkadi Vaksberg, *Le laboratoire des poisons: De Lenine à Poutine,* Buchet Chastel, París, 2007.
18. Reddaway.

7. *El día que murió la prensa*

1. Informe de la misión de la OSCE sobre las elecciones del 26 de marzo de 2000, traducción al ruso. http://hro-uz.narod.ru/vibori.html. Consultado el 17 de mayo de 2011.

2. Estadísticas de las elecciones de 2000. http://www.electoralgeography.com/ru/countries/r/russia/2000-president-elections-russia.html. Consultado el 17 de mayo de 2011.

3. Andréi Kolésnikov, *Ya Putina videl!*, Eskmo, Moscú, 2005, p. 13.

4. Brenda Connors, especialista en movilidad, citada en Paul Starobin, «The Accidental Autocrat», *The Atlantic* (marzo de 2005). http://www. theatlantic.com/magazine/archive/2005/03/the-accidental-autocrat/3725/. Consultado el 9 de mayo de 2011.

5. Shamil Idiatulin y Olga Tatarchenko, «Pora perevodit' chasy na pravuyu ruku», *Kommersant* (18 de mayo de 2000). http://www.kommersant. ru/Doc/148145. Consultado el 19 de mayo de 2011.

6. «Kakiye chasy nosyat prezidenty I oligarkhi», artículo sin firmar en newsru.com (publicado el 17 de febrero de 2005). http://www.newsru. com/russia/17feb2005/watch.html. Consultado el 19 de mayo de 2011.

7. Kolésnikov, p. 16.

8. Vitali Yaroshevski, «Operatsiya "Vnedreniye" zavershena», entrevista con Olga Krishtanovskaia, *Novaya Gazeta* (30 de agosto de 2004). http:// www.novayagazeta.ru/data/2004/63/43.html. Consultado el 19 de mayo de 2011.

9. Entrevista con Mijaíl Kasiánov, Moscú (18 de mayo de 2011).

10. Masha Gessen, «Lockstep to Putin's New Military Order», *The New York Times* (29 de febrero de 2000), p. 21.

11. Serguéi Parjomenko, «Besedy na yasnom glazu», *Itogi* (11 de mayo de 2000). http://www.itogi.ru/archive/2000/20/111020.html. Consultado el 21 de mayo de 2011.

12. Información original para Masha Gessen, «Leningradskoye delo», *Itogi* (18 de julio de 2000). http://www.itogi.ru/archive/2000/29/112897. html. Consultado el 23 de mayo de 2011.

13. Entrevista con Nina Lepchenko (3 de julio de 2000).

14. Masha Gessen, «Leningradskoye delo», *Itogi* (18 de julio de 2000).

15. «Glava "Russkogo video" Dimitry Rozhdestvenski umer ot serdechnogo pristupa», noticia sin firmar en lenta.ru. http://lenta.ru/russia/2002/06/06/rusvideo/. Consultado el 23 de mayo de 2011.

16. Mijaíl Kasiánov, *Bez Putina*, Novaya Gazeta, Moscú, 2009, pp. 70-73.

17. Dimitri Pínsker, «Ulika nomer 6», *Itogi* (26 de septiembre de 2000). http://www.itogi.ru/archive/2000/39/114667.html. Consultado el 25 de mayo de 2011.

18. «Gusinski ne budet ispolnyat' soglasheniya s Gazpromom, potomu shto oni podpisany pod ugrozoy lisheniya svobody. Ugrozhal yemu lichno Lesin», noticia sin firmar en www.polit.ru. http://old.polit.ru/documents/320557.html. Consultado el 25 de mayo de 2011.

19. «Putin schitayet, shto konflikt mezhdu Gazpromom I Media-Mostom-spor khozyaystvuyushchikh subyektov, reshat; kotoryi dolzhen sud», noticia sin firmar en www.polit.ru.http://old.polit.ru/documents/329155.html. Consultado el 25 de mayo de 2011.

20. «Kasiánov snova publichno ontchital Lesina. Na tom delo I konchilos'», noticia sin firmar en www.polit.ru.http://old.polit.ru/documents/334896.html. Consultado el 25 de mayo de 2011.

21. Borís Kuznétsov, *«Ona utonula...»: Pravda o «Kurske», kotoruyu skryl genprokuror Ustinov*, De-Fakto, Moscú, 2005.

22. «Gibel atomnoy podvodnoy lodki "Kursk". Khronologiya», noticia sin firmar en Ria Novosti. http://ria.ru/society/20050812/41140663.html. Consultado el 1 de junio de 2011.

23. Entrevista con Litvínovich, 1 de julio de 2008.

24. Kolésnikov, p. 35.

25. *Ibid.*, pp. 38-39.

26. *Programma Sergeya Dorenko ob APL Kursk* (emitido el 2 de septiembre de 2000). http://sergeydorenko.spb.ru/news-1-24.htm. Consultado el 1 de junio de 2011.

27. *Larry King Live*, «Russian President Vladimir Putin Discusses Domestic and Foreign Affairs» (emitido el 8 de septiembre de 2000). http://transcripts.cnn.com/TRANSCRIPTS/0009/08/lkl.00.html. Consultado el 1 de junio de 2011.

28. Declaración de Alexánder Voloshín en el Tribunal Mercantil de Londres, 14 de noviembre de 2011.

29. Entrevista con Berezovski, junio de 2008.

30. Rueda de prensa de Yelena Bónner, Moscú, 30 de noviembre de 2000.

31. Rueda de prensa de Yuri Samodurov, 30 de noviembre de 2000.

8. *El desmantelamiento de la democracia*

1. «Un año de Putin», mesa redonda celebrada en Moscú el 26 de diciembre de 2000. Los interlocutores eran Leonid Ionin, decano de Ciencia Política Aplicada en la Higher School of Economics; Viacheslav Igrunov, diputado de la Duma; Simor Kordonski, asesor político; Alexánder Tsipko, filósofo, y Andréi Riabov, investigador en el Carnegie Center.

2. Entrevista de Marina Koroleva con Yuli Ribákov (emitida en Eco Moskvi el 17 de enero de 2001). http://www.echo.msk.ru/programs/beseda/13380.phtml. Consultado el 7 de junio de 2011.

3. Leonid Drachevski trabajó en las embajadas soviéticas en España y Polonia.

4. Viktor Cherkésov y Georgi Poltavchenko.

5. Petr Latishev.

6. Víktor Kazántsev y Konstantin Pulikovski.

7. Borís Berezovski, «Licniye svobody—glavny zakon demokraticheskogo obchshestva. Otkrytoye pismo prezidentu Rossiyskoy federatsii Vladimiru Putinu», *Kommersant* (31 de mayo de 2000). http://www.kommersant.ru/doc/149293/print. Consultado el 1 de mayo de 2011.

8. Informe de la misión de la OSCE de observación de las elecciones de 2004. http://www.osce.org/odihr/elections/russia/33101. Consultado el 8 de junio de 2011.

9. Información relevante: dos años después de defender su tesis doctoral sobre el asunto, Daria se convirtió en mi pareja.

10. Daria Oréshkina, *Kartograficheskiy metod v issledovanii elektoral'nogo povedeniya naseleniya Rossiyskoy Federatsii*, tesis doctoral defendida en la Universidad Estatal de Moscú en 2006.

11. Entrevista de Ilya Kolmanovski con Alexánder Margolis (San Petersburgo, mayo de 2008).

12. Rueda de prensa de Golos, Moscú (14 de marzo de 2004).

13. Soyuz Zhournalistov Rossii, *Predvaritel'niy otchyot o monitoringe osveshcheniya s SMI Vyborov Prezidenta Rossiyskoy Federatsii, 14 marta 2004 g*, http//www.ruj.ru/news-2004/news_040331_1.html. Consultado el 3 de diciembre de 2011.

14. «Putin obyavil o perestroike gosudarstva posle tragedii v Beslane», noticia sin firmar en newsru.com y texto completo del discurso de Putin (13 de septiembre de 2004). http://www.newsru.com/russia/13sep2004/putin.html. Consultado el 9 de junio de 2011.

9. El reinado del terror

1. «Terrible effects of Poison on Russian Spy Shown in First Pictures», noticia sin firmar, Daily Mail (21 de noviembre de 2006). http://www.dailymail.co.uk/news/article-417248/Terrible-effects-poison-Russian-spy-shown-pictures.html. Consultado el 22 de junio de 2011.

2. Entrevista con Marina Litvinenko en Londres, 24 de abril de 2011.

3. Alexánder Litvinenko y Yuri Felshtinski, FSB vzryvayet Rossiyu, Liberty Publishing, Nueva York, 2004.

4. Alexánder Goldfarb con Marina Litvinenko, Sasha, Volodya, Boris..., 2.ª ed., AGC/Grani, Nueva York y Londres, 2010, p. 236.

5. L. Burban et al., «Nord-Ost. Neokonchennoye rassledovaniye. Sobytiya, fakty, vyvody», Moscú (26 de abril de 2006), apéndice 6.5, «Opisaniye sobytiy poterpevshey Karpovoy T. I.». http://www.pravdabeslana.ru/nordost/pril6.htm. Consultado el 23 de junio de 2011.

6. Burban et al., Khronologiya terakta. http://www.pravdabeslana.ru/nordost/1-2.htm. Consultado el 23 de junio de 2011.

7. Elaine Sciolino, «Putin Unleashes His Fury Against Chechen Guerrillas», The New York Times (12 de noviembre de 2002). http://www.nytimes.com/2002/11/12/international/europe/12RUSS.html. Consultado el 23 de junio de 2011.

8. Véase, por ejemplo, http://www.youtube.com/watch?v=m-6ejE-1KG8A. Consultado el 23 de junio de 2011.

9. Entrevista con Ájmed Zákaev, Londres, 6 de junio de 2011.

10. «Litvinenko: FSB ubila Yushenkova za pravdu o Nord-Oste», reportaje sin firmar en grani.ru (25 de abril de 2003). http://grani.ru/Events/Terror/m.30436.html. Consultado el 24 de junio de 2011.

11. Anna Politkóvskaya, «Odin iz gruppy terroristov utselel. My yego nashli», Novaya Gazeta (28 de abril de 2003). http://politkovskaya.novaya-gazeta.ru/pub/2003/2003-035.shtml. Consultado el 20 de junio de 2011.

12. «K zaklyucnehiyu kommissionnoy sudebno-meditsinskoy expertizy o pravilnosti lecheniya Shchekochikhina Yuriya Petrovicha, 1950 goda rozhdeniya», Novaya Gazeta (1 de julio de 2004). http://2004.novayagazeta.ru/nomer/2004/46n/n46n-s05.shtml. Consultado el 20 de junio de 2011.

13. Entrevista con Zákaev, Londres, 6 de junio de 2011.

14. Serguéi Sokólov y Dimitri Murátov, «Anna Politkovskaya otravle-

na FSB», *Novaya Gazeta* (4 de septiembre de 2004). http://tapirr.narod.ru/ politkovskaya2005.html#отправлена. Consultado el 20 de junio de 2011.

15. «Pravda Beslana». http://www.pravdabeslana.ru/pravda_beslana. pdf. Consultado el 26 de junio de 2011.

16. Anna Politkóvskaya, «Shto delalo MVD do Beslana, vo vremya I posle», *Novaya Gazeta* (28 de agosto de 2006). http://politkovskaya.nova-yagazeta.ru/pub/2006/2006-77.shtml. Consultado el 26 de junio de 2011.

17. Blog de Alexei Chadayev, 21 de marzo de 2006. http//kerogazz-batyr.livejournal.com/365459.html?thread=4023699#t4023699. Consultado el 3 de diciembre de 2011.

18. Alexánder Litvinenko, «Annu Politkovskuyu ubil Putin», *Chechenpress* (8 de octubre de 2006). http://alexanderlitvinenko.narod.ru/myweb2/article3.html. Consultado el 27 de junio de 2011.

19. «V Dresdene Putina nazvali ubiytsey», sin firmar, grani.ru (10 de octubre de 2006). http://grani.ru/Society/Media/m.112666.html. Consultado el 27 de junio de 2011.

20. Putin habla en una rueda de prensa en Dresde (10 de octubre de 2006). http://www.newstube.ru/Media.aspx?mediaid=511BE4A2-5153-4F4E-BEA2-3086663E96D4. Consultado el 27 de junio de 2011.

21. Goldfarb y Litvinenko, p. 335.

22. Entrevista con Goldfarb en Londres, 6 de junio de 2011; *Sasha, Volodya, Boris...*

10. *Codicia insaciable*

1. «OSCE PA International Election Observation Mission Statement of Preliminary Findings and Conclusions» («Declaración de hallazgos y conclusiones preliminares de la Misión Internacional de Observación Electoral de la OSCE»). http://www.osce.org/odihr/elections/russia/18284. Consultado el 14 de junio de 2011.

2. «Russians Inch Toward Democracy», editorial sin firma, *New York Times*, 8 de diciembre de 2003. http://www.nytimes.com/2003/12/8/opinion/russians-inch-toward-democracy.html. Consultado el 14 de junio de 2011.

3. David Holley y Kim Murphy, «Elections Bolsters Putin's Control», *Los Angeles Times*, 8 de diciembre de 2003. http://www.articles.latimes.com/2003/dec/09/world/fg-russelect8. Consultado el 14 de junio de 2011.

4. «Racists, Killers and Criminals Run for Duma», *National Post*, 6 de diciembre de 2003.

5. «Putin's Way», *Economist*, 11 de diciembre de 2003. http://www.economist.com/node/2282403. Consultado el 11 de julio de 2011.

6. «Bush and Putin: Best of Friends», *BBC News*, 16 de junio de 2001. http://www.news.bbc.co.uk/2/hi/1392791.stm. Consultado el 11 de julio de 2011.

7. Robert O. Freeman, «Russia, Iran and the Nuclear Question: The Putin Record», publicación del Instituto de Estudios Estratégicos. http://www.strategicstudiesinstitute.army.mil/pdffiles/pub737.pdf. Consultado el 11 de julio de 2011.

8. Véase, por ejemplo, «Russia Signs Arms Deals with Arab States Totaling $ 12 billion», reportaje sin firma en Pravda.ru. http://www.english.pravda.ru/russia/economics/22-02-2011/116979-russia_arms_deals_0/. Consultado el 11 de julio de 2011.

9. El economista era German Dref y el laboratorio de ideas, el Tsentr strategischeskih razrabotok (Centro de Iniciativas Estratégicas).

10. Entrevista con Andréi Illariónov, Moscú, junio de 2011; Andréi Illariónov, «Slovo I delo», *Kontinent*, n.° 134 (2007), pp. 83-147.

11. Entrevista con William Browder, Londres, 13 de mayo de 2011.

12. Hoffman, *The Oligarchs*.

13. Mijaíl Jodorkovski y Leonid Nevzlin, *Chelovek s rublem*. http://lit.lib.ru/n/newzlin_I_b/text_0010.shtml. Consultado el 16 de julio de 2011.

14. Ludmila Ulitskaya y Mijaíl Jodorkovski, «Dialogi», *Znamya*, n.° 10 (2009). http://magazines.russ.ru/znamia/2009/10/ul12.html. Consultado el 16 de julio de 2011.

15. *Ibid*.

16. Entrevista con Pavel Ivlev, Nueva York, 2 de julio de 2011.

17. Entrevista con Charles Krause, Nueva York, 30 de junio de 2011.

18. Esta conferencia fue pronunciada en Zvenigorod el 27 de octubre de 2002.

19. Entrevista con Litvínovich, diciembre de 2009.

20. «Korruptsiya v Rossii – tormoz ekonomicheskogo rosta», presentación en diapositivas adquirida por el Centro de Prensa Jodorkovski en Moscú, junio de 2011.

21. Kolésnikov, *Ya Putina videl!*, p. 284.

22. Grabación en vídeo de la reunión, en http://www.youtube.com/watch?v=3KLzF3_-ShU&NR=1. Consultado el 17 de junio de 2011.

23. Entrevista con Kasiánov, Moscú, mayo de 2011.

24. Entrevista con Leonid Nevzlin, Greenwich, Conn., 1 de julio de 2011.

25. Entrevista con Illariónov.

26. *Moscow Times*, 21 de enero de 2004. Texto completo: http://hermitagefund.com/newsandmedia/index.php?ELEMENT_ID-312. Consultado el 17 de julio de 2011.

27. Testimonio de Serguéi Magnitski ante el tribunal, documento inédito.

28. Informe sobre la corrupción mundial de Transparency International, 2003, e Informe sobre la corrupción mundial de 2010. http://www.transparency.org/publications/gcr. Consultado el 17 de julio de 2011. Los puestos son el 86 en 2003 y el 154 en 2010, pero debido a la variación en el número total de países que figuran en los informes (133 en 2003 y 178 en 2010), doy las cifras como porcentajes.

29. Entrevista con Illariónov, Moscú, junio de 2011.

30. Andréi Illariónov, «Drugaya Strana», publicado originalmente en *Kommersant*, 27 de enero de 2006. http://www.liberal.ru/anons/312. Consultado el 17 de julio de 2011.

31. «Kasyanov, Mikhail», informe de Lentapedia sin firma. http://lenta.ru/lib/14159606/full.htm. Consultado el 17 de julio de 2011.

32. Entrevista con Karina Moskalenko. Estrasburgo, 5 de julio de 2011.

33. «Miller, Alexei», informe de Lentapedia sin firma. http://lenta.ru/lib/14160384/. Consultado el 18 de julio de 2011.

34. Yelena Lubarskaya, «"Yugankneftegaz" utopili v "Baikale"», lenta.ru, 20 de diciembre de 2004. http://lenta.ru/articles/2004/12/20/ugansk/. Consultado el 18 de julio de 2011. Denis Skorobogatko, Dimitri Butrin y Nikolái Koválev, «"Yugansk" kupili ludi iz "Londona"», *Kommersant*, 12 de diciembre de 2004. http://www.kommersant.ru/doc/534631?isSearch=True. Consultado el 18 de julio de 2011. «Russia to Hold Yukos Auction Despite US Ruling», unsigned news story on MSNBC. http://www.msnbc.msn.com/id/6726341/. Consultado el 18 de julio de 2011.

35. «"Rosneft" kupila "Baikalfinansgrup", poluchiv control nad "Yugankneftegazom"», reportaje sin firma, news.ru.com. http://www.newsru.com/finance/23dec2004/rosneft.html. Consultado el 18 de julio de 2011.

36. Luke Harding, «Putin, the Kremlin Power Struggle, and the $40 bn Fortune», *Guardian*, 21 de diciembre de 2007. http://www.guardian.

co.uk/world/2007/dec/21/russia.topstories3. Consultado el 18 de julio de 2011.

37. Entrevista con Serguéi Kolésnikov, Helsinki, junio de 2011.

38. Roman Anin, «Dvortsovayaploshad 740 tysyach kvadrantnykh metrov», *Novaya Gazeta*, 14 de febrero de 2011. http://www.novayagazeta. ru/data/2011/016/00.html#sup. Consultado el 19 de julio de 2011. Pavel Korobov y Oleg Kashin, «Vot chego-chego, a kontrollerov u nas khvatayet», *Kommersant*, 20 de abril de 2011. http://www.kommersant.ru/ Doc/1625310. Consultado el 19 de julio de 2011.

39. Entrevista con Yuli Dúbov, Londres, 6 de junio de 2011.

40. Jacob Gershman, «Putin Pockets Patriot Ring», *Sun* de Nueva York, 28 de junio de 2005. http://www.mysun.com/foreign/putin-pockets-patriot-ring/16172/. Consultado el 19 de julio de 2011. Donovan Slack, «For Putin, It's a Gem of a Cultural Exchange», *Boston Globe*, 29 de junio de 2005. http://www.boston.com/sports/football/patriots/articles/2005/06/29/for_putin_its_a_gem_of_a_cultural_exchange. Consultado el 19 de julio de 2011. «Vladimir Putin poluchil persten s 124 brilliantami», reportaje sin firma, *Kommersant*, 30 de junio de 2005. http:// www.kommersant.ru/news/984560. Consultado el 19 de julio de 2011. El comentario de Putin «podría matar a alguien con esto» fue contado por Myra, la mujer de Robert Kraft, *véase Myra Kraft: Putin Stole Robert's Ring. Jewish Russian Telegraph*, 18 de marzo de 2007, http://www.jrtelegraph.com/2007/03/myrakraft-publi.html. Consultado el 31 de octubre de 2011.

41. El experto de arte Nic Iljine recuerda el episodio en su ensayo «Guggenheim 24/7», en Laura K. Jones, ed., *A Hedonist's Guide to Art* (Filmer, Londres, 2010), *véase* http://www.theaustralian.com.au/news/world/ book-details-strongman-vladimir-putins-artful-ways/storye6frg650-122 5978192724.

42. Aquí, por ejemplo, se ofrece por 8.200 rublos: http://www.alcoport.ru/katalog/products/vodka/vodka-kalashnikov/vodka-kalashnikov-1l. Consultado el 19 de julio de 2011.

43. Entrevista con Illariónov, Moscú, junio de 2011.

11. De vuelta a la Unión Soviética

1. Entrevista con Bruce Eitling y John Kelly en Cambridge, Massachusetts, 7 de noviembre de 2008.

2. En marzo de 2011, Dozhd, un canal de televisión por internet, canceló el programa *Grazhdanin Poet* debido a una escena muy crítica con Medvédev. La directora general, Natalia Sindeeva, explicó en una declaración que no pretendía insultar personalmente a Medvédev. http://tvrain. ru/teleshow/poet_and_citizen/. Consultado el 10 de noviembre de 2011. Tuve varias experiencias similares como editora de www.snob.ru, donde la dirección, por ejemplo, me obligó a eliminar la referencia a un artículo de un periódico británico en el que calificaban a Medvédev de «ayudante de Putin».

3. «Putin poruchil spetssluzhbam "vykovyryat" terroristov so dna kanalizatsii», noticia sin firmar en www.lenta.ru, 30 de marzo de 2010. http:// lenta.ru/news/2010/03/30/drainpipe/. Consultado el 10 de noviembre de 2011.

4. «Putin obidelsya na sravneniye Obamy: My neumeyem stoyat' "vraskoryachku"», noticia sin firmar en www.newsru.com, 3 de julio de 2009. http://www.newsru.com/russia/03jul2009/raskoryachka.html. Consultado el 10 de noviembre de 2011.

5. Petr Mironenko, Dimitri Butrin y Yelena Kiselyova, «Rvyot i Mechel», *Kommersant*, 25 de julio de 2008. http://www.kommersant.ru/ Doc/915811. Consultado el 10 de noviembre de 2011.

6. «Putin predrek oppozitsioneram "otovarivaniye dubinkoy"», noticia sin firmar en www.lenta.ru, 30 de agosto de 2010. http://lenta.ru/ news/2010/08/30/explain/. Consultado el 10 de noviembre de 2011.

7. «Vladimir Putin Goes Fishing», serie de fotografías, *The Guardian*, 14 de agosto de 2007. http://www.guardian.co.uk/news/gallery/2007/ aug/14/russia.internationalnews. Consultado el 10 de noviembre de 2011.

8. «Vladimir Putin, nashedshiy amfory VI veka, stal obyektom dlya nasmeshek rossiyskikh bloggerov I zarubezhnykh SMI», artículo sin firmar en www.newsru.com, 11 de agosto de 2011. http://www.newsru.com/ russia/11aug2011/putin_amf.html. Consultado el 10 de noviembre de 2011.

9. El secretario de prensa de Putin, Dimitri Peskov, admitió más tarde que las vasijas se habían colocado allí. Véase Stepan Opalev, «Peskov pro Putina: Amfory nashel ne sam», www.slon.ru, 5 de octubre de 2011. http:// slon.ru/russia/peskov_pro_putina_amfory_nashel_ne_sam-684066.xhtml. Consultado el 10 de noviembre de 2011.

10. «Medvedev vnyos v Gosdumu zakonoproekt o prodlenii prezidentskikh polnomochiy», noticia sin firmar en www.lenta.ru, 11 de no-

viembre de 2008. http://lenta.ru/news/2008/11/11/medvedev/. Consultado el 11 de noviembre de 2011.

11. Transparency International, índice de percepción de la corrupción. http://www.transparency.org/policy_research/surveys_indices/cpi/2010/results. Consultado el 15 de noviembre de 2011.

12. Ludmila Alekseeva hablando en la ceremonia de entrega del premio Yégor Gaidar, Moscú, 14 de noviembre de 2011.

13. «Zolotiye chasy dlya upravleniya delami Voronozh skoy oblasti. Prodolzheniye», blog *Rospil*, 6 de octubre de 2011. http://rospil.info/news/p/983. Consultado el 11 de noviembre de 2011.

14. «Recheniye komissii FAS po zakazu s tsenoy kontrakta boleye chem 11.5 mlrd rubley», blog *Rospil*, 11 de octubre de 2011. http://rospil.info/news/p/999. Consultado el 11 de noviembre de 2011.

15. «MVD zaplatit 25 millionov rubley za otdelanniye zolotom krovati», noticia sin firmar en www.lenta.ru, 19 de agosto de 2008. http://lenta.ru/news/2009/08/19/gold/. Consultado el 11 de noviembre de 2011.

16. Anna Kachurovskaya, «Alexei Navalny: Tol'ko, pozhaluysta, ne nado govorit': "Navalny sravnil sebya s Obamoy"», *Snob*, noviembre de 2010.

17. Julia Ioffe, «Net Impact: One Man's Cyber-Crusade Against Russian Corruption», *The New Yorker*, 4 de abril de 2011. http://www.newyorker.com/reporting/2011/04/04/110404fa_fact_ioffe. Consultado el 11 de noviembre de 2011.

18. «Proekt "Rospil" sobral perviy million na "Yandexden'gakh"», noticia sin firmar en www.lenta.ru, 3 de febrero de 2011. http://lenta.ru/news/2011/02/03/million/. Consultado el 11 de noviembre de 2011.

19. «Putin vydvigayetsya na prezidentskiye vybory 2012 goda», noticia sin firmar en www.gazeta.ru, 24 de septiembre de 2011. http://www.gazeta.ru/news/lastnews/2011/09/24/n_2022837.shtml. Consultado el 12 de noviembre de 2011.

Epílogo: Una semana de diciembre

1. Alexei Zajárov, «Rezultaty vyborov na tekh uchastkakh, gde ne byli zafiksirovany narusheniya», www.slon.ru, 5 de diciembre de 2011. http://slon.ru/calendar/event/723777/. Consultado el 11 de diciembre de 2011.

2. David Herszenhorn y Ellen Barry, «Majority for Putin's Party Narrows in Rebuke From Voters», *New York Times*, 4 de diciembre de 2011.

http://www.nytimes.com/2011/12/05/world/europe/russians-vote-go-verning-party-claims-early-victory.html?n=Top/News/World/Coun-tries%20and%20Territories/Russia?ref=russia. Consultado el 11 de diciembre de 2011.

3. «Mikhail Gorbachev—Novoy», *Novaya Gazeta*, 7 de diciembre de 2011. http://www.novayagazeta.ru/politics/49918.html. Consultado el 12 de diciembre de 2011.

4. Masha Gessen, «When There's No Going Back», *International Herald Tribune*, 8 de diciembre de 2011. http://latitude.blogs.nytimes.com/2011/12/08/when-theres-no-going-back/?scp=2&sq=masha%20gessen&st=cse. Consultado el 12 de diciembre de 2011.

5. Natalia Raibman, «Surkov: Nuzhno sozdat' partiyu dlya razdra-zhennykh gorozhan», *Vedomosti*, 6 de diciembre de 2011. http://www.ve-domosti.ru/politics/news/1444694/surkov_nuzhno_sozdat_partiyu_dlya_razdrazhennyh_gorozhan. Consultado el 12 de diciembre de 2011.

6. Olga Korol', «Ex-press-sekretaryu prezidenta Tatarstana Murtazinu dali real'niy srok», *Komsomol'skaya Pravda*, 26 de noviembre de 2009. http://www.kp.ru/online/news//577494/. Consultado el 12 de diciembre de 2011.

7. Entrada en el blog de Borís Akunin, «I Could Not Sit Still», 9 de diciembre de 2011. http://borisakunin.livejournal.com/45529.html. Consultado el 12 de diciembre de 2011.

8. Konstantin Beniumov, «Vstavay, strana ogromnaya! Mitingi protesta 10 dekabrya proshli v 99 gorodakh Rossii», onair.ru. http://www.onair.ru/main/enews/view_msg/NMID_38499/. Consultado el 13 de diciembre de 2011.

9. «Dmitry Peskov ne kommentiruyet miting na Bolotnoy ploshcha-di», noticia sin firmar, www.gazeta.ru, 10 de diciembre de 2011. http://www.gazeta.ru/news/lenta/2011/12/10/n_2130194.shtml. Consultado el 12 de diciembre de 2011.

Índice alfabético

El hombre sin rostro de Masha Gessen
se terminó de imprimir en abril de 2022
en los talleres de
Impresora Tauro, S.A. de C.V.
Av. Año de Juárez 343, col. Granjas San Antonio,
Ciudad de México